本书系贵州省高校人文社会科学研究基地项目《贵州省平坝区农村集体经营性建设用地入市研究》（项目编号：23RWJD231）的阶段性研究成果。

中国经验

共同富裕的收益分配机制研究

基于集体经营性建设用地入市

张满姣◎著

光明日报出版社

图书在版编目（CIP）数据

共同富裕的收益分配机制研究：基于集体经营性建
设用地入市 / 张满姣著 . -- 北京：光明日报出版社，
2024.9. -- ISBN 978 - 7 - 5194 - 8303 - 6

Ⅰ . F321.1

中国国家版本馆 CIP 数据核字第 2024WJ7695 号

共同富裕的收益分配机制研究：基于集体经营性建设用地入市
GONGTONG FUYU DE SHOUYI FENPEI JIZHI YANJIU：JIYU JITI
JINGYINGXING JIANSHE YONGDI RUSHI

著　　者：张满姣

责任编辑：许　怡　　　　　　　责任校对：王　娟　乔宇佳
封面设计：中联华文　　　　　　责任印制：曹　净

出版发行：光明日报出版社

地　　址：北京市西城区永安路 106 号，100050

电　　话：010-63169890（咨询），010-63131930（邮购）

传　　真：010-63131930

网　　址：http：//book. gmw. cn

E － mail：gmrbcbs@ gmw. cn

法律顾问：北京市兰台律师事务所龚柳方律师

印　　刷：三河市华东印刷有限公司

装　　订：三河市华东印刷有限公司

本书如有破损、缺页、装订错误，请与本社联系调换，电话：010-63131930

开　　本：170mm×240mm

字　　数：251 千字　　　　　　印　　张：14

版　　次：2025 年 6 月第 1 版　　印　　次：2025 年 6 月第 1 次印刷

书　　号：ISBN 978 - 7 - 5194 - 8303 - 6

定　　价：89.00 元

前　言

习近平总书记指出："农村土地制度改革是个大事，涉及的主体和包含的利益关系十分复杂，必须审慎稳妥推进。"[①] 新时代农村土地制度改革牵一发而动全身，直接关系到我国经济社会转型以及乡村振兴战略的实施，是实现全面小康与共同富裕的关键。农村土地制度改革是中国共产党和中国农民当前面临的重大历史课题，更是理论工作者肩负的刻不容缓的历史使命。农村集体经营性建设用地入市，是农村土地制度改革的重要内容之一，而农村集体经营性建设用地入市收益分配机制改革又是农村集体经营性建设用地入市改革的关键所在。在新时代，推动农村土地制度改革，不仅需要我们深入研究新中国成立以来我国农村土地政策演变的特点，总结历史经验教训，还需要我们在深刻领会党中央提出的新时代农村土地改革新方案的基础上研究新情况、新问题。

共同富裕是中国特色社会主义的本质要求，是中国式现代化的重要特征。在从全面小康迈向共同富裕的新发展阶段，如何实现共同富裕已成为新时代首要探讨的问题。为了深入研究农村集体经营性建设用地入市，本书从农村集体经营性建设用地管理制度的历史维度、土地增值收益形成机理的理论维度、土地入市增值收益分配改革的现实基础、集体经营性建设用地直接入市改革的影响与风险、保障农民权益的新进路等多方面系统地阐述了农村集体经营性建设用地入市收益分配改革的相关内容，并提出了构建和完善收益分配有效调节机制的对策与建议。全书各章节的主要内容如下：

第一章"绪论"。首先，指出了当前探讨和解决农村集体经营性建设用地入市收益分配问题具有历史迫切性，并从脱贫攻坚取得全面胜利、农村土地制度改革与城乡融合发展、乡村振兴与农业农村现代化建设三个方面简述了农村集

[①]　在中央农村工作会议上的讲话［M］//习近平. 论"三农"工作. 北京：中央文献出版社，2022：86-87.

体经营性建设用地入市改革的背景。然后，从贯彻落实党中央文件精神、促进实现农民共同富裕、破解集体土地入市之困的角度指出探讨集体经营性建设用地入市收益分配机制改革具有十分重要的意义。接着，对本书的研究内容和研究思路、研究方法以及主要创新进行了详细的阐述。

　　第二章"文献综述"。阐述了集体经营性建设用地入市增值收益分配存在的问题，从农村集体经营性建设用地的权益设置、农村集体经营性建设用地入市收益分配的几种主张和构建集体经营性建设用地入市土地增值收益分配机制等方面对已有的研究成果和研究现状进行梳理，为理解和掌握集体经营性建设用地入市改革提供了整体的认识。

　　第三章"理论基础和分析框架"。简要概述了本书所涉及的马克思所有制理论、现代西方产权理论、土地发展权理论、土地增值收益分配与共同富裕理论等基础理论的内容，并从"理论逻辑：摆脱土地使用权的过度限制，释放生产力""历史逻辑：公有制基础下重构集体土地的财产权""实践逻辑：土地发展权向农民（集体）转移和赋予"三个维度阐述了作者的分析思路和框架。

　　第四章"集体经营性建设用地的制度变迁与政策演进"。从历史维度梳理自新民主主义革命以来中国农村土地制度的改革历程、农村集体经营性建设用地入市的制度改革和政策演变，阐述了"始终坚持中国共产党对农村土地工作的绝对领导""始终坚持'以人民为中心'的政治立场""始终坚守保障人民基本利益的改革底线""始终坚持以公有制为基础的渐进式改革方式"等中国共产党领导下的农村土地改革经验，并突出强调当前坚持农村土地改革经验对我国农村集体经营性建设用地入市改革的重要性。

　　第五章"集体经营性建设用地入市增值收益的形成机理"。通过分析集体经营性建设用地入市增值收益的形成原理，指出外部辐射性增值、用途性增值、投资性增值和供求性增值是土地入市增值的主要来源；在分析集体经营性建设用地入市的增值收益形成过程的基础上，重点分析了农村集体经营性建设用地的价格形成机制及其影响因素。

　　第六章"集体经营性建设用地入市增值收益分配机制改革的目标、要求及其应然状态"。本章阐述了政府、村集体和农民参与农村集体土地入市增值收益分配的正当性，在此基础上梳理集体经营性建设用地入市收益分配的博弈与市场主体的利益诉求，从共同富裕的视角凝练和总结了集体经营性建设用地入市增值收益分配改革的目标、要求与原则，并指出了当前集体经营性建设用地入市收益分配促进农民共同富裕的应然状态。

　　第七章"集体经营性建设用地入市及其收益分配的现实基础"。在简要介绍了集体经营性建设用地的基本概念、内涵及其空间分布特点的基础上，详述我国土地总体规划和土地用途管制的执行情况。详细介绍现行法律框架下我国农村集体经营性建设用地入市的法律规范，重点分析当前集体经营性建设用地入市的途径、方式与模式，对比不同入市模式对农村集体土地入市收益的影响。此外，阐述了国家参与土地入市增值收益分配的两种形式——土地增值收益调节金和税收，并分析农民对农村集体经营性建设用地入市的观点和看法。

第八章"集体经营性建设用地入市增值收益分配改革的风险分析"。首先，对建设集体经营性建设用地二级交易市场的目标进行分析，综合分析了集体经营性建设用地入市增值收益分配改革的影响。其次，识别和定位了集体经营性建设用地入市收益分配改革面临的风险，并对风险作用及其机制进行了分析，强调推进集体经营性建设用地入市改革必须坚守公有制性质不改变、耕地红线不突破和农民利益不受损的"三条底线"。

第九章"建立健全集体建设用地入市增值收益分配有效调节机制的对策与建议"。从微观、中观和宏观三个层面提出了当前集体建设用地入市增值收益分配面临的主要困难和问题，对国内的土地收益分配制度改革进行总结，在分析英国土地开发制度演变与美国土地开发权转让制度的基础上，对国内集体经营性建设用地入市案例和外部收益分配的典型案例进行了剖析，并结合国内外的经验与启示提出了构建集体建设用地入市增值收益分配有效调节机制的对策与建议。

第十章"保障农民权益的路径与土地增值收益分配改革的新方向"。在分析保障农民权益路径的基础上，进一步探讨了集体土地入市收益分配改革的新方向。凝练和强调"明确产权主体和入市收益分配的参与主体""土地增值收益分配向农民（集体）倾斜""完善税制，实现土地增值收益的二次分配""农村集体内部收益实行差别化分配""平衡集体经营性建设用地入市与集体土地征收的利益分配"等是集体经营性建设用地入市改革新的发展方向。

本书大量汲取了中外经济学家，尤其是我国优秀土地经济学家的研究成果。笔者曾多次深入西南地区调研农村集体经营性建设用地入市情况和土地增值收益分配情况，了解农民对农村集体经营性建设用地入市的看法，面对当前农村的情况和农民的诉求，凝练了自己的观点，以期为相关研究和改革提供参考。笔者清楚地知道，一本出色的专著可以影响读者的思想乃至看待问题的立场和观点。今后，本书将结合中国农村集体土地的实际情况，以及对集体经营性建设用地入市改革探讨和理解的加深，不断修订，使之更加成熟。

　　光明日报出版社的编辑为本书的出版付出了辛勤的工作，在此对他们表示衷心的感谢。

张满姣

2024 年 1 月 3 日

目　录
CONTENTS

第一章

绪论

第一节　问题的提出

党中央高度重视农村集体土地改革。农村集体经营性建设用地入市是农村"三块地"改革（农村土地征收、宅基地管理制度改革、集体经营性建设用地入市）的重要组成部分。农村集体经营性建设用地入市，被视为提高农民的议价权，促进农民增收，是农村土地制度改革的重要内容之一。大量农村集体经营性建设用地的入市既能有效缓解城镇建设用地紧张的状态，又能增加农村经济收入。[①] 党的十八届三中全会，对农村土地制度改革进行了全面系统整体的部署，[②] 通过了《中共中央关于全面深化改革若干重大问题的决定》。该决定指出：要把维护农民群众根本利益和促进农民共同富裕作为农村集体经营性建设用地入市改革的出发点和落脚点，并首次确立了农村集体土地与国有土地"同地同权"的理念。为了推动农村土地制度改革试点工作在全国范围内有序展开，2015 年中共中央国务院印发《关于农村土地征收、集体经营性建设用地入市、宅基地制度改革试点工作的意见》，进行了全面而系统的部署。为了更好地保障农民的土地权益，于 2016 年开始在试点区域探索联动改革，尝试打通农村"三块地"管理制度。2019 年，第十三届全国人大常委会第十二次会议通过了《中国人民共和国土地管理法》（修正案），授权允许农村集体经营性建设用地进入市场进行流转。这一立法举措为促进城乡融合发展扫除了制度性障碍。党的十九大提出了乡村振兴战略，从而标志着中国城乡关系迈入新时期，以实现经济

---

① 杨庆媛，杨人豪，曾黎，等．农村集体经营性建设用地入市促进农民土地财产性收入增长研究——以成都市郫都区为例 [J]．经济地理，2017，37（8）：155-161.

② 刘守英．中共十八届三中全会后的土地制度改革及其实施 [J]．法商研究，2014，31（2）：3-10.

社会全面发展的目标。然而，我国集体经营性建设用地在不同集体之间存在价值和数量两方面的失衡。一方面，从历史的维度看，改革开放初期乡镇企业在东西部发展极不平衡，东南沿海地区规模巨大，中西部地区则很少，导致东、西部地区集体经营性建设用地的存量数量差异巨大。另一方面，从区位因素的维度看，距离城市中心越远，集体经营性建设用地的增值空间就越小；距离中心城市越近，集体经营性建设用地的增值空间就越大。有学者指出，农民群体已经严重分化为5%的城郊农民和95%的非城郊农民。由于农村集体经营性建设用地入市收益分配受诸多因素影响，容易产生收益分配不公、不均衡等问题。在城市化进程中，集体土地价值实现的具体形式主要有农村集体土地的非农转化和经营性建设用地的市场化流转。无论是农地非农化，还是经营性建设用地的市场化流转，都给农民职业方式的非农化带来各种新的问题。中国城乡关系的变化和农村土地制度的改革、创新密切相关。在我国推进城市化和工业化过程中，由于以往未能有效保障农民（集体）的土地权益，土地财富单向流向城市，加剧了城乡差距。可见，不同的农民群体一旦完成集体经营性建设用地入市交易，他们因此获得的土地收益将由于集体经营性建设用地存量和土地位置的差异而拉开差距，这进一步扩大了不同农民群体之间的收入差距。

在新时期，建立一套合理的土地增值收益的分配机制，将直接影响到实施乡村振兴战略的效果。党的十九届五中全会关于深化农村土地制度改革进一步提出："积极探索实施农村集体经营性建设用地入市制度；……保障进城落户农民土地承包权、宅基地使用权、集体收益分配权……"2020年中共中央国务院印发《关于构建更加完善的要素市场化配置体制机制的意见》提出要建立健全城乡统一的建设用地市场，全面推进土地要素市场化配置改革。党的二十大报告再次强调共同富裕是中国特色社会主义的本质要求。[1] 发展农村集体经济的首要目标是确保集体成员的共同福祉，其核心宗旨仍然是维护集体成员权益并实现共同富裕。[2] 共同富裕和集体经济都是中国特色社会主义理论体系的两个重要组成部分。在我国进入迈向共同富裕的新阶段，需要发展和壮大农村集体经济。农村集体经营性建设用地入市收益分配对实现共同富裕有重要意义。[3] 研究农村

---

① 中共中央关于制定国民经济和社会发展第十四个五年规划和二〇三五年远景目标的建议 [EB/OL]. 中国政府网，2020-11-03.

② 农业农村部关于印发《农村集体经济组织示范章程（试行）》的通知 [EB/OL]. 中华人民共和国农业农村部，2020-11-04.

③ 贺林波，汪诗荣. 共同富裕背景下集体经营性建设用地入市收益分配：方式、冲突与路径 [J]. 地方财政研究，2023（2）：41-50.

集体收益分配机制，以促进共同富裕的实现，已成为探索和建设中国特色社会主义制度的重要内容。① 因此，改革农村集体经营性建设用地入市收益分配机制，促进土地收益在不同集体之间均衡分配，逐步实现共同富裕已成为当前亟须解决的重大问题。非常有必要对试点地区集体经营性建设用地入市增值收益分配的经验模式进行深入研究，科学系统地总结规律，探索当前集体经营性建设用地入市增值收益分配模式所面临的实际困境，构建兼顾国家、集体、农民利益均衡的土地收益分配机制。②

第二节 研究背景及意义

一、研究背景

长期以来，集体土地一级市场的征收行为具有强制性③和低成本性特征④。在土地征收过程中，国家和农民（集体）之间缺乏一种公平、长期的对话机制。虽然农村集体土地所有权属于农民集体，但是农民并不能"讨价还价"。这实质上从机制方面限制了农村集体土地增值的市场化，事实上否认了农民作为集体土地所有者所拥有的财产权诉求。2017 年杭州市、北京市、天津市、厦门市、宁波市和大连市等 23 个大中型城市的农地征收补偿的平均价仅为 9.5 万元/亩，而建设用地地面平均地价则高达 746 万元/亩，两者差距显著，⑤ 如图 1-1 所示。可见，地方政府虽然对被征地的失地农民进行了补偿，但相对于土地入市的增值来说只是其"零头"。征地过程中的价格"剪刀差"，制约了城镇化合理有效、公平有序的发展。

① 陆雷，赵黎. 共同富裕视阈下农村集体经济的分配问题 [J]. 当代经济管理，2022，44 (10)：8.
② 李怀. 农村集体经营性建设用地入市收益分配改革：模式、困境与突破 [J]. 东岳论丛，2020，41 (7)：128-137.
③ 王文英. 农村土地征收行政法律问题研究：兼论农村土地裁判所的建立 [D]. 北京：中国政法大学，2004.
④ 刘晓晖. 农村土地征收中的政府角色限定与公共利益界定：兼述失地农民个人利益的保护 [D]. 福州：福建师范大学，2011.
⑤ 张承，彭新万. 利益共享模式下的农地发展权价值形成与分配：基于政府公共服务视角 [J]. 经济问题探索，2020 (11)：73-85.

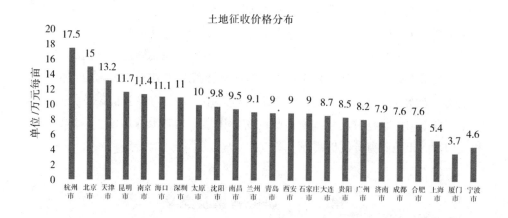

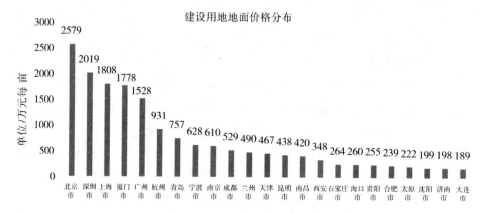

图1-1　23个城市农地征收补偿价格与建设用地地面均价分布

在我国农村改革的进程中，土地要素改革一直贯穿始终，并且已经成为衡量改革成功与否的关键因素。随着市场对资源配置调节作用不断增强，土地要素的属性和功能正在逐渐发生变化。[1] 土地的保障属性逐步让渡于其财产属性，土地的保障功能也日益偏向其财产功能。[2] 一方面，土地要素的可流动性不断提高，导致被征收后的集体土地价值明显增加，进而引发农民对土地财产性功能的需求不断上升。另一方面，农民对土地的依赖程度在减少，仅仅依靠土地所带来的农业收入难以应对不确定的风险。可见，土地的保护功能越来越弱，导

---

① 梁爽. 土地权利，生产主体与经营绩效：历史变迁视角 [D]. 广州：华南农业大学，2017.

② 罗必良. 农地保障和退出条件下的制度变革：福利功能让渡财产功能 [J]. 改革，2013（1）：66-75.

致农民逐渐面临着无法满足土地财产权诉求和对拥有土地的安全保障感减弱的两难境地。无论是出于对土地功能与属性的变迁考虑，还是面对农民市民化道路的现实困境，农村土地制度改革中，迫切需要进行农村集体经营性建设用地入市增值收益分配机制的改革。这一改革已成为必不可少的关键环节。

集体经营性建设用地入市改革之前，我国城市建设用地供应紧张，而农村集体经营性建设用地供应潜力巨大。在国家对建设用地总量和供应强度"双控"的情况下，国有建设用地的供应面积正在迅速减少；集体经营性建设用地入市改革之后建设用地平稳增长。2013 年以来，我国的国有建设用地供应面积在过去几年内经历了一个明显的下降趋势，从 75.08 万公顷迅速减少到 2016 年的53.11 万公顷，之后又出现了一些缓慢的增长。截至 2022 年，国有建设用地供应面积为 76.6 万公顷，回归到了 2013 年的水平，如图 1-2 所示。然而，根据第二次全国土地调查的主要结果和其他相关数据显示，我国农村集体土地总面积约为 4.46 亿公顷。其中，农用地占据了 3.69 亿公顷，建设用地则占据了 0.2亿公顷。在这些建设用地中，大约有 0.11 亿公顷被划分为宅基地，并且还有大约 933 万公顷可以作为集体经营性建设用地进入市场交易。

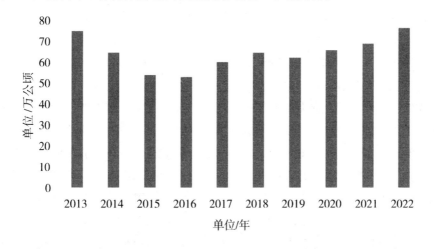

图 1-2 2013 年至 2022 年国有建设用地供应变化

党的十八大以来，针对新情况和新问题，我国开始了新一轮农村土地改革。以习近平同志为核心的党中央审时度势，综合统筹提出了以"土地流转"为核心的制度改革，政策之新、力度之大令人瞩目，给我国农村土地改革提出了新要求，指明了新方向。2013 年党的十八届三中全会通过《中共中央关于全面深化改革若干重大问题的决定》（以下简称《决定》），明确提出了要建立统一的城乡建设用地市场，允许农村集体经营性建设用地进入市场交易，标志着我国农村土地制度改革迎来了春天。

提出集体经营性建设用地入市改革的目标是为了实现农村集体经营性建设用地与国有建设用地的"同地、同权、同价"，其中同权是实现同价的前提。虽然试点地区已经取得了一定成效，但由于各种因素影响，相较于国有建设用地，农村集体经营性建设用地权利的实现还有很大提升空间。2023 年 3 月，自然资源部印发的《深化农村集体经营性建设用地入市试点工作方案》在总结试点地区成功经验的基础上，强调加快推进建立统一的城乡建设用地市场，对农村集体建设用地入市进行规范，包括入市范围、条件和流程等方面。要求加速制定产权转让和收益分配制度，并稳妥有序地推动农村集体经营性建设用地入市进程。近年来国家的一系列关于农村集体经营性建设用地入市的政策相继实施，预示着今后一段时间内农村集体经营性建设用地入市改革将成为农村工作的重要内容。进入新发展阶段，中国农村土地改革将面临新的发展环境和新的发展要求。

（一）脱贫攻坚取得全面胜利

2021 年 2 月 25 日，习近平总书记庄严宣告：我国脱贫攻坚战取得了全面胜利！我国实现了现行标准下将近 1 亿农村贫困人口全部脱贫，832 个贫困县全部摘帽，12.8 万个贫困村全部出列，区域性整体贫困得到解决,[①] 走出了一条具有中国特色的减贫道路。

党的十八大以来，党中央出台一系列"三农"政策，始终把"三农"工作作为全党工作的重中之重，要求解放和发展生产力，提高农村生产力水平和农村人口的收入水平。在党中央的全面部署和深化农村改革下，我国农业与农村发展取得了重大的成就，并经历了具有深刻历史意义的转变。[②] 近年来，农民连年增收，农业连年丰产，农村和谐稳定，已经成为我国经济社会发展的"压舱石"。一是脱贫人口生活水平显著提高，脱贫地区发展能力明显增强。我国已全面实现了基本医疗、义务教育、饮水安全和住房安全有保障，全部实现了不愁吃、不愁穿，行路难、用电难、通信难等问题得到历史性解决。二是新型农业经营体系加快建设，初步建立起小农户与现代农业有机衔接的政策体系。开展农业社会化服务创新试点，农民合作社超过 220 万家，家庭农场达到 390 万家，

---

① 本刊编辑部，宋洪远，雷刘功，等. 新时代强农印记 [J]. 农村工作通讯，2022（20）：4-18.

② 李晓晴. 新时代乡村振兴战略全面推进（中国这十年·系列主题新闻发布）[N]. 人民日报，2022-06-28（2）.

农业社会化服务组织达到95万多个。① 三是农业面源污染得到有效遏制。规模化养殖场全部配备粪污处理设施，到2020年全国畜禽粪污综合利用率达到75%以上，畜禽粪污资源化利用能力不断增强。② 化肥农药减量增效持续推进，使用量连续多年负增长。秸秆农膜利用水平稳步提升，综合利用率达到87%以上。四是农业生态系统得到有效修复。保护修复重点流域生态系统重大工程、黄河流域地下水超采综合治理等国家级工程稳步开展，森林覆盖率超过23%；我国全面实施禁牧、休牧和草畜平衡制度，草原综合植被覆盖率达到58%，为全球贡献了最多的新增绿化面积。③ 五是高度重视农业绿色发展，创新体制机制。通过健全耕地轮作休耕制度，加强耕地保护，开展耕地质量提升行动，使得全国耕地平均等级不断提升。实施现代农业灌溉技术，进行用水总量控制和定额管理，农田灌溉水有效利用水平不断提高。但是，当前我国经济社会发展最大的不平衡依然是城乡发展不平衡，最大的不充分依旧是农村发展不充分。历史证明，我国经济能够持续快速发展的原因在于农业农村作为坚实的基石，不断为其提供动力和支撑。④

（二）深入推进农村土地制度改革与城乡融合发展

我国第二轮土地承包到期后再延长30年的试点工作稳慎推进。⑤ 农村土地承包期将在第一轮承包期的基础上再延长30年，使农村土地承包关系保持稳定长达75年。这有利于实现人地关系"长久不变"，并且我国承包地确权登记颁证工作已基本完成，两亿多农户领到了确权证书，⑥ 吃上了定心丸，我国农村基本经营制度将进一步巩固与完善。此外，近年来我国农村土地制度改革扎实推进，集体土地设置所有权、承包权和经营权，实行"三权"分离并行，初步确立了承包地"三权分置"制度体系。"三权分置"是继家庭联产承包责任制之后农村改革的又一重大制度创新，土地流转管理服务机制逐步健全，农业适度

① 张天佐. 加快构建现代农业产业组织体系的思考［J］. 农村工作通讯，2021（1）：31-33.
② 农业部关于印发《畜禽粪污资源化利用行动方案2017—2020年》的通知［EB/OL］. 中华人民共和国农业农村部，2017-08-20.
③ 王仁宏. 农业绿色发展 山更青 水更绿 田园更美……十年来，我国农业绿色发展成效明显［EB/OL］. 人民网，2022-06-27.
④ 坚持农业农村优先发展［N］. 经济日报，2018-12-30（1）.
⑤ 李国祥. 农民承包的土地第二轮到期后再延30年［J］. 中国合作经济，2020（1）：12-15.
⑥ 农业农村部新闻办公室. 农村承包地确权登记颁证工作基本完成［EB/OL］. 中华人民共和国农业农村部网站，2020-11-02.

规模经营健康发展。

2015 年，全国人大常委会批准了农村"三块地"改革试点工作的授权，这意味着集体经营性建设用地改革试点正式展开。"三块地"改革的核心在于保护农民权益，重点关注农村土地制度，并试图通过改革农村土地征收、宅基地和集体经营性建设用地入市等方面，逐步消除城乡土地制度差异，实现集体用地市场化的土地制度改革。这一改革通过统筹城乡用地，提高了土地利用率。《关于授权国务院在北京市大兴区等三十三个试点县（市、区）行政区域暂时调整实施有关法律规定的决定》（第十二届全国人大常委会第十三次会议审议通过，2015 年）授权在试点地区暂时调整实施《中华人民共和国土地管理法》和《中华人民共和国城市房地产管理法》的有关法律规定，授权期限截至 2017 年 12 月 31 日，之后整个试点工作历经两次延期，试点范围扩大到 33 个，于 2019 年 12 月底结束。试点改革在一定程度上解决了宅基地所有权不明确等历史遗留问题，有效利用了农村土地资源。通过"三块地"改革，提升了集体土地的价值，进而增加了当地农民的土地收益。

2019 年第十三届全国人民代表大会常务委员会表决通过了经第三次修正的《中华人民共和国土地管理法》（以下简称"新土地管理法"）。这是首次在立法层面授权允许集体经营性建设用地入市，标志着我国开启了新一轮农村土地制度改革。然而，"三农"问题依然是制约我国社会发展的主要障碍。城市和乡村不平衡导致严重的城乡分割，农村"土地沉睡""农村空心化"以及农村生产效率不高等问题成为阻碍我国农村经济和社会高质量发展的主要问题。传统的土地制度固化了"城市偏向"的发展格局。面对城乡发展失衡，党和政府高度重视，提出"统筹城乡经济社会发展"，实施"新型城镇化""城乡一体化"等一系列融合发展的战略。通过以合理配置城乡公共资源和实现生产要素双向自由流动为核心，协调推进城乡基础设施的一体化发展，促进城乡基本公共服务的普遍覆盖，并促进城乡产业的协同发展，从而持续增加农民收入。我国政府采取一系列强农惠农富农政策举措，解放和发展了农村社会生产力，促使乡村发展取得了举世瞩目的成就，农民生产、生活和消费水平大幅度提高，缩小了与城镇居民生产、生活水平的差距，也使得我国城乡经济差距有所减弱。我国城镇化率由 1978 年的 17.92% 提升至 2022 年的 65.22%，[①] 经济发展带动城市规模不断扩大，城市边界不断外延，进一步促进了我国城市工业化和城镇化的

---

① 中华人民共和国 2022 年国民经济和社会发展统计公报［EB/OL］. 国家统计局网站，2023-02-28.

发展。目前,我国正力图通过"以城带乡、以工补农"改变乡村发展落后的局面。

(三) 全面推进乡村振兴,加快农业农村现代化建设

乡村振兴是党的十九大为农村发展指出的新的发展方向。实施乡村振兴战略是新时代我国"三农"工作的总抓手,其目的是同步推进乡村产业、人才、文化、生态、组织"五大振兴",不断激发农村活力,补齐农村短板,逐步实现农村产业兴旺、生态宜居、乡风文明、治理有效和生活富裕。①《"十四五"推进农业农村现代化规划》指出:构建新发展格局,要坚持农村现代化与农业现代化一体设计、一并推进,其主体是推动农村高质量发展,要把乡村建设摆在社会主义现代化建设的重要位置,不断巩固拓展脱贫攻坚成果同乡村振兴有效衔接,为我国实现全面建设社会主义现代化国家提供有力支撑。

着眼全面建成社会主义现代化强国的需要,党中央提出到 2035 年要基本实现农业现代化,到 21 世纪中叶建成农业强国,② 各地各部门要扎实推进乡村振兴战略落实落地。进入新发展阶段,"三农"工作前瞻性和战略主动性不断增强。目前我国"三农"工作已全面进入乡村振兴阶段。乡村振兴战略实现良好开局,各类资源要素活力初步释放,农村发展新动能加快成长,实施乡村振兴战略取得了积极进展。乡村振兴拉开了新时期深化农村土地改革的大幕,开启了农业农村高质量发展的新征程。

农业农村现代化是国家现代化的基础保障,也是实施乡村振兴战略的总目标。③ 实现脱贫攻坚是农业农村现代化的前提条件,推进农业农村现代化是脱贫攻坚的重要保障,只有二者相互促进,才能从根本上激发乡村振兴的内在动力。④ 因此,做好新发展阶段"三农"工作,要锚定实现农业农村现代化、建设农业强国的战略目标,全面推进乡村振兴,循序渐进、久久为功。

二、研究意义

《决定》所确定的土地制度改革,不仅有利于激发农村土地作为农民财产的

① 樊盛林. 党的十八大以来乡村治理的发展趋势及经验启示 [J]. 乡村论丛, 2022 (6): 89-97.

② 任佳珍. 实现乡村振兴需坚持四大"着力点" [J]. 共产党员 (河北), 2018 (6): 55-56.

③ 韩长赋, 郭绪雷, 王建威, 等. 坚持农业农村优先发展 大力实施乡村振兴战略 [J]. 求是, 2019 (7): 7.

④ 曹琳琳. 挖掘红色资源 助力乡村振兴 [EB/OL]. 中国社会科学杂志社网站, 2020-10-24.

重要功能，更重要的是土地作为重要的市场要素，有利于推进城市要素向农村空间的集聚，从而积极推进城乡一体化融合发展。土地是社会财富之母，也是农民财产的最主要构成。构建农村集体经营性建设用地入市制度，发展城乡统一的建设用地市场，对发挥市场在土地资源配置中的决定性作用、提升农民可持续收入、推动乡村振兴战略、促进社会公平正义具有深远的影响。改革开放以来四次修订土地管理法，农村集体经营性建设用地管理经历了从禁止入市、试点入市到全面入市的转变。但是，目前仍然存在产权制度不完整、增值收益分配机制不健全和改革协同性不够等制度障碍。实现农村集体经营性建设用地与国有建设用地"同地、同权、同价"的改革目标，仍需在正确处理好农村集体经营性建设用地"公益性"与"经营性"关系的基础上，破解制度障碍、拓展改革空间。

地者，政之本也。农村集体建设用地的增值收益分配对土地市场的健康有序发展具有至关重要的影响。合理的收益分配制度直接关系到农村集体建设用地是否能够得到合理利用，以及耕地保护制度是否能够得到严格执行。因此，在推进城乡一体化土地市场进程中，建立科学有效的集体土地增值收益分配机制，并协调各主体之间的分配比例，是一个亟待解决的关键问题。在推进改革过程中，重点难题包括制度设计、各部门之间的协调配合以及各利益相关方的权益分配等。随着土地财产权利结构逐渐多样化，相关收益分配机制的设计被赋予了更大的创造和实践空间。新阶段，探讨集体经营性建设用地入市收益分配具有如下几点意义。

（一）探讨农村集体经营性建设用地入市增值收益分配是贯彻落实党中央文件精神的应有之义

2019 年，新土地管理法撕开了农村集体经营性建设用地入市的口子。① 现阶段，农村集体经营性建设用地入市进入实现"同地、同权、同价"改革探索期。2020 年，党的十九届五中全会提出要积极探索实施农村集体经营性建设用地入市制度。2022 年中央 1 号文件把"稳妥有序推进农村集体经营性建设用地入市"作为"抓好农村改革重点任务落实"的重要内容。2023 年，中央 1 号文件指出要进一步深化农村集体经营性建设用地入市试点，探索建立兼顾国家、农村集体和农民利益的土地增值收益有效调节机制。2023 年 3 月，自然资源部印发《深化农村集体经营性建设用地入市试点工作方案》，在总结试点地区成功

① 王量量，王珺，刘佳欣. 集体经营性建设用地入市的利益格局研究：以北京大兴区试点为例 [J]. 城市发展研究，2021，28 (5)：77-83.

经验的基础上，从推进农村集体土地整理、盘活闲置存量建设用地、节余指标跨区域流转、优先用于支持乡村振兴和农村第一、二、三产业融合发展等方面，对农村集体建设用地入市做了进一步规范。因此，我们将基于农村集体经营性建设用地入市试点工作所取得的成果，探索适宜的农村集体经营性建设用地入市收益分配机制，提出促进改革的对策建议。这是贯彻落实中央文件精神，执行中央、省市有关文件要求的应有之义。

（二）推动集体经营性建设用地入市增值收益分配改革，对促进实现共同富裕具有重要意义

新土地管理法把旧法下受到严格限制的集体土地发展权权能予以部分释放，还权于农。农村集体经营性建设用地进入市场可以被视为对土地增值收益在利益相关方之间重新分配的一种重构方式，实质上是对政府干预和市场配置土地资源的法定界限的重新划定，旨在促进形成全新的利益分配格局，使各方能够依据权益获得相应收益。

土地收益分配改革不仅涉及对土地和其附属物等财产权益的划分，还需要综合考虑公共利益保障和实现公共目标。长期以来，现实中公共权利和私人权利在土地关系中的结构存在失衡，政府作为代表的公权力相对占据较强势地位。对土地增值的认知在不同主体之间存在较大差异，导致难以达成共识并实现多方利益均衡，在收益分配方面面临极大困难。[①] 寻求一种合理、有效且可行的农村集体土地入市增值收益分配机制，以促进集体经济有序健康发展，并确保收益在集体内公平合理地分配，从而推动实现"共同富裕"的目标。通过入市来盘活农村集体经营性建设用地，探讨农村集体经营性建设用地入市收益分配的不同方式及其问题，对推动集体经营性建设用地入市收益分配改革，推动实现共同富裕具有重要意义。

（三）土地增值收益分配改革是破解集体土地入市之困的切入点

农村集体经营性建设用地是一种可供非农业建设使用的土地类型，对农村土地来说至关重要。它也是非农业生产建设中不可或缺的要素。长期以来，农村集体土地面临着所有权与国有土地所有权不平等、产权不明确、权能不完整等问题。这些问题极大程度上阻碍了通过市场化手段有效配置农村集体经营性建设用地，并降低了其利用效率。

---

① 魏子鲲，韩乔，崔元培，等．城中村改造参与主体利益分配机制研究［J］．建筑经济，2021，42（9）：67-71.

农村集体土地的区位优势等因素催生了土地增值。① 对于土地升值程度的认知存在差异，达成共识具有一定难度；土地增值来源难以明确界定，现有方案不具有可量化的操作性；土地增值收益的分配涉及许多不同的主体，因此实现这些主体之间利益的平衡非常具有挑战性。可以说，集体经营性建设用地入市是一个极其复杂的问题。

农村集体经营性建设用地入市改革试点是探索优化配置农村土地资源，促进城乡用地统筹发展的重要途径，② 有利于探索农村集体土地收益分配的一般原则，推动城乡土地要素市场化配置改革。从实践应用层面来看，探索农村集体经营性建设用地入市收益分配机制的价值主要体现在以下四方面：一是有助于促进中央关于土地资源配置"市场化改革"政策的实施，并为其提供理论支持，以推动自然资源治理体系和治理能力现代化。二是有利于为后续制定《中华人民共和国土地增值税法》、修改《中华人民共和国城市房地产管理法》《中华人民共和国城市城乡规划法》《中华人民共和国土地管理法实施条例》，提供理论支撑。三是可以在农村集体经营性建设用地使用权设立、流转、收回过程中，为与《中华人民共和国民法典》相关规范的衔接与解释提供理论依据。四是为了推动集体经营性建设用地入市改革的不断深化，可以利用理论指引来制定和完善实践中相关配套制度。合理分配集体经营性建设用地的市场增值收益是确保社会公平和推动经济转型发展的重要因素，同时也决定了集体经营性建设用地能否成功进入市场。以集体经营性建设用地入市增值收益分配为切入点破解集体土地入市困境无疑是抓住了问题的关键。因此，改革农村集体经营性建设用地入市增值收益分配制度是解决集体土地入市难题的关键所在。

（四）建立和完善土地增值收益共享机制是顺应重塑土地权益格局之变

在"非农化"过程中，各利益相关方（政府、村集体、企事业单位、农民）所拥有的权利状况存在差异，他们都对土地增值做出了贡献，并且应享有相应的增值收益份额。土地的社会属性因城镇化的推进逐渐由保障农民生存权的资源属性向保障农民发展权的资产属性转变。与此同时，农民的生产和生活方式正在逐渐朝着非农化和多样化方向发展，这导致了农民对自身权益的格局和需求发生了明显变革。在制定土地入市增值收益分配机制时，政府应该考虑

---

① 郑雄飞. 地租的时空解构与权利再生产：农村土地"非农化"增值收益分配机制探索 [J]. 社会学研究，2017，32（4）：70-93，243-244.

② 王海，龙腾. 推进集体经营性建设用地入市工作的若干思考 [J]. 上海国土资源，2016，37（2）：37-41.

到空间和时间的整合功能，以确保农民能够获得非农产业的绝对地租。集体经营性建设用地入市增值收益分配改革是维护农村社会稳定的新需要。集体经营性建设用地使用权涉及农民的基本利益，如果安排不妥当，将会增加新的农村社会不稳定因素。由于乡镇行政区划分和村级建制调整、乡镇企业没落、学校搬迁等原因，我国农村存量集体建设用地闲置的现象比较普遍，因此从农村存量建设用地开始的集体经营性建设用地入市改革，可有效纾解改革风险。通过农村集体土地入市制度可将其进行有效利用，不仅可以缓解城市建设用地总量不足的压力，还有利于增加农民个体的收入。

农村集体经营性建设用地入市改革是稳步推进城市化的重要方式，① 符合城乡体制改革中所有权平等保护的基本原则，有利于实现国有土地与集体土地的"同等入市、同权同价"，并破除政府对土地一级市场的垄断地位，便于农民的土地权利融合于城市化和工业化进程之中。在公共利益目的之内可对建设用地予以征收取得，在公共利益目的之外可对建设用地采取直接入市的方式取得。农村集体经营性建设用地入市厘清了政府与市场的边界，充分回应了社会各界对农村集体土地征收制度改革的关切，将会平衡政府与农民个体之间的利益分配，实现农民合法财产权利的有效赋予和依法保障。

（五）赋予农村土地更多的财产功能

《决定》赋予农村集体经营性建设用地入市、抵押等权能，使得农村集体经营性建设用地的利用价值扩展到集利用价值、抵押价值和流转价值等于一体的土地价值体系。这大大地提升了农民土地的财产功能，使农村集体经营性建设用地真正成了农民所拥有的财产。《决定》赋予农村土地承包权和建设用地、宅基地等更为完整的土地产权，也将为增加农民财产性收入奠定土地制度基础。如果全国范围内普遍实施农村集体经营性建设用地直接进入市场流转的政策，那么农村集体经营性建设用地使用者或者村集体，将有机会以有偿出让的方式通过转租、转让、出租或者出售等形式进行农村集体经营性建设用地使用权的流转。如果这一转变能够实现，就意味着农村集体经营性建设用地的使用权将得到真正的执行和加强。这样一来，城乡建设用地的供应方不再仅限于政府，而合法获得农村集体土地使用权的受让者也不再是唯一的。在这种情况下，农民（集体）的权益将得到更进一步的保障和保护，法律和社会层面的公平正义也将得到进一步的彰显。

---

①　王本礼，吴丹，王也，等 . 村庄规划统筹集体经营性建设用地路径研究［J］. 中国土地，2023（1）：42-44.

农村集体经营性建设用地能够直接入市将会充分显化集体建设用地的经济价值，① 农村集体土地市场将会快速建立，农民将会更加重视土地本身的资产属性及其商品属性。如果农民（集体）能够获得充分的土地增值收益，这将鼓励更多人留在乡村从事农业生产，并吸引城市居民返乡创业。这样一来，我们就可以为解决农村"空心化"等社会问题提供有利条件，进而加速推动农业发展、促进农民增收和保障农村稳定。同时，搬迁或进城务工的农民可以更合理地处理他们在农村的土地和房屋资产，从而间接促进了土地承包经营权的流转，并加速了城镇化进程。但是，由于土地流转是一个涉及主体较多的复杂的交易过程，若要充分实现土地的财产功能，仍然需要有诸如完善的农村集体土地市场交易规则、农村金融制度等相关配套制度的支撑。可见农民土地财产功能的实现还需一个制度配套的过程。

（六）促进城乡融合发展

集体经营性建设用地入市及其土地入市增值收益分配改革对城乡融合发展的影响主要体现在六个方面：一是农村集体经营性建设用地直接入市后，就建立起了城乡统筹的二元土地市场。在这种情况下，市场对城乡建设用地的配置作用将得以有效发挥。农村集体经营性建设用地直接入市有助于盘活闲置的农村集体经营性建设用地，调节增量的集体经营性建设用地，激发农村土地市场活力，增强农村产业发展用地的保障能力。② 二是促进乡村产业升级。一方面是在城乡统一土地市场制度条件下，通过价格机制的作用，土地市场可以按照各类土地的重要程度和紧迫性确定土地组合方式、使用方向和数量结构，提高土地的集约度，防止滥用稀缺土地资源，形成合理和节约利用土地的机制。另一方面，按照约翰·冯·屠能的竞标地租理论，距离城市中心的土地价格更高。而现实中只有具有潜力的、生产效率较高的、资金雄厚的产业才能得到优势区位的用地。因此，土地市场的优化配置机制间接促进了产业结构的优化升级。另外，城乡统一土地市场还会刺激土地经济供给的增长、调节土地用途等，开发后备土地资源，使优势产业土地需求得到更大程度的满足。集体经营性建设用地入市将为农村地区引入新兴产业形态创造条件，扩大农村产业边界，企业发展的规模效应与产业发展的集聚效应将会长期发挥效用，促进乡村产业升级。

① 韩国梁，陈朋. 市场经济下集体经营性建设用地流转特征及管控策略 [J]. 经济研究导刊，2023（16）：14-16.

② 赵伟，诸培新，余杰. 集体经营性建设用地入市对城乡融合发展影响研究：基于浙江省德清县改革试点的经验证据 [J]. 中国土地科学，2023，37（7）：42-52.

三是缩小城乡收入差距。① 农村集体经营性建设用地在符合土地利用总体规划、土地用途管制和环境保护相关要求的条件下，可进入农村建设用地市场流转，使得农村集体、农民可以分享更多的土地出让金等土地入市收益。城乡统一土地市场可以实现农民获得等同于城市的土地增值收益。这使得农民有了生存和发展的保障，提高农民实质性收入，缩小了城乡收入差距。四是集体经营性建设用地进入市场流转需要完善相关的基础配套设施，这将推动欠发达地区乡镇和村落的基础设施建设，从而在一定程度上促进公共服务均等化及城乡一体化发展。例如，新疆维吾尔自治区吉木萨尔县在集体经营性建设用地入市时调整了原来随意、分散、不规则的土地利用格局，优化了道路、水电等农村基础设施布局，提高了农村集体建设用地的利用效率和节约集约利用水平。五是农村集体经营性建设用地直接入市缩小了土地征收制度的适用范畴，地方政府今后将会倾向于依据公共利益的需要而征用农村集体土地，征地额外成本也会减少，降低政府与农民（集体）之间因征地问题而造成的纠纷。② 六是稳定劳动力供给。③ 土地流转、收益分配和农地制度结构性变革对农村来说具有重要意义。集体经营性建设用地入市可以为农村带来新的产业，从而使原本需要离乡打拼的农村劳动力得以留在当地，实现长期稳定就业。这样做不仅能够积累生产技术和经验，还有利于提高农村的生产效率并推动其可持续高质量发展。

十八届三中全会《决定》提出开展的农村土地制度改革，尤其是提出要深入实施城乡统一的建设用地市场制度，为农村农民（集体）分享新型城镇化和工业化发展所带来的用地增值提供了制度保障，使得政府土地财政转型得以加快，倒逼了政府财政发展方式的转型，推动城乡一体化发展进程。同时，对于集体经营性建设用地入市的规范，从法律法规层面进行监管也有助于保护耕地资源，避免在利益驱动下非法占用耕地，并且能够确保粮食安全、维护国家发展和社会稳定。

（七）助推乡村振兴

2018 年，《中共中央　国务院关于实施乡村振兴战略的意见》发布之后，如何科学高效整合各类资源要素，激发乡村发展活力，是我国土地制度改革的

---

① 徐吉宏. 甘肃省农村集体经营性建设用地入市现状及改革对策［J］. 新西部，2022（Z1）：60-65.

② 夏方舟，严金明. 农村集体建设用地直接入市流转：作用、风险与建议［J］. 经济体制改革，2014（3）：70-74.

③ 邓宏乾，彭银. 土地流转、收益分配与农地制度结构性变革［J］. 江汉论坛，2016（10）：6.

重要内容之一。有学者指出，集体经营性建设用地入市不仅可以促进土地资源的实体流动，还能促进土地权属及指标的虚体流动，优化土地制度的同时有助于化解城乡土地分治矛盾，助推乡村转型、乡村振兴。王亚男等人指出，集体经营性建设用地入市可通过同地同责、同权同价、空间营利、空间赋能的路径实现要素集聚和乡村空间优化，助推乡村振兴。[①] 在城乡统一土地市场制度框架下，农村农民获得合理的土地增值收益，积累建设发展资金，加之能够进行农地抵押贷款等，融资能力显著增强，发展的资本瓶颈被打破，有实力进行"三农"投资，促进产业兴旺、生态宜居、乡风文明、治理有效、生活富裕，实现乡村振兴。总体而言，乡村振兴的关键在于优化配置和协调生活生产要素，其中最重要的生产要素是土地，土地的利用方式和配置格局对乡村转型发展至关重要。集体经营性建设用地入市具有"活权、活地、活农"的属性，可以赋予集体土地与国有土地同等的权能。通过促进农村土地有序流动和实现空间优化重组，助力乡村振兴。

第三节　研究对象、内容和思路

一、研究对象

2015 年至 2019 年，我国在 33 个试点地区开展了"三块地"制度改革试点工作，这些试点地区在土地入市条件、制度、收益分配等方面颇具代表性，具体试点名单见表 1-1。

表 1-1　2015 年至 2019 年全国 33 个"三块地"改革试点名单

序号	试点名称	序号	试点名称	序号	试点名称
1	北京市大兴区	12	浙江省湖州市德清县	23	重庆市大足区
2	天津市蓟州区	13	安徽省六安市金寨县	24	四川省成都市郫都区
3	河北省定州市	14	福建省晋江市	25	四川省泸州市泸县
4	山西省晋城市泽州县	15	江西省鹰潭市余江县	26	贵州省遵义市湄潭县

[①] 王亚男，吕晓，张启岚. 集体经营性建设用地入市助推乡村振兴的机制与对策 [J]. 农村经济，2022（11）：27-33.

序号	试点名称	序号	试点名称	序号	试点名称
5	内蒙古自治区呼和浩特市和林格尔县	16	山东省禹城市	27	云南省大理州大理市
6	辽宁省海城市	17	河南省新乡市长垣县	28	西藏自治区拉萨市曲水县
7	吉林省长春市九台区	18	湖北省宜城市	29	陕西省西安市高陵区
8	黑龙江省安达市	19	湖南省浏阳市	30	甘肃省定西市陇西县
9	上海市松江区	20	广东省佛山市南海区	31	青海省西宁市湟源县
10	江苏省常州市武进区	21	广西壮族自治区北流市	32	宁夏回族自治区石嘴山市平罗县
11	浙江省义乌市	22	海南省文昌市	33	新疆维吾尔自治区伊犁州伊宁市

本书将以部分全国试点地区和贵州湄潭县等地区的农村集体经营性建设用地入市收益分配机制改革为研究对象。

二、主要研究内容

基于上述现实背景，本书从集体经营性建设用地入市增值形成机理、农村集体土地入市收益分配参与主体、集体土地收益分配方式和集体经营性建设用地入市收益分配比例等角度，应用马克思地租理论和西方土地发展权理论，试图探寻集体土地发展权收益的归属与分配机制。在此基础上从共同富裕的视角，聚焦于集体经营性建设用地入市收益分配的应然状态与现实基础，分析集体经营性建设用地入市的影响与风险和收益分配中存在的问题，并结合国内外土地入市流转的经验与教训，探讨土地入市收益分配机制改革，以期促进农民实现共同富裕。具体的研究内容包括六个方面：

一是从时间维度梳理我国集体经营性建设用地入市收益分配制度的改革历程。基于马克思土地所有制思想及其财产权理论、西方产权理论分析我国农村集体经营性建设用地入市收益分配制度变迁，阐释农村集体经营性建设用地政策演变及其原因，梳理各阶段涉及集体土地流转的法律法规约束，并总结提炼我国集体土地入市收益分配的主要经验。

二是研究集体经营性建设用地入市增值收益的形成机理。一方面，找到土地征收增值收益分配问题的源头，分析土地增值收益的产生原因，厘清农村集体经营性建设用地入市增值的来源。另一方面，分析集体经营性建设用地入市的增值过程，构建农村集体工业用地价格影响因素的理论模型，分析影响农村集体经营性建设用地的价格因素。此外，还研究和强调农村集体经营性建设用地入市收益分配机制的多样性问题。

三是探讨改革农村集体经营性建设用地入市增值收益分配机制促进农民共同富裕的应然状态。应用文献分析法、因果逻辑法和归纳演绎法，阐释政府、村集体和农民参与集体经营性建设用地入市增值收益分配的正当性，分析农村集体经营性建设用地入市收益分配机制促进农民实现共同富裕的基本逻辑，阐述农村集体经营性建设用地入市收益分配对农民增收、实现共同富裕的作用，并探讨建立和完善农村集体经营性建设用地入市收益分配机制的一般性指导原则。

四是分析农村集体经营性建设用地入市收益分配的现实基础。一方面，分析集体经营性建设用地概念及其分布特征，阐述执行土地用途管制对管理集体经营性建设用地的作用与意义。另一方面，梳理集体经营性建设用地入市的法律规范，从集体经营性建设用地入市的条件、基本流程、途径、方式与模式以及国家参与土地入市增值收益分配的形式等方面，分析农村集体经营性建设用地交易市场的建设情况、增值收益分配制度建设及其运行情况，并重点关注保障农民（集体）权益方面的制度措施和农民（集体）参与集体经营性建设用地入市的意愿。

五是对建设集体经营性建设用地二级交易市场的目标进行分析，从赋予农村土地更多的财产功能、促进城乡融合发展、助推乡村振兴等方面，分析集体经营性建设用地入市收益分配改革带来的影响。从不同的角度识别和定位集体经营性建设用地入市潜在的风险，分析其对市场主体行为和市场活动效果等方面的影响机理，并探讨集体土地入市增值收益分配机制改革的新思路。

六是研究农村集体经营性建设用地入市收益分配面临的问题，并探讨完善农村集体经营性建设用地入市收益分配机制的政策建议。一方面，结合部分试点地区的实践分析农村集体经营性建设用地入市收益分配所面临的困难及根源。重点关注农村集体经营性建设用地入市收益分配机制的建设及其运行情况、农民集体土地财产权益的保障情况，探索发现农村集体经营性建设用地入市收益分配改革促进共同富裕过程中存在的主要问题。另一方面，在分析英国土地开发制度和美国土地开发权转让实践的基础上，总结国内集体经营性建设用地入市及其收益分配案例的经验与启示，从创新农村集体经营性建设用地入市收益分配制度的角度，提出对策建议，以期构建和完善农村集体经营性建设用地入市的农民（集体）权益保障机制，实现共同富裕。

三、研究思路

以马克思所有制思想及其财产权理论为指导，借鉴西方产权理论和土地发展权理论，阐述我国农村集体经营性建设用地管理制度的变迁及其特征，探讨农村集体经营性建设入市交易的现状和集体土地二级市场建设和农民权益保障面临的困难；结合宏观和微观的调查数据，分析农村集体经营性建设用地入市增值收益形成机理，阐释构建农村集体经营性建设用地入市增值收益分配制度的一般性原理，探讨共同富裕视角下农村集体经营性建设用地交易市场运行的应然状态，提出优化贵州农村集体经营性建设用地入市增值收益分配的对策建议与实现路径，以促进共同富裕。具体的研究路线如图1-3所示。

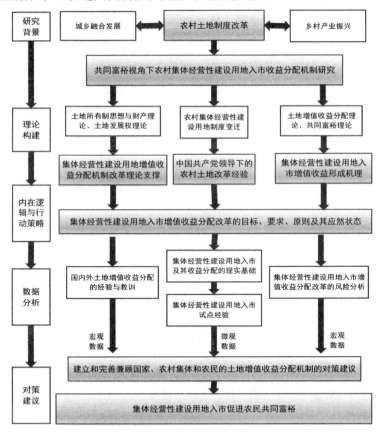

图 1-3　研究技术路线

第四节　基本观点

一、土地与一般商品具有显著区别

土地与一般商品存在以下显著性差异：一是土地是可持续利用的，而一般商品不具备可持续利用的特征。土地利用需要规划管制，避免掠夺性开发。土地利用必须符合土地永续利用这一根本目的，来实现持久利用的目的；而对一般商品而言，它们是不可以持久利用的，因此不需要国家管制。二是商品是否具有外部性的问题。在经济学里，外部性一般指一项经济活动对他人产生正面或负面的影响。一项经济活动使他人受损或受益，市场本身不能通过价格机制进行自发调整。土地利用具有外部性，会带来辐射效应，产生正外部性或负外部性，而一般商品交易不产生外部效应。一般的普通商品并不会像土地那样受供应总量的限制，它会因供不应求而增值的情况，可通过保管、维修而保值增值，但不存在接受外部辐射而增值的情况。三是商品的用途和性质是否会受到交易主体或政策的变化而发生改变。土地会随着规划用途的改变而产生增值收益，因规划用途不同，同样区位的土地，价值区别也会很大，而一般商品无论转移到谁的手里，只要它的用途没有改变，其性质也就不会改变。

与其他可以无限制地增加的生产资料的地位相比，土地的地位不是完全相同的。土地的作用在生产生活中非常重要，威廉·配第曾说过土地是财富之母。从土地资源的自然属性来看，其具有不可再生性、位置的固定性和稀缺性等特点，人类不能随心所欲地减少或增加土地。由于土地的不可移动性和总量有限性，无法放任所有权人任意决定土地的用途，公权力主导下的土地规划必不可少。相比于农业社会，在工业化、现代化社会土地用途的区分更加多样，如城市住房、耕地、交通运输、公共管理和公共服务用地、商服和工矿仓储等。土地与其他商品不同，它的利用不能由自由市场谈判或产权人自己决定，是需要对其进行规划管理和用途管制的。用大白菜等一般商品的变更规则套用于土地利用，是从根本上混淆了土地与一般商品的本质。

二、土地的人工增值与自然增值无关

土地增值主要有两方面原因：一是土地的投资增值，把"生地"变为"熟

地"，通过建成各种生产、生活、商业设施等形成一定的土地增值。对入市后的土地进行投资开发属于经营者行为。土地投资开发所带来的价值增值收益应归属于开发者个人，与政府和村集体等入市主体没有关联。二是自然增值。土地的自然增值是规划调整、政府公共投资、社会经济水平提高等行为造成的价格上升。政府对基础设施建设的投资直接影响了农村集体经营性建设用地的价值，从而导致土地价值产生外部投资辐射效应。长期以来，国家在城镇建设方面投入了大量资金，建成了很多基础设施、公共设施，这是导致土地增值的一个很重要的因素。

土地的非农性自然增值，在农用时处于潜伏状态，而在农转非之后，处于显现状态，与农转非之后的开发毫不相干。直接开发性增值是人工增值，与自然增值毫无关系。区分土地价值的人工增值与自然增值对土地增值收益分配具有重要影响，因为"按照谁贡献，谁获得收益"的分配原则，决定了政府和投资人都将具有参与土地增值收益分配的资格。

三、农村集体土地应与国有土地"同地、同权、同价同责"

城市土地的国家所有权与农村土地的农民集体所有权、国有建设用地使用权与集体建设用地使用权无条件地"平等""同权"对待的正当性，应确保集体土地与国有土地"同地、同权、同价"[①]。2013 年，党的十八届三中全会通过了《决定》，并提出："在符合规划、用途管制和依法取得前提下，推进农村集体经营性建设用地与国有建设用地同等入市，同权同价，在城乡统一的建设用地市场中交易，适用相同规则，接受市场监管。"[②]

基于权利和义务相对等的原则，实行农村集体经营性建设用地与国有土地同等入市、"同地、同权、同价"将意味着一旦集体经营性建设用地入市，其不仅要与国有建设用地使用权实现"同地、同权、同价"，而且也要同样履行其财产权的社会义务和责任，[③] 即同责。

---

① 张力. 土地公有制对农村经营性建设用地入市改革的底线规制 [J]. 法律科学（西北政法大学学报），2020，38（6）：100-113.

② 李会勋，田文华. 农村集体经营性建设用地入市改革的困境与出路 [J]. 辽宁公安司法管理干部学院学报，2023（2）：78-87.

③ 程雪阳. 论集体土地征收与入市增值收益分配的协调 [J]. 中国土地科学，2020，34（10）：28-33.

四、集体经营性建设用地入市应控制在合理范围内

中央和地方政府的财政分权使地方政府面临着发展地方经济和扩大地方财政自主权的巨大压力和刺激。地方政府的目标主要有促进经济增长、提高地区就业率等。在市场经济体制下，地方政府也清楚地知晓依靠收益相对低的农业实现经济快速持续的增长是不可能的，受此影响，地方政府必然将资源配置给边际报酬最高的区域、产业和部门，[①] 以实现地方政府任期内经济的快速增长。因此，以经济效益为中心配置土地资源，效益低的农地就必然会理性进行非农化。

农村集体土地非农化，遵循产业演替规律，将由第一产业向第二、第三产业转移，[②] 将为国民经济的其他部门发展提供土地，对整个国民经济具有十分重要的意义。但是农业用地直接关系到一国的粮食安全，也将影响到一国的社会稳定。此外，保护农业用地还有许多生态环境方面的价值。从可持续发展出发，政府对此应给予足够重视并将农地保护纳入集体经营性建设用地入市管理之中。因此，集体经营性建设用地入市的范围应该控制在一个合理的范围内。农村集体经营性建设用地流转目的只能是与农业发展直接相关的第二、第三产业项目。防止农村集体经济组织随意整合农村土地配置，侵害各类农村土地使用权的违法行为。

2023 年 3 月，自然资源部印发的《深化农村集体经营性建设用地入市试点工作方案》在总结试点地区成功经验的基础上，加强了对集体经营性建设用地入市范围及用途的管控，进一步明确了可以入市的范围，提出了集体经营性建设用地入市的"负面清单"，规定不能通过农用地转为新增建设用地入市、不能把农民宅基地纳入入市范围、符合入市条件的土地不能搞房地产开发。

五、农村集体经营性建设用地制度改革需要足够的耐心和定力

土地制度始终关系着国家和人民的命运。按照建党、新中国成立、改革开放、党的十八大四个时间节点，我国农村土地制度经历了曲折而艰辛的萌芽、

---

① 曲福田，冯淑怡，诸培新，等．制度安排、价格机制与农地非农化研究［J］．经济学（季刊），2004（4）：229-248.

② 王媛玉．产业集聚与城市规模演进研究［D］．长春：吉林大学，2019.

探索、改革与深化改革四个阶段的发展历程。① 当前农村集体土地制度改革应坚持土地制度改革的协调整体推进，改革重心应从以所有权为中心转向以使用权为中心，土地功能应从注重生存保障转向注重发挥土地财产功能。新时代全面深化农村土地制度改革仍然要处理好农民与土地、公平与效率之间的关系。

我国四次修订土地管理法，农村集体经营性建设用地使用权流转经历了"一揽子否决—严格限制—有条件允许—与国有土地同权"的过程。不断深化农村土地制度改革实际是产权逐步清晰、赋能逐渐充分的过程。农村集体经营性建设用地经历了从禁止入市、试点入市到全面入市的转变，是强制性制度变迁与诱致性制度变迁交互影响的结果。

从土地的总量上来看，农村集体经营性建设用地只是农村集体土地的一小部分，对后续大量的农村集体土地入市发挥"排头兵"作用、试点作用、探路作用，要审慎为之。而且，目前我国的产权制度尚未完善，土地增值收益分配机制也存在不健全之处，并且改革协同性方面还有待提高等一系列制度性障碍仍然存在。所以，农村集体经营性建设用地制度改革需要足够的耐心和定力。

第五节　研究方法

文献研究法。笔者通过阅读大量国内外土地资源管理相关文献，追踪土地经济学、土地法学等相关研究学术前沿，梳理了我国土地管理运行模式，从而对我国土地资源管理有了较全面的认识。又通过对相关文献的查询、阅读和对比分析，对目前我国农村集体经营性建设用地入市的模式和成果有了比较清晰的了解，并根据农村集体经营性建设用地入市过程、增值收益来源、收益分配、风险、改革进路与发展新方向等进行了逐项研究，分析问题，为促进农民共同富裕和改革集体经营性建设用地入市收益分配机制奠定了理论基础。

归纳分析法。通过对与本研究相关的学术期刊、专著、学位论文等相关资料进行综述、总结和分类整理，以提取不同研究角度的核心内容。

个人访谈法。笔者在研究期间对调研对象进行了面对面的访谈，其中包括地方政府相关管理部门工作人员、农村集体经济组织负责人、村干部、农民和乡镇企业家，获得了珍贵的资料，直观地了解了农村集体经营性建设用地入市

---

① 范丹. 农村土地制度：变迁历程，基本特征与经验启示——基于百年党史的视角［J］. 农业考古，2021（4）：86-94.

过程的动态、存在的问题、面临的困惑、待解决的问题和农民集体对农村集体土地入市的基本态度。

问卷调查法。为准确了解农村集体经营性建设用地入市收益分配现存问题，一是通过制定有效的问卷并进行调查与分析，以便发现当前存在的问题；二是编制访谈提纲，对农村集体经营性建设用地入市收益主体做深入的访谈，从而获得更深入的信息。

比较分析法。通过对比我国的指标交易制度和美国的土地开发权转移制度，分析两者之间的差异，并探讨我国在构建具有本土特色的土地开发权转移制度时需要保留哪些独特制度以及借鉴哪些优势，有助于构建具有我国特色的土地开发权转移制度。

本书通过文献研读和整理，厘清我国土地管理的相关概念，在马克思所有制理论、现代西方产权理论、土地发展权理论、土地增值收益分配与共同富裕等基本理论的基础上，从理论逻辑、历史逻辑和实践逻辑三个维度对农村集体土地收益分配促进农民共同富裕进行架构；从规范条文出发，分析我国土地指标交易制度的法律内涵、制度架构，以及期望达到的功能价值；通过分析规范条文，了解我国的土地权利体系；以典型的入市收益分配为案例，结合我国农村的实际，通过对部分试点地区进行问卷调查和访谈调查，进行数据整理分析，找出存在的问题，分析原因，并提出构建集体建设用地入市增值收益分配有效调节机制的对策与建议。

第六节　创新之处

在撰写本书的过程中，笔者曾多次深入西南地区调研农村集体经营性建设用地入市的情况和土地增值收益分配的情况，了解农民对入市的看法等。本书的多数观点都回应了当前农村集体土地入市面临的问题和困难。在从全面小康迈向共同富裕的新发展阶段，如何实现共同富裕是新时代首要探讨的问题。建立公平、有效的农村集体土地入市收益分配机制，既能优化土地资源配置，又能够保障财富共享，推动农民逐步实现共同富裕。本书的创新主要体现在如下两点。

一是从共同富裕的视角，指出了在不同集体之间的农村集体经营性建设用地入市存在数量和价值两方面的失衡，在原土地收益分配机制不变的情况下，集体经营性建设用地入市流转之后，由于集体经营性建设用地存量的差异和位置的差异，农民群体之间的收入差距会因土地收益的差距而进一步扩大，这制约了共同富裕的实现。为解决这个问题，本书探讨了兼顾国家、农村集体经济组织和农民的农村集体经营性建设用地入市增值收益分配机制，强调在现行法律法规的框架下农村集体土地入市增值收益分配的机制改革要建立健全集体土地收益再分配调节机制，要建立中央与地方政府共享的"土地增值税"制度，强化税收调节的作用，充分发挥"土地增值税"（共享税）的作用。

二是立足于实现共同富裕的大背景，基于马克思的级差地租理论、土地发展权和模糊产权理论，分析农村集体经营性建设用地入市增值收益形成机理及其入市的内在逻辑。从农村集体经营性建设用地制度的历史维度、土地增值收益形成机理的理论维度、目前入市增值收益分配改革应然状态（目标导向）与现实基础、改革的影响与风险、保障农民权益的进路与土地增值收益分配改革的新方向等多个方面，系统地分析了农村集体经营性建设用地入市收益分配改革的相关内容，提出了构建有关农村集体建设用地入市增值收益分配有效调节机制的对策与建议。

本章小结

农村集体经营性建设用地是农村"三块地"的重要组成部分。农村集体经营性建设用地入市，是当前我国农村土地制度改革的重要内容之一，其增值收益分配机制关系农村集体经营性建设用地市场制度能否持续运行。农村集体经营性建设用地入市收益分配对实现共同富裕具有重要意义。2013 年，党的十八届三中全会提出要建立城乡统一的建设用地市场，允许农村集体经营性建设用地入市，标志着我国农村土地制度改革迎来了新的机遇。探索和研究更有利于促进农民共同富裕的农村集体土地收益分配机制已成为中国特色社会主义制度建设的重要内容之一。改革农村集体经营性建设用地入市收益分配机制，促进土地收益在不同集体之间均衡分配，逐步实现共同富裕，已成为当前亟须研究的重大问题。

首先，本章分析和探讨了农村集体经营性建设用地入市收益分配制度改革的历史迫切性，指出目前我国城市建设用地供应紧张，而农村集体经营性建设用地入市供应潜力巨大；无论是出于土地功能与属性的变迁还是面对农民市民化道路的现实困境，农村集体土地入市增值收益分配机制改革已迫在眉睫。其次，本章重点从脱贫攻坚取得全面胜利、农村土地制度改革与城乡融合发展、乡村振兴与农业农村现代化建设三个方面简述了农村集体经营性建设用地入市改革的背景。当前我国发展最大的不平衡依然是城乡发展不平衡，最大的不充分依旧是农村发展不充分。历史证明，我国经济发展之所以能大步向前，是因为始终有农业农村这个稳固的基础，能够不断从中汲取力量。再次，本章从贯彻落实党中央文件精神、促进实现农民共同富裕、破解集体土地入市之困的角度指出探讨建立和完善农村集体土地入市增值收益共享机制是顺应权益格局之变，集体经营性建设用地入市收益分配机制改革具有十分重要的意义。最后，农村集体经营性建设用地入市收益分配机制改革涉及面广，存在多个利益主体且关系复杂，是一项系统性工程。本章对本书的研究内容、研究思路、研究方法和主要创新进行详细的阐述，并简要阐述了"土地与一般商品的区别""土地的人工增值与自然增值无关""农村集体土地应与国有土地'同地、同权、同价'""集体经营性建设用地入市应控制在合理范围内"和"农村集体经营性建设用地制度改革需要足够的耐心和定力"等基本观点。

第二章

文献综述

集体经营性建设用地入市收益的本质是土地增值收益。[①] 早期国内外的相关研究主要围绕土地增值的内涵、增值机理以及归属而展开。20 世纪末，改革开放推动了工业化和乡镇企业的迅速发展，导致了大量集体经营性建设用地的涌现。这引起了学术界对集体经营性建设用地入市流转的关注。王克忠、张璞等学者最先对"农村集体土地能否进入市场"进行了探讨，并认为农村集体土地入市流转是市场经济发展的必然结果。1999 年国土资源部将安徽省芜湖市作为农村集体建设用地使用权流转试点。此后，农村集体建设用地流转的必要性、流转条件、流转方式等内容受到广泛关注。

随着理论研究的不断深入与地方实践的不断丰富，越来越多的学者主张农村集体土地增值收益分配应"公私兼顾"。"公私兼顾"这种观点认为土地增值主要源于稀缺性增值和辐射性增值，主张在对集体和农户进行适当补偿后，剩余部分归公。[②] 建立公私共享的收益分配机制得到了政府和学术界的认可。之后，学界更多关注于农村集体建设用地应以怎样的方式进入土地市场、市场工作机制应如何运行以及相关法律条文应如何保障市场有效运行等。

2013 年，《中共中央关于全面深化改革若干重大问题的决定》提出，在符合规划和用途管制的前提下允许农村集体经营性建设用地出让、入股、租赁，并实行集体经营性建设用地与国有土地同等入市、同权同价。学术界和实务界在农村集体建设用地入市流转有利于提升农民权益、提高土地利用效率等方面达成共识。2015 年至 2019 年，我国在全国范围内有组织地进行了集体经营性建设用地入市改革试点。这段时间的研究主要基于各地试点实践，旨在总结出可行的方案，并更加关注解决集体经营性建设用地入市中所面临的实际问题和困

---

① 蔡立东，侯德斌. 论农村集体土地所有权的缺省主体［J］. 当代法学，2009，23（6）：78-85.

② 周诚. 土地经济学原理［M］. 北京：商务印书馆，2003.

难。新土地管理法实施后，学术界聚焦于集体经营性建设用地入市配套制度的完善、土地征收与农地入市的平衡、集体经营性建设用地入市增值收益分配、城乡统一建设用地市场的制度构建等重大关键问题，其中集体经营性建设用地入市土地增值收益分配制度的完善是研究的核心内容。①

集体经营性建设用地入市可解决土地流动问题，有助于农村产业发展和农村环境改善，可拓展农村经济发展空间。通过集体经营性建设用地入市流转可为农村经济发展创造新的机会和动力，促进农民收入增长，为乡村振兴提供新动力。目前，学界对集体经营性建设用地入市的研究主要从资源保障视角和制度完善视角展开，一是从集体经营性建设用地入市与乡村振兴、城乡融合的关系视角进行研究；二是对农村集体土地入市增值收益分配等尚未解决的关键问题进行研究，如完善土地增值收益分配机制等。目前，学术界和实务界围绕农村集体建设用地入市实践以及其土地增值收益分配，就土地增值收益应在国家、集体和个人之间合理分配，并向农民（集体）倾斜形成了基本共识，② 但在可入市用地的范围和边界、③ 土地入市增值收益本质与土地发展权、④ 集体土地所有权的性质与职能⑤以及土地入市增值收益在各主体之间的利益分配⑥比例等方面仍然存在争议，值得进一步深入探讨。

第一节　集体经营性建设用地入市增值收益分配存在的问题

学者们对能够入市流转的农村集体经营性建设用地达成了基本的共识，⑦ 即依据新土地管理法，符合土地利用总体规划、城乡规划，确定为商业或者工业等经营性用途，并经依法登记的集体经营性建设用地有资格进入土地市场流转。

---

① 杨雅婷. 农村集体经营性建设用地流转收益分配机制的法经济学分析［J］. 西北农林科技大学学报（社会科学版），2015，15（2）：15-21.

② 靳相木，陈阳. 土地增值收益分配研究路线及其比较［J］. 经济问题探索，2017（10）：5.

③ 肖顺武. 从管制到规制：集体经营性建设用地入市的理念转变与制度构造［J］. 现代法学，2018，40（3）：94-108.

④ 程雪阳. 土地发展权与土地增值收益的分配［J］. 法学研究，2014，36（5）：76-97.

⑤ 韩松. 农民集体土地所有权的权能［J］. 法学研究，2014，36（6）：63-79.

⑥ 何芳，龙国举，范华，等. 国家集体农民利益均衡分配：集体经营性建设用地入市调节金设定研究［J］. 农业经济问题，2019（6）：67-76.

⑦ 陈明. 农村集体经营性建设用地入市改革的评估与展望［J］. 农业经济问题，2018（4）：71-81.

学术界对农村集体经营性建设用地入市流转普遍持赞成态度，农村集体经营性建设用地入市是必然趋势。在 2015 年至 2019 年土地制度改革试点阶段，政策制定考虑到了我国农村土地制度改革的风险、集体建设用地存量大、与土地征收等制度的联动推进等因素，允许入市交易的农村集体经营性建设用地被严格限定在已有的存量范围，① 但是新土地管理法施行后，并未将入市交易的范围限定为存量，据此可以理解为现阶段法律允许集体经营性建设用地入市的范围不仅包括已有的存量还包括增量部分。随着改革的深入，农村集体经营性建设用地在区域间分布的显著差异导致对"哪些地可以入市"产生了争议和分歧。"存量有限"与"先占优势"问题形成了新的土地收益不均衡，会给农村发展带来新的隐患，将进一步扩大区域间贫富差距，从而导致代际公平难以实现，最终违背改革初衷。蓝宇枫等人认为，农村集体经营性建设用地的存量数量不容乐观，实际所占比例不到存量集体建设用地总量的十分之一。李松杰、黄发儒等人认为，在符合规划和用途管制的前提下，应将可入市的集体经营性建设用地范围适当地拓宽至增量部分，从而获取更好的入市效果。有学者认为集体经营性建设用地入市改革，要以市场配置资源、收益均衡共享为导向，并结合地方的实践经验，建立"多规合一"的入市范围认定体系，推动土地入市改革与各项改革联动发展。②

关于"集体经营性建设用地入市增值收益怎么分"的研究并不丰富，相关成果主要是参照土地征收的分配标准来量化农村集体经营性建设用地入市收益分配。③ 农村集体经营性建设用地入市将打破政府对土地一级市场的垄断，降低农村集体经营性建设用地市场的交易费用，改善收入分配，④ 应把土地非农化的收益更多地留在农村，留给集体和农民。但集体经营性建设用地入市收益分配仍存在指导性与均衡性、税收分配方式的规范性与灵活性、调节金分配方式的合理性与合法性等结构性冲突。⑤ 针对上述问题，部分学者提出要免征集体经营

① 陆剑，陈振涛．集体经营性建设用地入市改革试点的困境与出路［J］．南京农业大学学报（社会科学版），2019，19（2）：112-122.
② 唐勇．集体经营性建设用地入市改革：实践与未来［J］．治理研究，2018，34（3）：122-128.
③ 谢保鹏，朱道林，陈英，等．土地增值收益分配对比研究：征收与集体经营性建设用地入市［J］．北京师范大学学报（自然科学版），2018，54（3）：334-339.
④ 周其仁．缩小城乡差距要让农民分享土地收益［J］．农村工作通讯，2010（21）：47.
⑤ 贺林波，汪诗荣．共同富裕背景下集体经营性建设用地入市收益分配：方式、冲突与路径［J］．地方财政研究，2023（2）：41-50.

性建设用地入市收益所得税①、完善农村集体经营性建设用地入市收益分配制度
等对策；但从各试点地区的实践来看，仍存在农村集体经济组织成员资格认定
随意性强、差异化大等问题②，农民难以通过农村集体土地入市获取与国家大体
相当的收益③。目前，对集体经营性建设用地的市场化流转已经进行了多种尝
试，并形成了各种不同的交易方式和收益分配机制。对集体经营性建设用地改
革而言，提出了关于重构集体土地入市增值收益分配机制的建议，为该改革寻
找了一些突破方法和路径。然而，由于对试点地区经验做法缺乏持续的系统的
全面的考察，因此建议提出的分配机制缺乏针对性，难以解决实践中出现的新
问题，对区域差异也缺乏有效的应对方法。

　　有研究通过测算农村集体建设用地入市试点区政府与农民集体获得的增值
收益比例得出，农村集体经营性建设用地入市与地方政府征收两种模式下农民
与政府获得的增值收益存在巨大差异，④ 在征地模式下该比例为77∶23，而在
农村集体经营性建设用地入市模式下两者获得增值收益比为16∶84（低调节
金）和36∶64（高调节金）。⑤ 很明显集体建设用地入市会给政府征地造成很大
的冲击，首先是允许集体建设用地入市，农民通过土地入市能获得比征地更高
的土地入市增值收益，从而不愿意被政府征地；其次是即使入市增值收益与征
地补偿大体平衡，今后也会增加地方政府征地工作的难度。⑥ 基于产权让渡与市
场化视角，当前由于我国农地发展权权能模糊，农民集体的土地增值收益分配
权利被部分排斥。⑦ 有学者提出，"三块地"改革试点中部分地区土地入市增值
收益分配缺乏科学依据，其收益分配机制需要调整和完善。⑧ 制度完善方面，集

① 贺林波，汪诗荣．共同富裕背景下集体经营性建设用地入市收益分配：方式、冲突与路径［J］．地方财政研究，2023（2）：41-50.
② 马翠萍．农村集体经营性建设用地入市收益分配的实践探索与制度优化［J］．改革，2022（10）：106-116.
③ 周应恒，刘余．集体经营性建设用地入市实态：由农村改革试验区例证［J］．改革，2018（2）：54-63.
④ 朋东云．农村集体经营性建设用地入市增值收益评价及其分配研究：以浙江省德清县为例［D］．杭州：浙江工商大学，2020.
⑤ 谢保鹏，朱道林，陈英，等．土地增值收益分配对比研究：征收与集体经营性建设用地入市［J］．北京师范大学学报（自然科学版），2018，54（3）：334-339.
⑥ 李太森．农村集体经营性建设用地入市的难点问题论析［J］．中州学刊，2019（1）：43-49.
⑦ 舒帮荣，李永乐，陈利洪，等．农村集体经营性建设用地流转模式再审视：基于产权让渡与市场化的视角［J］．中国土地科学，2018，32（7）：22-28.
⑧ 唐健，谭荣．农村集体建设用地入市路径：基于几个试点地区的观察［J］．中国人民大学学报，2019，33（1）：13-22.

体经营性建设用地入市尚处于试点阶段，在全面推开前还需要不断修正、完善制度，其中重点就在于入市成本核算、土地使用权价格评估和税收调节机制的构建。

综上所述，已有研究为我国农村土地集体经营性建设用地制度改革提供了新的思路和方向，但总体而言还存在三个不足之处：一是没有充分考虑到集体土地增值收益分配与集体经营性建设用地入市模式之间的内在联系。事实上，不同的集体经营性建设用地入市模式会涉及不同的市场主体，而集体经营性建设用地入市的关键问题在于如何分配土地增值收益给相关利益主体。二是从相关研究中我们可以看出，当前学界和实务界的研究大多数仅限于探讨农村集体经营性建设用地入市，然而中央试点改革的目标是逐步扩大试点，进而推广至全部农村建设用地领域，故农村集体土地入市改革不应限定为集体经营性建设用地，① 关于"哪些地可以入市"的问题还有待进一步研究。"三块地"改革是做好农村集体资源资产的权利分置和权能完善，让广大农民在改革中分享更多成果，最大限度地发挥农村土地资源价值，实现乡村振兴，推动城乡融合的重要举措。然而，目前集体经营性建设用地入市、农村承包地与宅基地改革的联动性较弱。2014 年中共中央办公厅、国务院办公厅联合印发的《关于农村土地征收、集体经营性建设用地入市、宅基地制度改革试点工作的意见》强调要注重联动和协调，指出"农村土地制度改革与农村户籍、财税、社保、金融等相关领域改革紧密衔接""要注重各项改革的协同性和耦合性，提高改革的系统性和完整性"，应从联动视角分析这三项改革，从而更好地推动乡村振兴战略和城乡融合发展。三是学者以现实问题为导向，对集体经营性建设用地入市的研究模式多为"针对问题—解决问题"，缺乏系统性。在探讨农村集体建设用地入市收益分配方面进行了大量卓有成效的研究，但是受时空的限制，集体经营性建设用地入市收益分配机制研究仍不充分，缺乏以国家、集体、农民三者利益均衡为导向的视角创新，缺乏统筹兼顾集体经营性建设用地入市收益分配机制的系统思维。目前，集体经营性建设用地入市对合理配置城乡建设用地、保障用地需求、协调城乡发展发挥了重要作用。为解决建设用地内部存在的不同用途之间价格失调和用地比重失衡等结构性矛盾，需要对集体经营性建设用地入市方式、产业结构、用途管制等方面进行系统性分析和研究，这样才能达到农村集体经营性建设用地与国有建设用地"同地、同权、同价"的改革目标。

---

① 于定明. 集体建设用地入市基本问题探析［J］. 思想战线，2019，45（3）：158-165.

第二节 农村集体经营性建设用地权益设置的演变

一、从产权歧视到产权平等

我国在计划经济时期实行具有"一大二公"特征的政策，即奉行人民公社的规模大和社会主义公有化的程度高。① 随着市场经济体制改革的不断深化，虽然民营企业与国有企业已享有同等的经济地位，但是集体土地和国有土地的产权歧视问题却一直没有得到根本性的转变，主要体现在如下两方面：一是二者在使用权权益方面的不平等。例如，国有土地拥有质押、抵押等担保物权，但集体土地却没有。二是集体土地和国有土地所有权权益不平等，经营性和准经营性基础设施用地、工业用地、房地产用地以及商业用地主要通过政府征地方式取得，农村集体土地失去了获取高收益的机会。

长期以来，关于我国土地产权主体的规定存在模糊性，不够清晰明了，这影响了土地权益的确定，没有形成聚焦收益与成本的土地产权安排，以致土地收益关系不够明确。② 这种模糊性和不确定性在农村集体土地方面表现为集体土地所有权和使用权归属的模糊性，农村集体土地"三级所有，队为基础"的所有权结构秉承了人民公社时期制定的土地制度。随着农村管制制度改革的推进，村民小组作为集体经济组织的职能不断弱化，因此影响到了以村民小组作为农村集体土地最主要所有者的地位。

《决定》明确提出，"在符合规划和用途管制前提下，允许农村集体经营性建设用地出让、租赁、入股，实行与国有土地同等入市、同权同价"，从而进一步重申了十七届三中全会《中共中央关于推进农村改革发展若干重大问题的决定》提出的"在符合规划的前提下与国有土地享有平等权益"的政策要求。《决定》还提出要"缩小征地范围，规范征地程序""扩大国有土地有偿使用范围，减少非公益性用地划拨"等重要举措，不仅有利于保障集体经营性建设用地的入市空间，也对推进国有土地与集体土地的平等产权具有十分重要的作用。

---

① 黄志贤.我国社会主义市场经济条件下社会养老保险制度［C］//福建省老年学学会.老年学论文集：福建省首次老龄问题学术研讨会文选.厦门：厦门大学，1995：7.
② 黄贤金.还权能于农民 归配置于市场：论中共十八届三中全会土地制度改革设计［J］.土地经济研究，2014（1）：9.

随着农村"三块地"改革的不断深化和土地确权工作的深入推进，原本模糊的农村集体土地产权和使用权变得更加清晰，不仅明确了农民对于集体资产的成员权利性质和农村宅基地、承包地和建设用地使用权的产权内涵（包括使用、占有、流转、担保、收益等权利），还提出了"协调国家、集体和个人利益，合理提高个人收益"的政治主张，从而形成了权能完整的农村集体土地使用权，较为突出地强调了农民对集体所有资产的占有权及分享利益的权利。这一政策为确保农民能够享有集体资产收益权，特别是集体土地资产收益权，提供了法律依据。

二、从物的产权到产权收益

模糊产权理论指出农地非农化的核心问题是土地产权剩余控制权和土地价值剩余索取权的问题。① 随着土地财产权益的不断明晰，土地产权剩余控制权和土地价值剩余索取权将逐步从政府向农民转移，对阐释我国农村集体经营性建设用地入市具有适用性。②

农民（集体）对集体土地的使用权具有物的性质，但其收益权一直受到诸多限制。在农村家庭联产承包制度改革初期，农民获得了土地的承包权，但这些权利不能用于市场流转。到了20世纪80年代至90年代，农民可以将土地承包权进行流转，但不允许作为担保使用。同时，农民有宅基地的使用权，但不能用于担保和流转；即使符合城乡规划要求，农村集体建设用地也不能用于工业建设和房地产开发等目的。可以看出，农村土地产权特征一直在不断变化，总体变化是土地产权的逐渐清晰，农民（集体）逐渐获得了更多的土地用益物权。

土地作为农民（集体）的资源性财产，是农民（集体）财产性收入的重要来源。《决定》明确提出要"赋予农民更多财产权利"，通过集体经营性建设用地入市、宅基地抵押等方式"探索增加农民财产性收入渠道"，为实现农村土地产权从物的产权到收益产权的转变提供了可能。将农村集体经营性建设用地、承包地、宅基地等土地的相关权益纳入市场流转，为实现农民财产性收入提供了支持和保障；如果进一步允许农村土地可以用作担保，这不仅为增加农民财

---

① 冀县卿，钱忠好. 剩余索取权、剩余控制权与中国农业阶段性增长［J］. 江海学刊，2009（1）：106-111.
② 田世野，李萍. 新型农村集体经济发展的新规律：一个三维分析框架［J］. 社会科学研究，2021（3）：51-58.

产性收入提供了可能，也为增加农民投资和创新农村金融机制提供了更多的可能。这一举措有望在学术研究中得到深入探讨，并对相关领域的发展产生积极影响。这些改革若能推进落地，那么我国农村改革将在产权制度方面实现从歧视性的产权到平等的产权、从不清晰的产权到明确的产权，以及从物质性的产权到收益性的产权的演变和创新。

第三节　农村集体经营性建设用地入市收益分配的几种主张

围绕农村集体土地增值收益归属权问题，学术界开展了广泛的研究，形成了"涨价归公""涨价归私""公私兼顾"三种主流观点。贺雪峰等人支持"涨价归公"，认为农村集体土地再转让利用过程中形成的价值，主要是由经济、社会发展贡献的，而农民集体对集体土地的增值贡献是有限的，故认为"涨价归公"是分享经济发展剩余的最优制度安排。① 蔡继明、张小铁等人则认为产权本身具有价值，农村集体经营性建设用地的产权归农民集体，基于产权的收益权，农民集体应该享有土地增值收益，故他们支持"涨价归私"。② 在"涨价归公""涨价归私"的争论中，衍生出了"公私兼顾"的折中思想，这一派以朱启臻、程雪阳等人为代表，他们认为土地增值收益应在国家和产权所有者间共享。③ 在实践层面上，世界上一些国家实行过"涨价归公"，对私有土地交易过程中的增值收益征收高额税收，致使土地交易量剧减，土地增值收益规模萎缩。④ 在英国，随着国家和土地所有者之间的利益博弈，土地增值收益进入了"涨价归公—涨价归私—涨价归公"的循环往复。⑤

英国经济学家约翰·穆勒最早提出"涨价归公"主张。支持"涨价归公"主张的部分学者认为国家在基础设施领域的巨大投入是区域经济发展的重要驱

---

① 贺雪峰. 地权的逻辑：中国农村土地制度向何处去 [M]. 北京：中国政法大学出版社，2010：90-101.

② 蔡继明. 必须被征地农民以合理补偿 [J]. 中国审计，2004 (8)：18；张小铁. 市场经济与征地制度 [J]. 中国土地科学，1996 (1)：17-20.

③ 朱启臻，窦敬丽. 新农村建设与失地农民补偿：农地发展权视角下的失地农民补偿问题 [J]. 中国土地，2006 (4)：19-20；程雪阳. 土地发展权与土地增值收益的分配 [J]. 法学研究，2014，36 (5)：76-97.

④ 郭亮. 从理想到现实："涨价归公"的实践与困境 [J]. 社会学研究，2021，36 (3)：23-46，225-226.

⑤ 陈柏峰. 土地发展权的理论基础与制度前景 [J]. 法学研究，2012，34 (4)：99-114.

动力，带动了经济发展和人口增长，而土地的增值源于经济发展和人口增长。[1]
美国经济学家亨利·乔治坚决地认为土地的增值主要源自社会和经济的发展，
他的土地价值分配理论在英国、新西兰、澳大利亚等国家都有着广泛的影响。
20 世纪初，孙中山先生也受到乔治主义的启发，为遏制彼时的地主阶级，避免
地主阶层成为土地食利者，结合当时中国的国情提出了"平均地权"的口号。[2]
持"涨价归公"观点的学者主张参考当期农地产出收益标准补偿失地农民，剩
余增值部分交给国家，由社会共享。此外，该理论的部分支持者还认为农地转
非经由政府征收具有其独特的制度优越性，因为公共服务外溢的价值能够完全
反映在地价中，避免了征税的不便，这对以间接税为主的中国税制来说是强有
力的支持。[3] 而且政府在后期可以应用政府补贴和转移支付等技术手段缓解贫
困、局部基础设施落后、收入差距大等社会经济矛盾。

　　改革开放初期，我国乡镇企业快速发展，一定程度上带动了自主工业化和
城市化的发展，但是土地管理法（1998 年修订版）第四十三条规定，"任何单
位和个人进行建设需要使用土地的，都必须依法申请使用国有土地"，将集体土
地的用途直接限定在农业生产领域之内。而 1998 年以前《中华人民共和国宪
法》第十条与土地管理法第二条就已经规定国家出于公共利益的用途可以征收
征用集体土地。因此，1998 年对土地管理法的修订标志着仅有国家政府有权为
城市发展提供土地，从此地方政府对城市土地供给处于绝对的市场垄断地位。
国家一系列针对集体土地的限权和对国有土地的赋权行为诱致地方政府通过征
收集体土地和出让国有土地的方式获取绝大多数的土地增值收益，这坐实了我
国"涨价归公"式的城市化发展模式，也导致了土地利益的分配始终无法摆脱
政府管制的窠臼。[4] 简而言之，围绕集体土地权益产生的各种矛盾和冲突，都可
追溯至集体土地权利配置的不均衡。"涨价归公"虽然秉承了土地增值源于经济
发展和社会进步，实行土地规划始于公、土地增值收益亦归于公，但这种置失
地农民的利益和合法权利于不顾的做法，是有失公允的做法。

　　"涨价归私"主张区位决定用途、价格以及收益，而非用途决定价格和收

---

①　赵燕菁. 为什么说"土地财政"是"伟大的制度创新"？[J]. 城市发展研究，2019，26
　　（4）：6-16.

②　黄小虎. 征地制度改革与发展方式转变 [J]. 开放导报，2011（6）：12-16.

③　赵燕菁. 土地财政：历史、逻辑与抉择 [J]. 城市发展研究，2014，21（1）：13.

④　史浩翔. 涨价归公：基于我国城市土地增值收益分配的政策分析 [D]. 上海：复旦大
　　学，2024.

益，土地增值的根源在于其所处的位置，① 而征地过程可视为"位置生产"的过程。征地过程中农民和集体失去了土地所有权，这种权利是有价值的，为这一生产过程做出了巨大的贡献，应该得到对等的补偿。此外，在城乡土地二元公有制的结构下农民没有农地的发展权；而国家对城市土地拥有完整的财产权。这样的制度安排不仅不能体现法律上集体所有与国家所有具有平等地位的基本规定，还有悖于该规定。有部分学者还强调，寄希望于政府垄断土地一级市场，政府占有绝大多数的土地收益，之后再通过公共财政实现分配公平是不切实际的，其原因在于权力分配具有低效率和高成本的特点，不能保障实现社会公平。

"涨价归私"早在封建社会和资本主义社会就存在了，其强调土地所有者对其土地应该拥有完整的权力，所有的土地增益都应该归土地所有者所有。虽然"涨价归私"意在维护和保护失地农民的权益，但显然过度强调占有和支配下对土地的绝对控制，以至于忽视了一个重要的事实——农地转非过程的增值并非农民自身努力的结果，政府的规划、人口的增长和经济的发展等因素都是土地增值的贡献因素。

由于土地增值来源的边界不清，才会出现"涨价归公"和"涨价归私"的土地增值收益归属争论。② 就农村集体土地增值收益的归属而言，部分学者所主张的"涨价归私"或"涨价归公"都是不全面的：没有政府的规划和投资，权利主体的开发权难以在短期内实现经济上的大幅增值；政府的规划是以开发权利主体所拥有的土地权利为作用对象，开发权利主体应根据其要素贡献和参与开发权产权交易来分配增值收益，并享有合理比例的分配。因此，政府与私人（包括农村集体）共享增值收益被认为是一种合理状态，并得到了多数学者的认同。③ 基于此，核心问题变成了农村土地增值收益如何合理分享。

国有土地与集体土地在自然属性上并没有本质差别，从用途上看，两者都可以用于城市开发建设，两者也均可以用于农业生产。目前土地增值的主要来源：一是因土地稀缺性而产生的供求增值；二是因对土地进行投资建设而产生的投资增值；三是因土地用途变更而产生的用途增值；四是因土地基础建设外

---

① 沈粲然．"涨价归公"与"涨价归私"之争 [J]．商情，2016（18）：56-57.
② 陶源．二元公有制下土地发展权与土地增值收益分配的研究 [J]．云南财经大学学报，2021，37（4）：101-110.
③ 周诚．我国农地转非自然增值分配的"私公兼顾"论 [J]．中国发展观察，2006（9）：27-29+26；王永慧，严金明．农地发展权界定、细分与量化研究——以北京市海淀区北部地区为例 [J]．中国土地科学，2007（2）：25-30；程雪阳．土地发展权与土地增值收益的分配 [J]．法学研究，2014，36（5）：76-97.

部性而产生的辐射增值；五是因经济发展带来的地价普遍性增值。国内学者在对土地流转增值收益测算时，多数会选择增量收益资本化法、成本收益法以及实物期权模型等方法。科学地测算出土地流转增值收益对制订合理的分配方案提供了依据。

目前，学者对土地增值分配已经从"完全归私""完全归公"，逐渐统一到"公私兼顾"的一致认知。① 尽管关于土地增值收益分配的理论存在差异，但基本上已经形成了按照贡献进行分配的共识。还有部分学者从土地产权或博弈论视角出发，认为收益分配是土地产权剩余控制权和土地价值剩余索取权的转移，农村集体土地入市收益应向集体农民倾斜。

第四节 集体经营性建设用地入市增值收益分配的概述

集体经营性建设用地入市增值收益分配是农地非农化过程土地增值收益分配的子问题，也是农村集体经济收益分配的子问题。关于土地增值收益分配问题，国内学者主要有四种分配的思路：一是基于地租形态研究土地增值收益分配；二是从产权归属去研究土地增值收益分配；三是从增值贡献视角研究土地增值收益分配；四是从公平正义视角研究土地增值收益分配。这四种分配思路各有所长，也各有局限：第一，基于地租形态的土地增值收益分配是一种运用马克思的地租形态概念去刻画和区分土地增值的各种形式的分配方式。目前学者们基本一致认为绝对地租理应归农民集体所有，但面临着定量测算地租形态额度的难题，而且这一类研究在级差地租Ⅰ、级差地租Ⅱ及其转换形式的归属上仍有较大分歧。总的来说，这类研究对科学认识和合理分配土地增值收益具有重要的指导意义。第二，基于地权归属的土地收益分配思路从地权的角度探索土地增值收益分配，重点强调各种地权的收益权能，符合"鸡归谁，蛋亦归谁"的逻辑。这种分配逻辑比较容易被接受。但目前这类研究对不同地权在土地增值中的角色、土地之上存在何种地权形态以及各种地权以何等程度参与土地增值分配等问题尚未得出统一定论。第三，围绕用途性增值、供求性增值以及投

---

① 何芳. 我国城市土地收储利益分配机制创新研究［J］. 上海土地，2014（3）：7-11；贾宾，薛珂，王丽艳. 我国土地储备机构组织管理体系重构研究［J］. 中国房地产，2016（30）：7；钱凤魁. 基于发展权理论的土地增值收益分配研究［J］. 现代城市研究，2015（6）：59-63.

资性增值等不同土地增值源展开了基于增值贡献的土地收益分配研究。① 该类研究对科学地认识土地增值收益的性质及其特点具有十分重要的指导意义。关于土地投资增值，多数学者认为应归土地投资者所有，但对于包括用途性增值、投资辐射引致增值等在内的自然增值的归属问题，学者们仍旧持有不同的观点。倘若要在此基础上进一步定量分析出不同形态的增值因素对土地增值的具体贡献程度，并将这一贡献程度作为测度土地增值收益分配比例的依据，是一件几乎不可能实现的事情。第四，基于公平正义的研究，从全民共享社会福利的角度出发探讨土地增值收益对促进社会共同富裕方面的作用，强调对土地收益的初次分配与再次分配（包括二次分配、三次分配）的结合，为制定土地增值分配政策提供了重要的分配理念和原则，是对过度强调产权人参与土地增值分配的一种修正。土地收益分配研究要避免从一个极端走上另一个极端，既要考虑产权人参与分配的正当性，也要充分考虑社会的公平正义。

　　集体经营性建设用地入市增值收益分配涉及政府、农民集体、农民集体内部成员。政府与农民集体之间的分配主要是通过政府收取一定比例的土地增值收益调节金来实现，不同地区确定的比例略有差异。经过研究发现，目前各试点地区存在土地增值收益调节金征收基数不一致、征收比例差异大等问题。学者们总结了四类主要问题：第一类是公平公正问题。政府既确定了土地增值收益调节金的征收比例，又是其收取方，在利益面前难免做出有悖于公平正义之举，影响公众对政府部门的信任，进而影响国家推行集体经营性建设用地入市政策的初衷。第二类是成本核算问题。许多试点地区采用成交总价格作为征收基数，这会使政府获得更多土地收益的份额，从而影响到农民（集体）参与集体经营性建设用地入市的积极性。第三类是长远发展问题。土地增值收益调节金的征收可能会在短期内大幅提高农村集体组织及其成员的收入，但这种收益并不具备长期稳定性。例如，农村集体组织将所得收益投入当地村落基础设施建设，一旦这笔资金用尽，已建立的基础设施后续的保养、维护和修理等方面就会出现资金缺口。第四类是地区差异问题。尽管差异化的调节金比例有利于因地制宜地发展，但相邻却分属不同行政管辖的区域由于调节金收取差距过大存在隐患，可能加剧当地政府与集体之间的矛盾。针对土地增值收益调节金存在的隐患，部分学者提出，可采用税收调节机制进行优化。（1）明确征税范围。

---

① 梁流涛，李俊岭，陈常优，等．农地非农化中土地增值收益及合理分配比例测算：理论方法与实证——基于土地发展权和要素贡献理论的视角［J］．干旱区资源与环境，2018，32（3）：44-49.

要区分集体经营性建设用地入市的首次流转环节与再次流转环节的范围，以保证入市的顺利推进。（2）确定课税基础。应明确应纳税额是土地总成交价款还是土地增值收益部分。（3）建立累进税率机制，以防止因土地用途和出让方式相同而导致不同行政管辖范围的征收比例差距过大。（4）统一征收部门，将税收统一交由税务部门进行管理和收缴，有利于保障农民的权益。综上所述，政府通过税收的方式来分享土地增值收益更具合理性、可持续性、恰当性和公正性，但构建税收调节机制仍然任重道远。

农民集体与内部成员之间的分配主要有两种方式：第一种是收益完全归入村集体，由村集体进行收支统一管理，如福建省晋江市；第二种方式是让集体留存一定比例的增值收益，而将其余部分在集体成员之间进行分配，就像浙江省德清县、成都郫都区等所实行的方式。目前，学术界对集体经营性建设用地入市增值收益的分配研究主要集中于如何完善相关制度，特别是政府与集体之间的分配方式问题。总体上看，农村集体经营性建设用地直接入市，其实质是农地非农化过程中农地剩余价值向农民集体赋予和转移。由于农村集体经营性建设用地来源的差异性、农村集体经营性建设用地增值的渠道不同和收益分配过程的复杂性，决定了农村集体经营性建设用地入市收益分配机制具有多样性。上述这些不同分配思路的研究，从不同的角度揭示了农村集体土地增值的内涵，深化了人们对农村集体土地增值收益分配问题的理解，为解决农村集体土地增值分配提供了不同的视角和方案。但集体经营性建设用地入市收益分配机制尚未健全。虽然入市后增值收益问题一直都是学者们的关注焦点，且在学者们多年的努力下产出了不少成果。但是目前还没有对政府和集体经济组织、集体经济组织和成员，以及成员之间利益均衡的系统研究。而且相关研究也还没有从各地试点经验中总结出可以复制推广的收益分配标准。针对当下的集体土地增值收益分配问题，在个人、集体和国家之间究竟采用什么机制、以何种比例分配才是合理的、可取的，已有研究并未提供详细而有力的理论说明和技术方法，[①] 需要进一步探索和研究。

本章小结

集体经营性建设用地入市有助于农村产业发展和农村环境改善，可拓展农

---

① 靳相木，陈阳．土地增值收益分配研究路线及其比较［J］．经济问题探索，2017（10）：5.

村经济发展空间。学术界对农村集体经营性建设用地入市流转普遍持赞成态度，认为农村集体经营性建设用地入市是必然趋势。早期国内外学者主要从土地增值的内涵、增值机理以及归属等方面展开研究。随着工业化和乡镇企业快速发展，大量的集体经营建设用地涌现，农村集体经营性建设用地入市流转开始受到学术界关注。随着我国农村"三块地"改革的不断深化和土地确权工作的推进，原本模糊的农村集体土地产权和使用权变得更加清晰。这一过程进一步明确了农村宅基地、承包地和建设用地使用权的产权内涵，形成了更为完整的农村集体土地使用权。同时，也更为突出地强调了农民对集体所有资产的占有权以及分享利益的权利。

集体经营性建设用地入市收益的本质是土地增值收益。随着理论研究的不断深入与地方实践的不断丰富，集体经营性建设用地入市对合理配置城乡建设用地、保障用地需求、协调城乡发展发挥了重要作用；越来越多的学者主张土地增值收益分配应"公私兼顾"。学术界和实务界围绕农村集体建设用地入市实践以及其土地增值收益分配，就土地增值收益应在国家、集体和个人之间合理分配，并向农民（集体）倾斜形成了基本共识。中央已明确提出了集体经营性建设用地入市收益分配要"协调国家、集体和个人利益，合理提高个人收益"的政治主张。允许农村集体经营性建设用地、承包地、宅基地等土地的相关权益入市流转，为农民增加财产性收入提供了基础；进一步允许农村土地可以用作担保，不仅将为增加农民财产性收入提供可能，也将为增加农民投资和创新农村金融机制提供更多的可能性。这些改革体现了我国土地产权制度的演变与创新，从歧视产权到平等产权、从模糊产权到明晰产权以及从物的产权到收益产权。这意味着我们正在建立一个更加公平和透明的土地所有权体系，使农民能够更好地享有他们所拥有的土地的利益，并且为农村经济发展提供了更多可能性。

关于土地增值收益分配问题，国内学者主要有四种分配的思路，即基于地租形态、产权归属、增值贡献和公平正义视角研究土地增值收益分配。该四种分配思路各有所长，也各有局限。集体经营性建设用地入市增值收益分配涉及政府、农民集体和农民集体内部成员。在这一过程中，政府与农民集体之间的分配主要是通过政府收取一定比例的土地增值收益调节金来实现的，各地确定的比例也有所不同。然而，在当前各试点地区存在着土地增值收益调节金征收基数不统一、征收比例差异大等现实情况。这种情况导致了对土地利用权流转后产生的增值收益如何进行合理分配仍然存在争议和困惑。农民集体与内部成员之间的分配主要有两种方式：一种是收益完全归入村集体，另一种是由集体留存一定比例，其余的在集体成员间分配。然而，在划定可入市用地的范围和边界、明确土地增值收益本质与土地发展权、确定集体土地所有权的性质与职能以及土地增值收益在各主体之间的利益分配比例等方面仍然存在争议。农村集体经营性建设用地入市与地方政府征收与两种模式下农民与政府获得的增值收益存在巨大差异。

总体上看，农村集体经营性建设用地直接入市，其实质是农地非农化过程中农地剩余价值向农民集体赋予和转移。由于农村集体经营性建设用地来源的差异性，农村集体经营性建设用地增值的渠道不同和收益分配过程的复杂性，决定了农村集体经营性建设用地入市收益分配机制同时具有多样性。但目前我国集体经营性建设用地入市收益分配机制尚未健全。虽然入市后增值收益问题一直都是学者们的关注焦点，但目前关于如何平衡政府与集体经济组织，以及集体经济组织与集体成员层面之间利益的研究不多。这意味着在土地增值收益分配方面存在一定的不确定性和争议，尚未形成统一的标准和规范。此外，相关研究也尚未从各地试点经验中概括出可复制推广的收益分配标准，这使得在实践中难以找到一个适用于全国范围内的具体解决方案。因此，在土地增值收益分配机制上仍需进一步深入研究和探讨，以便为今后相关政策提供更加明确和有效的指导。

第三章

理论基础和分析框架

第一节　马克思所有制理论

在《资本论》中，马克思将所有制理解为"占有权与所有权的统一"，它通过人对物的所有与占有关系反映其背后的人与人的关系。马克思说："在每个历史时代中，所有权是以各种不同的方式、在完全不同的社会关系下面发展起来的。"因此，给资产阶级的所有权下定义其实就是把资产阶级生产的全部社会关系阐述一下。要想把所有权作为一种独立的关系、一种特殊的范畴、一种抽象的和永恒的观念来下定义，只能是形而上学的幻想。①

所有制是指关于个人与生产资料即劳动材料和劳动工具以及劳动产品的关系，是生产关系的总和，它揭示了所有制的基本内涵。《共产党宣言》指出，"一切所有制关系都经历了经常的历史更替、经常的历史变更"。

一、所有制的历史形态

在马克思看来，社会分工的发展决定了所有制的历史形态。原始部落时期，以耕作为主，自然形成的分工仅出现在家庭中，生产力水平低下，因此原始部落时期的所有制是部落所有制。部落所有制是以大量未开垦的土地为前提的。之后在这种占有方式下，奴隶制社会制度缓慢发展。随着分工的不断发展以及城市和农村的逐渐分离，几个原始部落所联合成的城市中产生了公社所有制。公社所有制主要是奴隶制，还产生了私有制。这是随着城市中海外贸易与工业的兴起，以及私有财产不断集中、奴隶与公民的阶级关系的产生而发展起来的，

---

① 中共中央马克思恩格斯列宁斯大林著作编译局．马克思恩格斯选集：第 1 卷［M］．北京：人民出版社，2012：258．

此时的私有制主要以不动产和动产的形式从属于公社所有制而存在着。① 中世纪，对土地的占有也具有较为严格的等级结构，贵族支配着农奴。由于农业发展比其他行业具备巨大的潜力，所以首先在农村产生了封建所有制，而在城市行会的产生组织方式是私有制发展的第一个时期，封建所有制同样保留着同业公会所有制。马克思曾经指出封建所有制的主要形式包括土地封建所有制和同业公会所有制两种。②

　　资本主义所有制的形成与发展经历了两个历史阶段，第一个阶段是工场手工业阶段。在这一阶段，"工场手工业不是将劳动分解并使专业工人去适应简单的操作，而是将许多劳动者和许多种手艺集合在一起，在一所房子里面，受一个资本的支配"③。以分工为基础的工场内部，分工是资本主义生产的起点，因为它抵制和摆脱了中世纪行会的束缚，确实分解了手工业活动，形成了手工业者的不同分工，引至出现了专门化劳动工具，行会中师傅和帮工之间的宗法关系也逐渐演变成了工场主和雇佣工人之间的金钱关系。第二个阶段是大工业阶段。随着手工作坊的专门化工具变成机器，开始进行大规模的机器生产，机器代替了职业的、专业的、熟练的手工劳动，自动工厂取代了作坊，使得农业劳动和工场劳动完全分离，劳动越来越专业化、精细化。马克思指出资本主义私有制，是产生阶级对立、产生剥削的私有制的最完备的、最后的形式，是工场手工业时期和大工业时期的总的生产方式。

　　消灭资产阶级私有制的目的是要消除产生阶级对立和剥削的私有制。不同性质的私有制被消灭的方式也各不相同，一些在资本主义发展过程中就被资本主义生产方式淘汰，而另一些则需要通过无产阶级革命来实现彻底消灭。但是在未来的共产主义社会，其所有制是消灭了现代工厂中的分工时的所有制，所有的私有制都将不复存在。在马克思主义理论中，"消灭"并非意味着完全抹去、彻底清除某种现象或事物，而更多指向转变、替换或淘汰旧有形式，并用新形式来取而代之。因此，从这个意义上说，"消灭"资产阶级私有制并不等同于没有任何形式的所有权存在；相反，它暗示着一个新型的社会经济秩序和财产关系得以确立。总之，在马克思主义观点下，私有制可能会随着历史发展逐渐演变甚至被替代掉；然而"所有权"的概念仍然具备重要性，并且在未来社

①　赵丽. 马克思的所有制思想研究［D］. 武汉：武汉大学，2020.

②　赵丽. 马克思的所有制思想研究［D］. 武汉：武汉大学，2020.

③　中共中央马克思恩格斯列宁斯大林著作编译局. 马克思恩格斯文集：第 1 卷［M］. 北京：人民出版社，2009：625.

会组织中仍将扮演重要角色。综上所述，在不同的生产力水平发展阶段，社会分工不相同，其社会所有制的形式就不同；在所有制的不同形式中又反映出了不同的分工方式；任何所有制一经确立，它总是相对稳定的，消灭或者更替它需要经历漫长的发展过程。

生产资料所有制是生产关系的核心。[①]"自国家产生以来的所有制，乃是以生产关系，即经济的所有制为其内容，而以法律的所有权为其形式。"[②] 作为经济范畴的所有制与作为法律范畴的所有权具有相对独立性，但是"具有契约形式的法的关系也反映着经济关系的意志关系，其内容是由经济关系本身决定的"，[③] 马克思强调所有制对所有权具有决定作用，即作为经济关系的所有制对作为法律关系的所有权具有决定性作用。马克思在《〈政治经济学批判〉导言》中分析生产和分配的关系时，深刻阐述了作为上层建筑的法律在规定所有权时内在地受制于既定的、客观的社会生产方式和生产关系。在社会的发展中是生产关系决定社会生产方式，而非社会生产方式决定生产关系。但是随着生产方式的改变，经济范畴的所有制及其产品的分配就要相应改变，法律范畴的所有权也必须与之相适应。[④]

二、所有制实现形式的多样性

所有制与所有制的实现形式是既有区别又有联系的，所有制与所有制实现形式是系统（整体）与要素（部分）的关系。所有制实现形式指所有者对生产资料的支配、占有、使用、收益的途径和方式，以及对再生产过程中创造的产品进行财产分配的具体经营方式和组织形式，主要包含剩余产品分配形式、资产运作方式和产权组织形式三方面。所有制不只是财产归谁所有单一层面的关系，还包含了财产的占有、所有、支配、使用、收益等关系的多层次结构。

所有制实现形式具有动态性、变动性和多样性的特点。早在 1962 年邓小平同志就已经指出在生产关系上不能完全只采用一种固定不变的形式。公有制及其实现形式的关系是不变与变、一对多的辩证关系，社会主义公有制只有一种，

① 吴宣恭. 论生产资料所有制是生产关系的基础 [J]. 中国社会科学，1981 (2)：57-69.
② 刘诗白. 论马克思列宁主义政治经济学的对象 [J]. 经济研究，1961 (10)：39-48.
③ 中共中央马克思恩格斯列宁斯大林著作编译局. 马克思恩格斯选集：第 2 卷 [M]. 北京：人民出版社，2012：128.
④ 李萍，田世野. 论马克思产权思想与我国农村产权改革的深化 [J]. 马克思主义研究，2020 (6)：61-71，155-156.

但其实现形式应该也可以变动和多样化。① 任何合理的所有制实现形式的选择归根结底都来自生产力的内在要求，不断发展的生产力要求及时更新或者采用新的实现形式，以完善和巩固所有制，并反作用于生产力推动它的发展。

公有制实现形式的多样化是由社会主义初级阶段的基本经济制度决定的。② 在计划经济时期，我国的所有制实现形式主要包括全民所有制和集体所有制两种。这两种所有制的经营方式和组织形式也基本上只有一种模式。然而，党的十五大之后，我国以公有制为主体，多种所有制经济共同发展，形成了公有制、非公有制和混合所有制三大类共同存在和发展的格局。同一所有制也具备了不同的实现形式，并且不同所有制也可能具备相似的实现形式。此外，在许多情况下，特定类型的所有制实现形式还常常与其经营方式和组织形式联系在一起。

第二节　现代西方产权理论

关于产权的定义，德姆塞茨认为："产权是指包括一个人或者其他人受损/受益的权利，产权界定了人们如何受损及如何受益，因而谁必须向谁提供补偿以使他修正人们所采取的行动。"③ 著名的《新帕尔格雷夫经济学大词典》把产权定义为一个社会所强制实施的选择一种经济品的适用的权利。菲吕博腾认为："产权是指由于物的存在及关于它们使用所引起的人们之间的行为关系，它不是指人与物之间的关系。"私有产权是对必然发生的不相容的使用权进行选择的权利分配，产权可以帮助人们在交易过程中形成合理的预期。因此，从西方现代产权理论的内涵来看，产权指人们使用物品的权利的集合；从其功能看，产权也是一种有助于达成交易的社会工具；从外延看，产权又是人与人之间的关系规范。④ 科斯第二定理指出，在存在交易成本的情况下，不同的产权界定会带来不同的资源配置效率。因此，研究产权经济学的主要目的在于通过明晰产权，来降低市场交易费用，以提高市场的运行效率，从而达到资源优化配置效果。而且，在两个经济物品进行交换的过程中，即使它们的所有权是明确的，仍可

---

① 陈依元. 试论所有制与所有制实现形式的辩证关系［J］. 福建论坛（文史哲版），1998（6）：15-18.

② 郭俊晏. 所有制与所有制实现形式的辩证关系［J］. 北京成人教育，2000（6）：42-43.

③ 王凯军. 现代西方产权理论研究综述［J］. 合作经济与科技，2015（20）：53-54.

④ 钟晓萍. 全面的土地开发权观：争论、权利归属与政策启示——基于产权经济学的视角［J］. 现代经济探讨，2020（4）：109-115.

能产生相对模糊的空间。因此，需要利用"产权"来重新定义新的权利范围。这种"重新定义"要么是对所有权的限制，要么是对所有权的赋予。产权的界定和实施势必会对社会资源配置以及财富分配起到重要作用。

产权位于制度环境的最高层次，土地的产权设置不但会影响土地流转的路径选择，而且会影响流转后的土地收益分配格局。因此，要想使得产权制度在土地要素市场化中发挥基础性作用，在设计产权制度时必然要求权能是完整的、边界是清晰的、权属是稳定的。[1] 产权权能的完整性对土地要素的估值影响巨大，如果土地的占有、处分、使用、收益等各项权能的行使受到限制，将会导致土地价值损失。这种损失包括因权能缺失引起的要素价值直接下降和预期增值不达标所引起的要素价值间接减少。明晰的产权对土地要素公有和私有归属的认知、交易过程中成本与收益的核算、外部边际成本的实际界定以及不确定风险的规避等方面产生了深远影响。在土地要素市场化流转中，明晰的产权与搜寻、游说、谈判、履约等交易过程密切相关，这也直接影响着交易成本。此外，产权稳定性表现在土地权利主体、客体及其是否稳定，进而影响各主体对土地要素认知度和根据外部变化调整权利自由度。因此，在决策制定和资源配置中，充分考虑并维护良好的产权关系是非常重要的。

第三节　土地发展权理论

一、土地发展权与集体经营性建设用地发展权内涵

土地发展权，也称土地开发权，指代改变土地利用状态的权利，具体指通过提高土地利用强度和改变土地用途对土地进行利用的权利。[2] 强度提高权是指提高土地开发程度、提高建筑密度、容积率等投资强度的权利。[3] 提高土地利用强度，也就是提高土地使用集约程度。土地开发权是土地所有权人或使用权人的使用权的体现。土地发展权的内涵较农地发展权更广，土地发展权包括了农地发展权。

---

① 刘守英. 中国城乡二元土地制度的特征、问题与改革 [J]. 国际经济评论，2014（3）：17.

② 刘守英. 土地制度与中国发展 [M]. 北京：中国人民大学出版社，2018：201.

③ 张建，邹先明，李鑫. 基于发展权的集体经营性建设用地入市增值收益分配研究：以江苏省赣榆区为例 [J]. 湖南农业大学学报（社会科学版），2022，23（6）：88-96.

农民集体土地包括农用地、集体建设用地。它和国有土地一样，也存在变更用途和集约利用的权利。改变农地用途的情形有将农地改变为建设用地、将农村工业用地改变为商品房用地等。刘永湘等人认为集体土地发展权包括农用地发展权和集体建设用地发展权两部分内容。因此，集体经营性建设用地发展权可以界定为在产权性质不变的条件下，法律、政策允许集体经营性建设用地提高土地利用强度和改变土地用途的权利。

土地发展权是一项舶来的土地财产权利，时下中国的法律并未就此概念做出明文规定。已有文献表明，土地发展权最早出现在英国《城乡规划法》（1947年），该法案奠定了英国战后的土地管理制度是以土地发展权国有化为核心。工业革命之后，英国的工业化和城市化快速推进，造成了人地关系日益紧张。因此，英国政府进行干预，制定和实行了土地发展权国有化政策。英国实行土地发展权国有化政策的目的在于在保留土地私人所有制的同时限制私人随意开发土地，想以此来解决土地的低效开发和无序利用问题。无独有偶，在20世纪上半叶美国面临人口激增和城市化带来的农地流失之困。于是美国联邦开始效仿英国的做法，设置土地发展权并采用与之对应的土地管理制度。英美两国对于土地制度的改革都是具有土地私有制的，它们的主要区别在于发展权的初始配置，英国采取土地发展权国有化，而美国将大部分的土地发展权赋予土地所有者，并允许他们在规划许可范围内进行转让和交易。①

土地发展权在英国、美国和法国所承担的功能在我国的法律体系中是由"国有建设用地使用权""宅基地使用权""集体建设用地使用权"等多个制度来承担的。依照我国现行法的规定，建设用地使用权可以分别在土地的地上、地下或者地表设立。建设用地使用权人依法对该建设用地享有占有、收益和使用的权利，有权开发利用该建设用地建造建筑物、构筑物及其附属设施。现行土地管理法也承认集体土地所有权人有权在自己的土地上兴办乡镇企业、乡（镇）村公共设施和公益事业以及建设村民住宅。②

二、土地发展权的权源

土地发展权是权利人变更不动产用途或提高其使用强度并从中获益或得到补偿的权利，是调整土地增值收益的法律手段。土地发展权是农民（集体）的

---

① 陶源．二元公有制下土地发展权与土地增值收益分配的研究［J］．云南财经大学学报，2021，37（4）：101-110.

② 程雪阳．土地发展权与土地增值收益的分配［J］．法学研究，2014，36（5）：76-97.

财产权，具有私权的性质。同时，土地开发权带有国家干预色彩，具有公权力的性质。土地开发权效率高于土地所有权。① 土地利用的公法调整是私法调整的基础，是土地开发增值收益分配制度的法理基础。土地发展权兼具私权利与公权力双重属性。

在大陆法系中，土地开发权并未与所有权脱离，无法类型化为现有的用益物权，故多数国家将其从物的角度进行规定，具体化为土地的"容积"。土地开发权因限制土地开发而形成，倘若没有限制也就不存在土地开发权。限制土地开发主要有两方面原因：一是对耕地转用建设用地的限制，二是对城市规划的限制。英美法系强调财产权利各项权能相对分离与平等的关系。部分学者认为"绝对所有权"派生土地发展权过于武断。他们之所以做出这一判断是由于所有权将随着社会的发展受到公法和私法的广泛限制。土地发展权不但要体现开发者与其他个人或组织之间的私法关系，而且涉及公法关系中的管制和规划约束。虽然目前学界对"发展权是否派生于所有权"还存在一些认识上的分歧，但可以肯定的是，土地发展权对所有权有着很强的依赖性。

社会的发展与文明的进步创造了环境保护、历史遗迹保护、耕地保护等多个与土地使用密切相关的需求，一些土地管理制度（土地规划与土地用途管制等）也应运而生。管理制度的合理性来源于权利本身所蕴含的社会责任和义务。土地开发起于土地权利所有人的意愿，但是如果该土地开发利用的意愿与土地管理制度相冲突，则需要服从法律法规做出的限制。在法律上设立土地发展权，其目的就是引导土地权利人能够顺应规划，合理地利用和开发土地。如果土地权利人的发展权没有加以任何限制，允许他人肆意开发土地，显然有悖于制度设计的初衷，损害社会公众的利益。因此，基于对兼顾代际平衡、经济发展和社会公平稳定等多重角度的考虑，土地发展权必然应顺应国家管制与规划权的约束。

综上所述，土地发展权具有私人产权和公共产权的双重属性，所有权与国家管制权共同构成其权源。土地发展权的双重属性就像硬币的两面相互依存。由于我国城乡土地二元结构的公有制特殊国情的存在，我国土地发展权的公共产权色彩相较于西方国家而言，更为浓厚。

---

① 崔文星. 权力抑或权利：中国土地开发权性质辨析［J］. 广东社会科学，2020（4）：243-253.

三、土地发展权的现实形式

在法律属性上受行政管制的土地开发利用权是一种开发容量许可权，它指向的对象是"开发容量"而不是土地本身，它可以与土地占有权、使用收益权、处分权等权利分离开来单独处分。土地发展权与土地使用权的根本不同之处在于，土地使用的对象是具体的"土地"，是一种"有体物权"。土地使用权总是固化于某块宗地，不能实现空间转移，而土地发展权在本质上是支配和选择土地开发利用方式的权利，可从土地所有权分离出来并转让给别人的财产权，是"无体物权"。[①]

土地发展权包括强度提高权和用途变更权，[②] 在土地发展权配置过程中，还存在土地发展权的流转交易权。"强度提高权"通常指的是土地使用权人在符合法律规定条件下，可以通过一定程序和方式对土地进行开发利用、改变土地用途或者提高土地利用强度的权利。这种权利通常与土地发展权相关联，而集体经营性建设用地的投资强度则是另一个概念，它指的是在特定区域内进行建设项目所需的投资力度和规模。用途变更权则表现为在入市过程中，把低效建设用地转变为高效建设用地。例如，将闲置建设用地转变为工商业用地等。农村集体经营性建设用地入市流转交易权是指农村集体经营性建设用地的开发利用权，可以通过流转方式由原土地使用者（通常为农民集体）转让给其他市场主体的权利。这种权利允许土地使用者以出售、租赁或合作等形式，将其在土地上的开发和利用权进行有效配置。此举旨在促进土地资源更加灵活高效的运用，并支持乡村振兴战略。同时也包括了涉及异地调整入市过程中相关的土地发展权转移。

实践中土地发展权的转移，实质上就是行政许可的转移。政府的管制或规划对土地权利主体的土地开发权可能产生两种影响：一方面，它可以通过合理规划和管理，促进土地开发权在经济上得以实现，如通过提供必要的基础设施、优化用地布局等方式来支持土地开发活动；另一方面，政府的管制也可能限制了土地开发权在经济上的实现，如出于环境保护、风险防范或城市规划等考虑而对某些区域进行严格限制或禁止开发。这种情况下通常需要平衡各种利益，

---

① 朱一中，杨莹. 土地发展权：性质、特征与制度建设 [J]. 经济地理，2016，36（12）：147-153.

② 岳文泽，钟鹏宇，王田雨，等. 国土空间规划视域下土地发展权配置的理论思考 [J]. 中国土地科学，2021，35（4）：8.

并确保公共利益与私人权利之间达到合理的协调。农地的土地开发权是指土地使用者将农用地从传统的低效利用方式，如农业生产，转变为更高效的利用方式，如工商业发展或现代化农业，并依据相应的产权交易契约获得收益，包括部分土地入市后可能带来的增值收益。这种转变需要在合理规划和管理下实现，以最大限度促进经济效益，并且需要兼顾保护耕地资源、维护生态环境等方面。同时，在推动土地开发过程中也需要平衡各方利益，确保公共利益与私人权利之间达到合理协调。

从国外土地发展权的立法形式和实践经验来看，土地发展权的实现形式主要有两个：一是权利主体通过土地用途的变更；二是权利主体通过调整、腾挪及转换开发强度、容积率等指标来实现对规划区域内特定的空间布局和调整。1947 年通过《城乡规划法》之后，英国设立了 3 亿英镑的补偿基金将土地发展权全部买断。英国的土地发展权上收为国家所有后，在土地私有制的基础上土地发展权流转主要通过土地开发发展许可制度实现。那些想开发土地的所有权人在开发之前需要向当地政府申请，缴纳相应开发捐①，获取开发许可证后方可开发。也就是说在规划内有偿购买土地发展权，若开发申请在国家对土地的规划许可范围内，则获批；反之，则被拒绝。被拒绝的申请者不会得到赔偿，理由是土地发展权已经被国家买断，所以政府无须对土地业主的潜在损失进行赔偿。美国土地发展权流转则主要是通过发展权购买制度和发展权转移制度来实现。在美国，发展权购买制度是指国家为保护农地、标的建筑和历史古迹等发展受限制区域，由政府按照市场价格标准向土地所有权人（私人）购买对应地块的土地发展权。这一购买制度与英国买断发展权非常相似。当交易完成后，土地的所有权不变，但土地用途将被限定，从而可以永久保护历史古迹、标的建筑和农地。相应地，发展权转移制度运作的主体为土地所有人。政府按照用途规划把地块划分为土地发展权受让区和土地发展权转让区。土地发展权转让区一般是古迹、动植物栖息地和农地等不宜进行商业开发的或需要保护的区域。土地发展权受让区通常是有着较大开发需求的城市中心区。这两个区域的土地所有者可以选择当地的土地发展权银行作为中间媒介来实现单方面的出售或购买，也可以根据市场规则对土地发展权进行自主交易。美国的发展权购买制度适合市场化程度不高、经济发展水平较低的区域，而发展权转移制度则更适合市场成熟、经济发达地区。

---

① 卡林沃思，纳丁. 英国城乡规划 [M]. 陈闽齐，周剑云，戚冬瑾，等译. 南京：东南大学出版社，2011：214.

20 世纪末，浙江对区域内土地发展权转移制度进行了初探，提出了"复垦指标"和"折抵指标"，并通过引入市场机制构建了跨区域土地发展权转移和交易的"浙江模式"。① 在 2004 年国务院提出"增减挂钩"制度之后，2008 年重庆市推出"地票制度"，其开发指标带有空间漂移特性。这些都是中国土地制度下发展权交易的雏形。

土地发展权制度的优越性在于，它能为城市提供发展所必要的土地建设指标、实现对用地管制区域的产权保护、解决分区规划带来的产权收益分配不均以及为解决农地开发过程出现的法律和社会问题提供更公平、灵活的办法。不同于传统的行政命令，它是以市场机制为导向的土地使用管制工具。目前，国外研究关注的重点已经由原来探讨的"是否需要建立土地发展权制度的问题"转向"研究影响土地发展权项目成功的因素以及价格机制等方面的问题"。

第四节　土地增值收益分配与共同富裕理论

一、土地增值收益分配的价值取向

土地增值是各类土地权利人能获得收益的来源，它具体表现在土地价格上涨，它也常常因事由不同而类型各异。作为"改变土地原有集约度和土地变更用途使用"下的价值变现，土地增值一般与所涉土地使用权出让、出租、转让等带来的收益和成本的变化有关联。土地增值收益分配指有收益的情况下，收益在土地所有权人、使用权人、承包经营权人或相关权利主体之间的合理分配。土地增值受到公共投资改良、国土空间规划、土地用途管制等国家权力管理干预的影响，也受外部性经济活动影响。实现公共利益最大化是土地增值收益分配的核心效益旨向。基于此，应尝试依托"土地征收""集体经营性建设用地入市"等手段来整合资源，以导向性推动城镇开发与公共基础设施建设和第二、第三产业发展，推动实现公共利益的最大化。②

保障社会公平是土地增值收益分配管理的最关键的目标。我国所确立的土地的社会主义公有制，在法理层面即否定了在我国"土地食利阶层"存在的正

---

① 汪晖，陶然.论土地发展权转移与交易的"浙江模式"：制度起源、操作模式及其重要含义［J］.管理世界，2009（8）：39-52.
② 赵谦.土地增值收益权属的耦合共生论［J］.环球法律评论，2023，45（2）：108-127.

当性和合法性。土地增值收益分配所涉公权力的管理干预应强调土地增值收益面向产权人以外的社会公众，更多地关注土地因社会公众共同努力实现增值的环境事由，实现基于"社会保障持续发展和社会公正最大覆盖"的公平分配。①

在市场经济条件下，合理的社会财富分配机制包括三个步骤②：第一步是收益的初次分配。初次分配应以保护和尊重产权为基础，通过土地市场的自由交易来完成初次分配。第二步是第二次收益分配。这次分配是以公平为基础，通过政府征税或者提供社会保障等公共服务来完成。第三步是第三次收益分配。这次分配是以伦理和道德为基础，通过公益慈善和社会爱心捐助等方式来完成的。土地增值收益同样属于社会财富的一种，所以也应参考这种财富分配机制。

政府应承认和尊重土地权利人基于土地所有权而产生的土地使用权和土地发展权。在土地增值收益的初次分配中，政府应切实保护公民基于土地所有权、土地使用权和土地发展权获得的相应的土地入市增值权利。按照"市场价格"进行公平的交易之后，政府要通过税收和财政转移支付等手段完成二次分配。二次分配的目的为动态调节和平衡国家、集体和个人以及不同地方区域在土地入市增值收益分配中的比例。在土地增值收益初次分配过程中，主张按照市场价格进行入市流转并不等同于"所有的土地增值收益都应当由土地产权人独享"。征税的实施不仅有助于实现"土地入市增值返还社会"的目标，同时也能最大限度地减少对公民权利的侵害风险。此外，征税还可以有效平衡"土地入市增值返还社会"与维护社会稳定、保护公民权利等多重目标之间的关系。通过征收"土地增值收税"来实现"土地增值返还社会"的目的具有正当性。现阶段，农村土地制度改革的价值取向是土地入市增值收益共享。应当说，"公私兼顾"是在全面顾及失地农民、国家以及在耕农民的权益，符合当前社会经济的发展需要，且具有广泛社会基础的可行性选择。

二、共同富裕的内涵

共同富裕的实现是中国特色社会主义的重要目标之一，旨在满足全体人民全面且丰富的物质生活需要和精神生活需要，从而促进人的全面发展。其中，"共同"强调了对所有地区和人群的全面覆盖，包括城乡居民、不同行业、不同

---

① 李谦. 共同富裕视域下农村宅基地增值收益分配法律制度——以土地发展权共享论为分析框架 [J]. 河南社会科学，2024，32（1）：85-96.

② 程雪阳. 土地增值收益分配模式的改革 [C] //程雪阳. 地权的秘密：土地改革深度观察. 中国经济改革研究基金会，2015：3.

收入水平等方面；"富裕"则包括更丰富、更均衡分布的物质财富、更完善的政治文明以及更公平的社会氛围。具体来说，这种"富裕"将在整个物质发展（如经济增长）、政治发展（如民主法治建设）和社会发展（如教育医疗保障）过程中得以实现。这一理念突出了经济繁荣与社会公平并重，并提出了建设一个充满活力而又充满公正与包容性社会的愿景。中国式现代化的富裕将实现于物质发展、政治发展和社会发展全过程。

共同富裕的前提是富裕。在生产力水平非常有限的时期，人类难以实现富裕，共同富裕更是无从谈起。富裕需要一定的生产力基础，在原始社会的大部分时间里，生产力水平极低，所有氏族或部落都处于极度贫困或勉强维持生计的状态，富裕便与这个时代无缘。发展生产力，实现富裕需要几代人不懈的努力。共同富裕的实现是一个阶段式、渐进式的过程。

西方经济学家，如亚当·斯密等人，曾研究了在市场机制下如何通过劳动来实现共同富裕的问题。① 现代经济学的创始人亚当·斯密在《国富论》中指出政治经济学提出两个不同的目标在于富国裕民。一是确保人民能够自给自足并获得收入；二是为国家或社会提供充分的财政收入以支持公共事务。在他看来，"国民每年的劳动，本来就是供给他们每年消费的一切生活必需品和便利品的源泉"②。人们的富裕需要建立在一种可以使其提供劳动的机制上。亚当·斯密指出："在一个政治修明的社会中，通过分工使各行各业的产量大幅增加，从而实现了广泛普及到底层人民的普遍富裕。社会中每个劳动者都能够生产大量产品，以至于在满足了自己需要的产品以外，仍有很多可以出售的产品。且每个人都能用自己生产的大量产品换取其他劳动者生产的大量产品，也就是说，每个人都能通过售卖其生产的大量产品的费用来交换他所需的物品。他可以提供别人所需的物品，并且别人也可以提供他所需的物品，因此社会各阶层普遍富裕。"③ 似乎，亚当·斯密的经济理论中也包含了让人民变得富裕的思想，然而根据他所研究的财富创造机制来看，他所指的"人民"是指从事劳动的个体。因此可以推断出，亚当·斯密实现"普遍富裕"的机制在于劳动者能够通过努力工作、出售自己的劳动力并进行交换来实现。

马克思对亚当·斯密的"劳动+交换"进行了批判，指出亚当·斯密提出的

① 乔榛. 共同富裕的理论、历史和现实逻辑 [J]. 天津社会科学，2023（2）：117-124.
② 亚当·斯密. 国民财富的性质和原因的研究：上 [M]. 郭大力，王亚南，译. 北京：商务印书馆. 1974：1.
③ 亚当·斯密. 国民财富的性质和原因的研究：上 [M]. 郭大力，王亚南，译. 北京：商务印书馆. 1974：11.

共同富裕机制缺乏必要的前提和基础。马克思指出资本主义的固有属性不仅无法实现社会共同富裕，还会导致社会贫富差距的扩大。马克思还进一步指出：当生产力充分发展实现生产资料归社会所有后，实行按需分配或按劳分配才可以实现共同富裕。马克思强调，实现共同富裕的目标需要建立一种新的机制来实现，这个机制能够取代资本主义社会，并引领我们进入一个全新的社会形态——共产主义社会。在共产主义社会制度中，实现共同富裕的机制与"劳动+交换"的普遍富裕方式不同。关键在于推行生产资料的公有制，即基于生产资料公有化的劳动，并按照个人努力分配生活资料。没有"生产资料私人所有"这个前提，交换和劳动不但不能实现共同富裕，而且可能会导致收入分配差距扩大甚至出现两极分化。

当然，马克思所提出的共同富裕实现机制是建立在生产力高度发达的基础上。然而，在现实中，社会主义社会并不具备"生产力高度发达"的条件。因此，在社会主义初级阶段，要实现共同富裕就需要采取不同的逻辑。首先，必须致力于发展生产力；其次，还需要建立适宜的分配制度和经济体制。这种分配制度和经济体制既要能够促进生产力的增长，还要有利于实现共同富裕的目标。[①]

三、共同富裕的历史逻辑与现实逻辑

资本主义社会无法实现共同富裕的原因在于资本主义经济是围绕着追求剩余价值的逻辑运行的，而资本家始终将获取最大限度剩余价值作为其首要任务。他们不断积累资本以达到这一目标，结果就导致了两极分化状态的出现，这正是资本主义积累所呈现出来的普遍规律。当资本主义财富的集中和贫困的扩大成为一种不可调和的趋势时，这将迫使我们对资本主义经济制度进行必要的改革，即"资本的垄断已成为与这种垄断共同存在并在其统治下繁荣发展的生产方式所面临的束缚。生产要素的集中和劳动力的社会化已达到了与资本主义不可相容的程度。此时，资本主义私有制正走向终结，剥夺者将遭受剥夺"[②]。因此，资本主义社会无法实现全民共同富裕，且由于贫富差距的扩大而可能导致其自身走向衰亡。

人类社会从原始部落发展至今，经历了从原始社会的共同贫穷，到阶级社会的剥削与贫富差距，再到社会主义初级阶段追求共同富裕。这一历史进程包

---

① 乔榛. 共同富裕的理论、历史和现实逻辑 [J]. 天津社会科学，2023（2）：117-124.
② 马克思. 资本论：第 1 卷 [M]. 北京：人民出版社，1975：831-832.

含了实现共同富裕的历史逻辑，对其进行简单概括就是实现共同富裕，一方面是客观的历史趋势，是从贫穷走向富裕进而达到共同富裕的发展过程；另一方面是人民群众主观努力的结果，通过制度构建寻找超越现实约束的共同富裕之路。

历史和现实的逻辑表明，实现共同富裕需要经历艰难的探索，必须先解决贫穷和温饱问题。人类社会发展的首要目标是提高生产力水平，使大多数人达到富裕状态。无论是让绝大多数人一起富裕起来还是先让一部分人富裕起来，都离不开较高的生产力水平作为物质基础。尽管共同富裕的物质基础是生产力进步和生产力发展，但要实现共同富裕，我们并没有一个确定的标准来衡量生产力需要达到何种高度。这取决于经济制度的性质。适宜的经济制度及其财富分配方式是实现"共同富裕"的制度保障。在人类历史上经历过的原始社会、奴隶社会、封建社会、资本主义社会等几个阶级社会里，相较于以往，生产力取得了巨大的提升，并且实现了长足的发展。尤其是在资本主义社会阶段，社会生产力迈上了前所未有的新台阶，然而这并没有带来共同富裕的实现。其主要原因在于资本主义社会的经济制度未将实现共同富裕作为社会发展目标，而是将广大被统治阶级视为剥夺对象，并始终强调保护少数统治阶级的利益，从而使得社会发展进程倒退了。在推翻统治阶级之后，社会主义社会的人民将成为经济发展的决策者，并建立起生产资料公有制。在这个基础上，我们需要构建一种既能够促进生产力发展又能实现共同富裕的分配制度，以确保共同富裕得到相应的制度保障并逐渐变为可能。然而，在实现这一目标之前，我们需要进行不断探索和构建。

在中国特色社会主义发展历程中始终把共同富裕作为不懈追求。改革开放以来，通过积极探索、全面建设和不断完善中国特色社会主义市场经济，中国共产党带领全国人民极大地解放和发展了社会生产力，创造了中国经济持续高速增长的世界奇迹，为实现共同富裕奠定了坚实的物质基础。在中国特色社会主义的发展过程中，我们党始终追求共同富裕。随着新时代的到来，中国社会的主要矛盾已经转变成人民日益增长的美好生活需要同不平衡不充分的发展之间的矛盾。党的二十大报告明确提出，"我们坚持把实现人民对美好生活的向往作为现代化建设的出发点和落脚点，着力维护和促进社会公平正义，着力促进全体人民共同富裕，坚决防止两极分化"。为了积极推进实现共同富裕的目标，我们需要致力于促进经济高质量发展。另外，我们还要坚持以按劳分配为主体，并兼顾多种分配方式的并存，以构建和完善初次分配、再分配（包括二次和三次）之间协调一致的基础性制度。在实践中，我们应该适时进行政策调整来处理好效率与公平之间的关系。总的来说，目前我国正处于历史发展的关键时期。我们既面临着发展机遇，也面临着收入差距扩大的风险。因此，我们必须紧紧抓住发展生产力这一主线，并充分、坚定地发挥中国特色社会主义制度的优势。只有如此，全体人民共同富裕的目标才能得以实现。

四、共同富裕的特征

党的二十大报告提出，共同富裕将是"十四五"时期经济社会发展的主要目标，农民富、农村美、农业强是共同富裕的主攻方向。[①] 生态产品价值实现与农民、农村、农业有着紧密的联系，不仅能提高农民收入，创造和积累社会财富，还能缩小人群、地区和城乡差距，防止两极分化，提升农民获得感、幸福感和安全感，促进物质层面和精神层面"共同富裕"。

新时代共同富裕是一个内涵丰富且极具中国特色的概念，它具有以下三方面的鲜明特征：

第一，物质富足和精神富有是共同富裕的基本内容。[②] 物质富足是共同富裕的前提和基础，主要表现在人们收入、财产、生活资料等方面的充裕。精神富有是衡量幸福指数的重要标准，主要表现为人们在精神文化生活得到满足后的内心富足和幸福。物质财富的积累与富裕是实现共同富裕的必要条件，但不是充分条件，不必然带来共同富裕。随着社会主要矛盾的转变，人们越来越关注精神文化方面的需求，精神富有成为共同富裕的题中之义，为共同富裕的实现提供精神动力和智力支持。

第二，在自然资源承载力范围内满足人的需要是共同富裕的根本目标。实现共同富裕需要通过大力发展生产力解决发展中的不平衡不充分问题，满足人们对美好生活的需要。[③] 需要注意的是，不管是富裕还是共同富裕都是相对"人的合理需要"而言的，这种需要不是欲望，因为人的欲望是无限的，不论生产力如何发展都无法完全满足人们所有的欲望。此外，生产力的发展要以自然资源承载力为约束边界，实现人与自然和谐共生的"天人共富"，提升人们的安全感、获得感和幸福感，才能实现人与人之间的"人人共富"和物质与精神都富裕的"身心共富"。

① 郑瑞强，郭如良. 促进农民农村共同富裕：理论逻辑、障碍因子与实现途径 [J]. 农林经济管理学报，2021，20（6）：780-788.
② 史宏波. 推动物质富足与精神富有良性互动 [J]. 人民论坛，2023（13）：42-45.
③ 岳文泽，夏皓轩，钟鹏宇，等. 自然资源治理助力共同富裕：政策演进、关键挑战与应对策略 [J]. 中国土地科学，2022，36（9）：9.

第三，扎实推进农民农村富裕是共同富裕的重点任务。[①] 习近平总书记多次强调，促进共同富裕，最艰巨最繁重的任务仍然在农村。随着乡村振兴战略的深入实施，农村地区的发展取得了巨大成就和历史性进步，但仍然存在农民收入低、贫富差距大、发展基础薄弱、人口流失严重等问题。唯有补齐短板，解决好乡村发展不平衡不充分问题，才能真正实现全体人民的共同富裕。

第五节　分析框架

一、理论逻辑：摆脱土地使用权的过度限制，释放生产力

马克思将所有权划分为终极所有权和事实所有权。在公有制经济中，土地终极所有权是不能交换的，土地事实所有权是可以交换的。我国的集体土地所有制度是在 20 世纪 50 年代个体农业社会主义改革中逐渐形成和发展起来的，其中典型的形式是高级合作社。我国农村的集体土地所有权可以看作一种最终的所有权形式，而农民（集体）所享有的土地使用权则可视为实际上的所有权。农村土地使用权是在基于集体土地所有权的基础上产生的，并且是该所有权与其能力分离后衍生出来的结果。

农村土地既是生产资料，也是财富之母；既是自然资源，也可以成为资本或财产。土地能否成为财产以及成为何种性质的财产，是由其所处的社会制度而非自然界决定的。[②] 根据现行法律框架，土地作为不动产的所有权无法参与土地市场交易，只有使用权可以进行要素配置。由于地租的影响，土地使用权突破了土地的固定性质，并成为一种可流通的交易物品，在市场机制下能够与其他财产权进行最优化组合。[③] 对农民（集体）来说，集体土地不仅是一种可以拿来交易的商品，而且还是创造了物质财富的一个来源。在市场条件下，土地作为特殊的交易商品，它的使用权流转也必然受价值规律所调节，其价值增值会带来土地的级差超额利润，进而形成用益物权人的财产性收益。我国现行法

① 尹成杰. 农民农村共富是实现共同富裕目标的关键［J］. 中国乡村发现，2022（1）：36-40.

② 程雪阳. 重建财产权：我国土地制度改革的基本经验与方向［J］. 学术月刊，2020，52（4）：98-108.

③ 马俊驹. 中国城市化与农村土地财产权结构的变革［J］. 私法研究，2014，15（1）：32.

律规定农村特定集体经济组织的农户享有集体土地使用权，这与我国农村长期以家庭为单位的小农经济生产方式相适应。但我国传统农户的聚居性、血缘性、自给性、封闭性、农耕性和稳定性却与现代社会结构所显现的流动性、社团性、交易性、开放性、工业性和创新性相背离。① 在当下的城市化的浪潮中，农户的农耕性、自给性特征和封闭性已发生变化，农户的生存功能在削弱、生产功能在降低。受城乡土地二元制影响，我国集体建设用地使用权受到不当抑制。在制度层面，这一权利受到抑制表现为权利规范的错置，即民法典将集体建设用地使用权立法任务转嫁给具有公法性质的土地管理法，集体建设用地使用权权利规范的私权属性与土地管理法的公法属性产生矛盾，进而不当压缩了集体建设用地使用权权利规范的空间。② 这种权利规范的不当安排引发了集体建设用地使用权制度的"异常"和"扭曲"，导致集体建设用地使用权与国有建设用地使用权在法律地位上出现不平等。

在新时期，为了充分发挥市场对土地资源配置的决定性作用，我们需要将公有制的集体土地使用权与自由流转市场有机地结合起来。③ 2019 年土地管理法规定，集体建设用地的使用者必须严格遵守土地利用总体规划和城乡规划确定的用途，同时允许将集体经营性建设用地引入市场；对土地征收的公共利益范围进行明确界定，改革土地征收程序，进一步完善了土地征收制度，并将土地督察制度正式入法，同时在农村土地承包经营制度等直接关系农民利益的问题上进行了改革创新。

集体建设用地管理权制度是我国农村土地权利制度的一个重要组成部分。改革这一制度对促进农村集体经济的发展和壮大、激活集体建设用地使用权、提高农民收入具有至关重要的作用。打破原有土地结构，提升集体建设用地利用效率，实现制度红利充分释放，是未来必然发展趋势。在当前的历史背景下，为了充分发挥市场对土地资源的配置作用，我们需要解除对集体土地过度限制的束缚，确保广大农民享有平等的土地权利。只有这样，农村经济才能高效运行，并激发出农村发展的活力，提升农村生产力水平。

二、历史逻辑：公有制基础下重构集体土地财产权

我国"八二宪法"设置了土地使用权，自此土地所有权与使用权"两权"

---

① 王沪宁. 当代中国村落家族文化 [M]. 上海：上海人民出版社，1991.
② 姜楠. 集体建设用地使用权制度的困局与突破 [J]. 法治研究，2021（5）：99-107.
③ 马俊驹. 中国城市化与农村土地财产权结构的变革 [J]. 私法研究，2014，15（1）：32.

开始分离，且趋势越发明显。改革开放初期我国经济水平还比较低，当时发展经济的"点火器"只能是吸引国外投资，[①] 然而对国外投资者来说，它需要考虑对拟投资国家土地产权制度的安排以及对产权保护力度的重视程度。这一时期，我国政府高度重视土地权益保护这一关键问题。为回应城市经济发展对土地的大量需要，在保证我国土地的社会主义公有制性质的基础上，通过1988年修改《中华人民共和国宪法》、1990年制定《中华人民共和国城镇国有土地使用权出让和转让暂行条例》等法律法规，允许我国公民、法人等市场主体通过土地流转市场有偿购买土地使用权（不能买卖土地所有权，但是土地使用权长期稳定且受法律保护），通过给国有建设用地使用权及其附着物赋予抵押权，以吸引和鼓励金融机构为土地使用权人提供融资渠道，我国成功建立了基于国有土地开发的建设、生产和消费的发展机制，从而推动了我国经济的起步。在集体建设用地使用权取得合法地位后，一时间我国农民（集体）在农村地区创办乡镇企业的热情高涨，乡镇企业兴起、遍布全国。[②] 1998年修订的《中华人民共和国土地管理法》删除了"国有土地和集体土地的使用权可以依法转让"，增设了第四十三条，即除了法定情形外集体土地用于开发建设必须经过征收转变为国有建设用地。这一规定对集体建设用地使用权予以限制。然而，国务院至今未发布有关集体土地使用权的具体规定，这导致了对集体土地使用权抵押、转让和租赁缺乏明确的规则。分析历史，我们可以发现，在20世纪末期我国农村的发展和改革之所以能够取得成功，关键在于通过法律手段将土地所有权与土地使用权分离，并在集体土地上确立了以土地使用权为核心的财产权制度，其中包括集体建设用地使用权和土地承包经营权。我国"所有权—使用权"两权分离之后，经过多次（1988年、1993年、1999年）修正宪法，逐渐衍生出了适合我国国情的土地使用权、承包经营权等多类土地财产权；形成了适应国情的土地利用方式，包括建设用地使用权、地役权等多种形式。对于宪法土地制度的讨论，也从"国有还是集体所有"、"姓资"还是"姓社"的讨论逐渐转移到对土地财产权利的使用、开发与保护的探讨。我国土地制度改革最为成功的基本经验隐藏在1988年通过的宪法修正案之中，[③] 1988年《中华人民共和国宪法》修正案第二条明确规定，土地使用权可以依法转让。正是这项宪法修正案

① 程雪阳. 重建财产权：我国土地制度改革的基本经验与方向 [J]. 学术月刊，2020，52（4）：98-108.

② 姜楠. 集体建设用地使用权制度的困局与突破 [J]. 法治研究，2021（5）：99-107.

③ 何思萌. 公有制下土地财产权的形成与发展："八二宪法"土地制度条款的四十年 [J]. 中国政法大学学报，2022（6）：148-159.

为中国的私营经济发展提供了合法依据。随后，我国建立了财产权和私营经济产权制度，重新构建了土地财产权利，为我国城市化进程和各类经济建设奠定了坚实的法律基础。2016年，中共中央、国务院指出，"产权制度是社会主义市场经济的基石，保护产权是坚持社会主义基本经济制度的必然要求。有恒产者有恒心，经济主体财产权的有效保障和实现是经济社会持续健康发展的基础。"① 我国过去40余年快速的工业化、信息化和城市化所取得的巨大成就，并没有推翻"强有力的产权保护为投资提供信心，为经济发展提供信用"的基本框架，也不是现代经济学无法解释的"特例"。可见将我国改革开放以来土地制度改革的基本经验总结为"在始终坚持社会主义公有制的基础上，重新构建了多元化的土地财产权制度"。

我们也要看到，虽然20世纪90年代以后所建立的"以国家垄断土地一级市场和土地低征高卖"为核心的土地管理模式确实对我国经济发展起到了极其重要的作用，但这种"重要的作用"，只是为市场高效提供了具有长期稳定产权的建设用地，而不是为发展市场经济提供了"土地财产权"这一基础性制度。另外，"以国家垄断土地一级市场和土地低征高卖"为核心的土地管理模式在取得巨大成就的同时，带来了国家经济的发展被房地产业"绑架"、城市摊大饼式发展、付出了巨大管制成本等诸多问题，这些问题不仅严重损害了国家和政府的形象，还导致了大量土地资源的低效利用甚至浪费，导致了城乡贫富分化以及农村的贫困和衰败，积累了严重的经济风险，妨碍了国家治理体系和治理能力现代化的实现。

推进农村集体经营性建设用地入市，要坚持市场在土地资源配置中起决定性作用，让沉睡的农村土地资产动起来，让农村产权活起来，是为了激活集体土地的财产属性，实现其应有价值，就要求建立规范运行的农村产权流转交易市场体系。重构土地财产权利，要赋予农民更多财产权利，缩小城乡收入差距，增加农民收入，那么在机制上就要保障农民依法享有平等的土地财产权利。允许农村集体经营性建设用地出让、租赁、入股，实行与国有土地同等入市、同权同价，建立兼顾国家、集体、个人的土地增值收益分配机制，合理提高个人收益，使农民公平分享土地增值收益，是推动财产真正成为农民发展和致富的重要手段。②

---

① 中共中央　国务院关于完善产权保护制度依法保护产权的意见 [EB/OL]. 中国政府网，2016-11-27.

② 冯海发. 对十八届三中全会《中共中央关于全面深化改革若干重大问题的决定》有关农村改革几个重大问题的解读 [J]. 农业展望，2013，9 (11)：4-12.

中国土地制度改革的成功经验预示着我国农村集体产权制度改革将重塑我国农村集体经济的基础框架，并带来实现农民财产权利的新推动力。集体经营性建设用地入市只要保证土地公有制保持不变，坚持长期、稳定的土地使用权制度不动摇，在充分尊重农民（集体）土地财产权基础上，通过市场机制将可以有效配置土地资源，促进农村经济快速高质量发展。

三、实践逻辑：土地发展权向农民（集体）转移和赋予

土地发展权的经济作用在于通过市场主导和政府辅助相互融合，以实现对土地资源的最佳配置。理想情况下，在土地需求和供给相互作用的影响下，土地市场通过供求、竞争和市场机制共同实现对土地资源的最佳配置，从而有效调节土地供需矛盾，促进供需平衡，并实现合理利用土地资源。但是长期以来，政府在土地征收过程中获取了高额的土地增值收益，"征收土地"成为地方政府财政收入的重要来源。由于土地产权不明确、市场不完善、价格机制缺失、收益分配不合理、信息不对称以及外部效应等因素的影响，土地市场的供求关系、竞争状况、价格水平和利益分配等机制出现了较大程度的扭曲，从而使得市场调节功能失灵。实际上，在政府对土地市场进行干预时存在着"缺位"和"越位"的现象，具体表现为无视产权约束、偏离社会需求的预算分配、行政效率低下、过度干预以及滥用职权谋取私利等问题。市场与政府的双重失灵导致土地资源配置不合理，土地市场混乱。

十八届三中全会的《决定》明确提出：在符合规划和用途管制前提下，允许农村集体经营性建设用地出让、租赁、入股；为了促进农村集体建设用地直接参与市场交易，可以通过缩小征地范围并扩大国有土地的有偿使用范围。同时，需要建立一个能够兼顾国家、集体和个人利益的土地增值收益分配机制，并合理提高个人收益水平。2019年第三次修正土地管理法，在立法层面授权允许集体经营性建设用地流转入市。

在农业用地上产生的收益是基本收益，而农业用地用途改变所带来的收益则是增值收益；后者通常比前者高出数十倍。过去，在许多情况下，农民（集体）并没有能够充分分享到潜在的农业用地用途改变所带来的收益，导致很多乡村土地资产仍处于未开发状态，无法转化为农民（集体）的收入。通过改革土地制度，允许将集体经营性建设用地流转至市场，并赋予集体组织和农民相应的权力来管理集体产权，合理提高农民个人收益。这样做可以给予农民（集体）更多财产权利，实质上是将土地发展权向农民（集体）转移和授权。

本章小结

我国农村的集体土地所有权可以看作一种最终的所有权形式，而农民（集体）所享有的土地使用权则可视为实际上的所有权。农村土地使用权是基于集体土地所有权产生的，并且是该所有权与其能力分离后衍生出来的结果。在新的时期，必须摆脱对集体土地的过度限制，使广大农民享有平等的土地权利，使农村经济高效率地运行，释放农村发展活力，提高农村生产力。集体土地使用权要与自由流转市场有机地结合起来，才能充分发挥市场配置土地资源的决定性作用。

推进农村集体经营性建设用地入市，是为了激活集体土地的财产属性，实现其应有价值，要坚持市场在土地资源配置中的决定性作用，让沉睡的资产动起来，让农村产权活起来，要求建立规范运行的农村产权流转交易市场体系。打破原有土地结构，提高集体建设用地利用效率，使制度红利得以充分释放。改革集体建设用地管理权制度，对发展壮大农村集体经济、放活集体建设用地使用权、提高农民收入发挥着重要作用。

重构土地财产权利，要赋予农民更多财产权利，缩小城乡收入差距、增加农民收入，在机制上就是要保障农民依法享有平等的土地财产权利；允许农村集体经营性建设用地出让、租赁、入股，实行与国有土地同等入市、同权同价同责；建立一个能够平衡国家、集体和个人利益的土地增值收益分配机制，合理提高个人获得的收益，确保农民公平分享土地增值所带来的好处，这是促进农民发展和致富的重要途径。以往很多情况下农民（集体）并没能充分享受到潜在的农用地用途改变带来的收益，农村很多土地资产还处在沉睡状态，没有转变为农民（集体）收入。通过农村集体土地制度改革，允许集体经营性建设用地流转入市，赋予集体组织和农民对集体产权的相应权能，合理提高农民个人收益，从而赋予农民（集体）更多财产权利，其本质是土地发展权向农民（集体）转移和赋予。

本章简要概述了本书对农村集体经营性建设用地入市收益分配进行分析所涉及的马克思所有制理论、现代西方产权理论、土地发展权理论、土地增值收益分配与共同富裕理论等基本理论。从"理论逻辑：摆脱土地使用权的过度限制，释放生产力""历史逻辑：公有制基础下重构集体土地财产权""实践逻辑：土地发展权向农民（集体）转移和赋予"三个维度阐述了笔者的分析思路和框架。

第四章

集体经营性建设用地的制度变迁与政策演进

农村土地及其管理制度是兴国安民的根基，关系到农村生产的积极性，决定了农村的稳定与发展。农村土地问题不单是一个产权问题，它交织于国家经济、政治和社会发展的各个方面。为了激发农民的生产积极性，提高农民收入，争取农民支持，维护社会稳定，中国的土地管理制度改革进行了许多尝试。中国历代王朝都曾努力地改进土地政策防范土地兼并，维系政权稳定，如北魏孝文帝时期按照人口分配土地的均田制和孙中山先生在旧三民主义中提出要平均地权，但最终都难以避免激化社会阶级矛盾，"富者阡陌连田，贫者无立锥之地"，导致统治政权崩塌。① 这都反映了农村土地制度在发展、繁荣、衰退中不断曲折前进。

社会制度变迁是一个社会主体之间的博弈过程，如果博弈参与者在现有制度安排和制度结构下获得的净收益不及在潜在制度安排下所获得的净收益，新制度就会被催生。② 农村土地问题不是一个静止的问题，它会不断演化，引发新的社会矛盾，进而需要与之适应的新制度。在过去的一百年，中国共产党围绕农村土地政策不断改革、创新，不断探索出适合我国国情的土地政策。在此过程中，中国共产党积累了丰富且宝贵的成功经验，也有很多深刻教训，值得我们反思。

第一节　新民主主义革命以来中国农村土地制度的改革历程

回顾新民主主义革命以来我国农村土地政策发展演变的历程，分析和提炼

---

① 黄敏，丁娟，吴晓伟. 百年来中国共产党领导下的农村土地改革历程与展望 [J]. 四川师范大学学报（社会科学版），2021，48（5）：20-27.

② 韩书成，汤新明. 基于帕累托改进理论的农村集体经营性建设用地入市研究 [J]. 中国农业资源与区划，2020，41（5）：106-114.

我国农村土地政策演变的主要经验和特点，对出台适合我国农村基本国情的土地政策、更好地发挥政策引导作用、助力农村产业发展、推进乡村振兴和农业农村现代化具有重要的意义。

在经历了数次土地改革之后，按照中共十八届三中全会指明的方向，我国开展的农村集体经营性建设用地改革试点工作承载着数十年来中国农村土地改革的经验与教训，[①] 探讨了农村集体经营性建设用地入市过程中产生的法律、政策等方面的问题。因此，对过往历史背景进行充分的梳理，有助于全面地了解集体经营性建设用地入市试点的成功与不足，方能为下一步完善集体经营性建设用地入市增值收益分配机制改革打下坚实基础。

一、新民主主义革命时期的土地革命斗争

新民主主义革命时期，封建统治政权逐渐瓦解，但是封建土地所有制并没有自动随之消亡。1921 年，中国共产党第三次中央扩大执行委员会议决议提出"全体农民起来反抗贪官污吏劣绅土豪，反抗军阀政府的苛税勒捐"[②] 的斗争口号，在全国掀起了波澜壮阔的农民土地革命运动。农民对拥有土地、获得劳动报酬的诉求和对推翻帝国主义、封建主义和官僚资本主义压迫的渴望，决定了"中国革命的根本内容是土地革命"，也决定了"土地问题是中国的资产阶级民权革命的中心问题"[③]。1922 年《中国共产党第二次全国代表大会宣言》提出"中国三万万的农民，乃是革命运动中的最大要素"，制定"规定限制田租率的法律"作为中国共产党构建民主主义联合战线的目标之一。[④] 毛泽东在《湖南农民运动考察报告》（1927 年 3 月）中指出"打倒土豪劣绅，一切权力归农会"，这削弱了封建土地制度在政治、经济上的地位。在政治方面，农民的参与革命地位得到了确认；在经济方面，实施对地主加租加押的限制措施，进一步激发了农民参与革命的积极性。在半殖民地半封建的中国，在封建土地所有制下，地主仅占总人口的 10%，却拥有着绝大多数的土地，地租占农民总收入的50%以上；而农民中 90%的是贫雇农和中农，这部分人只占有 20%~30%的土

---

① 宇龙. 集体经营性建设用地入市试点的制度探索及法制革新：以四川郫县为例 [J]. 社会科学研究，2016（4）：89-94.

② 中央档案馆. 中共中央文件选集：第二册 [M]. 北京：中共中央党校出版社，1989：209.

③ 中共中央文献研究室. 毛泽东文集：第一卷 [M]. 北京：人民出版社，1999：37-41.

④ 胡穗. 论建党初期党的"耕地农有"思想的形成 [J]. 湖南行政学院学报，2005（6）：31-32.

地。共产党人意识到仅仅依靠"减租、抗捐"难以撼动封建土地所有制的根基，注意和发现了农民参与土地运动的重要性。1927 年《最近农民斗争的议决案》提出了"没收大地主及中地主的土地"的口号。① 随着革命的深入，中国共产党逐步认识到农民问题乃至国民革命的中心问题归根结底是土地问题。② 中国共产党 1928 年出台《井冈山土地法》、1929 年出台《兴国土地法》，以立法形式明确"耕地归农"的土地性质。1931 年苏区中央局印发《土地问题与反富农策略》，其中明确意识到"农民在落后的生产和物质需求下，对土地的诉求是要取得土地的使用权和所有权"，土地国有化在这一阶段还不能够实现。在探索实现"耕者有其田"政策目标的初期，中国共产党深刻认识到当时中国农民所遭受的残酷剥削，并且结合农民的需求及时调整政策以适应社会和农民个体的需要，不断改进土地分配和经营方式，包括从"没收一切土地"转变为"没收一切公共土地及地主阶级的土地"，从"禁止买卖"到允许出租、买卖等。③ 新民主主义革命时期，中国共产党领导的农村土地制度改革在摸索中前进。

"九一八"事变后，为挽救民族危机，1935 年中国共产党开始调整土地改革的政策，以团结全国人民共同抗击日本侵略者。1935 年《中华苏维埃共和国中央执行委员会关于改变对富农政策的命令》为了团结一切力量对抗帝国主义的侵略，只没收富农出租的土地。④ 1936 年中共中央《关于土地政策的指示》转变了对地主土地的政策，允许富农拥有土地和多余的生产工具，进一步细化了对没收地主土地的详细规定，将地主划分为地主兼商人、小地主、大地主几大类，尊重抗日小商人、手工业者、知识分子、军人的土地所有权。1942 年《中共中央关于抗日根据地土地政策的决定》指出各抗日根据地实行"一方面减租减息，一方面交租交息"的土地政策，这一政策获得了广大群众的拥护，团结了各阶层的人民，支持了敌后抗战。1946 年《关于清算、减租及土地问题的指示》重新践行"耕者有其田"的政策目标。1947 年发布《中国共产党中央委员会关于公布中国土地法大纲的决议》是一个彻底的在全国废除了封建剥削土地制度的纲领性文件，完善了实施的具体路径，肯定了《五四指示》（《关于土

---

① 中央档案馆. 中共中央文件选集：第三册 ［M］. 北京：中共中央党校出版社，1989：295-296.

② 孙乐强. 农民土地问题与中国道路选择的历史逻辑：透视中国共产党百年奋斗历程的一个重要维度 ［J］. 中国社会科学，2021（6）：49-76，205.

③ 经凤. 中国共产党领导农村土地制度改革的理论与实践研究 ［D］. 重庆：重庆工商大学，2022.

④ 中共中央文献研究室. 毛泽东文集：第一卷 ［M］. 北京：人民出版社，1999：374-375.

地问题的指示》）中"耕者有其田"的建设目标，再一次明确指出了"废除一切地主的土地所有权"，"按乡村全部人口，不分男女老幼，统一平均分配"，"废除封建性及半封建性剥削的土地制度，实行耕者有其田的土地制度"，以没收地主土地的方式将土地重新分配到农民手中，① 顺应了农民对土地的根本诉求，调动了农民生产和革命的积极性，获得了农民的支持。1950 年《中华人民共和国土地改革法》规定废除封建土地所有制，实行农民土地所有制，明确指出要实行农民的土地所有制，解放和发展农村生产力，对土地的没收、分配以及执行做出了详细的规定。到 1953 年春，全国大部分地区都建立了农民土地所有制，彻底消灭了在中国实行了两千多年的封建土地所有制，实现了新民主主义革命"耕者有其田"的目标，完成了建立农民土地所有制的历史任务，为下一步实现社会主义土地公有制奠定了群众基础，做好了制度准备。

二、社会主义革命和建设时期的土地制度改革

1950 年，中央人民政府颁布的《中华人民共和国土地改革法》宣布没收地主阶级的土地，补偿给无地、少地的农民，变封建土地所有制为农民土地所有制。此后开始了如火如荼的土地改革运动，到 1952 年年底大部分地区的土地改革工作基本结束，那些没有或只有少量土地的农民现在拥有了约 7 亿亩的土地和生产资料。② 通过进行土地革命，成功完成了新民主主义时期所面临的历史任务，彻底消除了封建土地所有制，并实现了农民争取"耕者有其田"的合理诉求；但农民以分散的小农生产方式进行生产，生产力水平低，不能与建设社会主义农业生产力发展的要求相适应，也无法满足工业化发展对原材料的需求。在农民土地所有制下"许多贫农，因为生产资料不足，仍然处于贫困地位，有些人欠了债，有些人出卖土地，或者出租土地"③。

1953 年，我国开始从新民主主义向社会主义过渡，开始执行第一个五年计划，小农生产逐渐向农业合作社经营转变，土地制度也逐步从个体农民的土地私有制过渡到社会主义公有制。随着农村互助合作的发展，农民合作的形式也随之发生了改变。最初被广大农民群众接受的形式是在自愿和等价基础上形成的临时互助组，这种组织随季节劳作变化，具有小型灵活的特点；其次是长期

---

① 中央档案馆. 中共中央文件选集：第十六册 [M]. 北京：中共中央党校出版社，1992：547-548.

② 杨盼盼. 建国以来中国农村土地政策的演变及其当代价值 [D]. 西安：西安工业大学，2020.

③ 中共中央文献研究室. 毛泽东文集：第六卷 [M]. 北京：人民出版社，1999：437.

互助组织，这种组织结构具备一定的组织纪律和共同的生产计划，相对稳定。通过劳动互助合作的方式解决了土地改革完成后缺乏劳动工具和生产资料匮乏的问题，并且有效提高了粮食产量，一定程度提高了劳动生产率，为成立初级社创造了条件。之后实施的初级社政策对当时农村劳动生产起了一定的积极作用。农民可以自愿将依法获得的土地入社（土地所有权仍归农民个人所有），或者以合理的价格将农具、牲畜等生产资料纳入合作社，由合作社进行统一收集和分配；参与集体劳动。相较于互助组，初级合作社引入了更多的农业生产技术，调动了更多的劳动力和农用工具，积累了生产资金，购置了新的农具，并进一步扩大再生产规模，克服了生产资料短缺等问题，从而实现了农业生产规模的增加。农民在生产劳动方面表现出更高的积极性，同时也增强了他们抵御自然灾害的能力，减缓了农村贫富差距扩大的趋势。在这一阶段土地制度的转变是一个由点到面的过程，通过土地入股的形式形成初级合作社，再逐步推广开来。农业互助合作的顺利推进，促进了农村土地集体所有制的形成，确立了土地的社会主义公有制，推动并保障了农民合作社的普及与发展，为中国共产党领导下的中国特色社会主义农村土地制度改革奠定了制度基础。

1956 年"三大改造"基本完成，标志着中国进入社会主义初级阶段，从此我国开始探索符合我国国情需要的社会主义土地制度。① 马克思和恩格斯没有详细阐述在一个农业落后的国家如何建立社会主义土地公有制，中国的土地制度在没有经历资本主义大农场经营的情况下，从小农生产直接转向了集体规模经营。因此，苏联的经验只能作为一种参考。经历农业初级合作社化，带来了生产的增值，从 1956 年起出现了向高级合作社发展的趋势。1957 年至 1958 年全国进入了农业水利建设的高潮阶段，这一阶段将小的合作社合并为大的合作社，以便修渠灌溉、排水，初步形成了土地规模化发展优势。1958 年 3 月中共中央政治局成都会议通过了《关于把小型的农业合作社适当地合并为大社的意见》，指出为了适应农业生产和"文革"的需求，在有条件的地方，将小型农业合作社有计划、适度地合并成大型合作社是必要的。这标志着中国开始探索进一步发挥土地集体规模经营优势的道路。然而，由于过急和过快地向高级农业合作社过渡，而且人民公社试点的时间也不长，在经济技术落后的中国农村进一步扩大生产规模的弊端和问题没有完全或者充分地披露出来，② 其试点经验也不完

---

① 项福库. 试论中国共产党对中国社会主义革命与建设的三大历史贡献［J］. 老区建设，2019（12）：4.

② 经凤. 中国共产党领导农村土地制度改革的理论与实践研究［D］. 重庆：重庆工商大学，2022.

全可靠。在人民公社化的过程中，存在着对生产资料公有化过分强调并带有平均主义色彩的问题，这偏离了按劳分配原则，损害了人民群众的利益，并且背离了马克思主义关于人民立场的理念，同时也对农民的生产积极性造成了影响。1961 年，毛泽东对人民公社化运动中出现的错误进行初步修正，制定了《农村人民公社工作条例（草案）》，将人民公社分为公社、生产大队、生产队三级，[①] 分化人民公社的大规模不经济、不效率的矛盾，为家庭联产承包责任制埋下伏笔。

虽然探索中国特色社会主义土地制度的过程是曲折的，但只要坚持中国共产党领导中国农村土地制度改革的初心和立场不变，始终坚持以人民为中心，始终坚持为人民群众谋取利益，前途总是光明的。如何解放和发展农村生产力，调动起农民生产的积极性，需要中国共产党在坚持马克思主义基本立场和观点、坚持社会主义土地公有制的基础上，直面农民对土地的诉求，结合中国实际国情创新和发展中国特色社会主义土地制度。

三、改革开放和社会主义现代化建设时期的土地制度改革

在改革开放和社会主义现代化建设时期，我国农村土地政策的探索经历了一条曲折发展之路，形成了家庭联产承包责任制，实现了中国共产党领导的农村土地制度改革的"第一次飞跃"，解决了人民温饱问题；人民公社制度的解体，实现了家庭联产责任制到双层经营体制和延长土地承包期。随着工业化和城市化的进展，大量农村劳动力转移至城镇，形成了中国独特的"民工潮"现象。这为土地所有权、承包权和经营权的分离提供了实质性基础，并催生了土地制度中"三权"分置的初步发展。[②] 我国土地制度改革进入了完善相关法律法规、统筹城乡发展的阶段。

（一）家庭联产承包责任制

在坚持社会主义土地公有制的基础上，实行家庭联产承包责任，以家庭为单位向集体经济组织承包土地，是中国特色社会主义道路下土地制度改革的第一次飞跃，[③] 开启了中国化马克思主义土地国有化制度的新征程。1978 年，《中

---

① 中共中央文献研究室．毛泽东文集：第七卷［M］．北京：人民出版社，1999：241-242.

② 杨盼盼．建国以来中国农村土地政策的演变及其当代价值［D］．西安：西安工业大学，2019.

③ 陈辉宗．集约化经营：实现农村"第二次飞跃"的战略选择——重温邓小平关于农业"两个飞跃"的思想［J］．福建理论学习，2000（3）：15-17.

国共产党第十一届中央委员会第三次全体会议公报》明确指出：全党目前必须集中主要精力把农业尽快搞上去，必须首先调动我国几亿农民的社会主义积极性。自此，国家鼓励在农村土地集体所有的前提下，放宽政策，采取不同方式来提高农民的积极性。《关于进一步加强和完善农业生产责任制的几个问题》（1980 年）中充分肯定了包产到户是社会主义经济下的内容。1982 年中央一号文件（《全国农村工作会议纪要》）指出，"包干到户这种形式，在一些生产队实行以后，经营方式起了变化，基本上变为分户经营"。在农业技术落后的中国，实行家庭联产承包责任制回答了要如何在坚持社会主义土地公有制的基础上发展农业的问题。

1993 年，中共中央下发《关于当前农业和农村经济发展的若干政策措施》文件指出，为了保证土地承包关系的稳定，鼓励承包人增加投入，提高土地的生产效率，原本的土地承包期到期之后，再延长 30 年不变。在承包期内实行"增人不增地、减人不减地"的办法，避免细分耕地经营规模，避免反复变更耕地的承包范围。① 到 1998 年全国农村基本结束了第二轮土地承包工作，第二轮土地承包相比第一轮土地承包更注重强调土地承包权政策的稳定性，突出"30 年不改变"，反对土地的频繁变动。1999 年，国家通过宪法把家庭联产承包责任制定义为以家庭承包经营为基础、统分结合的双层经营体制。至此，家庭联产承包责任制作为我国农村基本经营制度，被正式确立。

2000 年中央人民政府颁布《关于制定国民经济和社会发展第十个五年计划的建议》，其主要内容是要保持以家庭承包经营为基础、统分结合的双层经营体制不动摇，稳定农村经济形势。2002 年党的十六大报告再次确认要保持以家庭承包经营为基础，统分结合的双层经营体制长期稳定，并根据发展形势不断完善。从 15 年承包期延长到 30 年承包期，其中经历了中国共产党对农村土地政策的不断摸索。长期坚持以家庭联产承包经营为基础的农村土地政策已成为我国农村工作的一项基本政策。国家已经确定将家庭联产承包责任制作为我国的一项基本政策，这给农民带来了极大的鼓舞。实践证明，家庭联产承包责任制符合我国农村在社会主义初级阶段发展的现状，并且也适应了当前我国农村生产力发展的需求，因此得到了广大农民群众的积极支持。在家庭联产承包责任制下，农民可以根据家庭需求或市场需求自由组织生产，他们有权决定生产方式和时间等因素。收益与努力成正比的分配机制有效地激发了农民的积极性，

---

① 伦海波．"增人不增地、减人不减地"的法学解析［J］. 甘肃政法学院学报，2013（3）：65~73.

使得农村获得了前所未有的繁荣。

实施家庭联产承包责任制以后，解放了农村生产力，激活了农村活力，促进了农民增收，解决了农民的温饱问题，[①] 为我国城镇化和工业化发展提供了基本保障。另外，实施家庭联产承包责任制还进一步巩固了农村土地所有权及其经营权分离，减少了农民对土地的依赖性，解放了农村劳动力，为城市化和工业化的发展提供了大量的劳动力，为"三权"分置制度创新的出现打下了坚实基础。家庭联产承包责任制是马克思主义土地制度中国化的理论创新。

（二）"三权分置"制度

进入 21 世纪后，我国城镇化、工业化的进程对劳动力的需求不断加大，要求农村大量的富余劳动力向城镇和非农业部门转移。2002 年我国颁布实行《中华人民共和国农村土地承包法》，以法律的形式确立了"土地承包经营权流转"制度。国家保护土地承包经营权，鼓励"有条件的地方可按照依法、自愿、有偿的原则进行土地承包经营权流转，逐步发展规模经营"[②]。随着城乡收入差距逐渐扩大，进城务工的农民逐渐增多，农村出现了大量闲置土地。2008 年《中共中央关于推进农村改革发展若干重大问题的决定》指出，"建立健全土地承包经营权流转市场，按照依法自愿有偿原则，允许农民以转包、出租、互换、转让、股份合作等形式流转土地承包经营权，发展多种形式的适度规模经营"，并要求"结合农村改革发展这个伟大实践，大胆探索、勇于开拓，以新的理念和思路破解农村发展难题"。[③] 农民可以通过多种方式将其土地经营权转让给其他市场主体，如出售、承包、租赁或参与股份合作等。这样做不仅能够使农民获得一部分收益，还有助于推动规模效益的形成，促进农业实现规模化和现代化发展。这推动了我国农村土地流转和经营进入了一个崭新的时期，农民的土地承包经营权进一步得到保障，土地规模化经营初具成效。

2014 年《关于引导农村土地经营权有序流转发展农业适度规模经营的意见》明确指出，要"坚持农村土地集体所有，实现所有权、承包权、经营权'三权分置'，引导土地经营权有序流转，坚持家庭经营的基础性地位，积极培育新型经营主体，发展多种形式的适度规模经营，巩固和完善农村基本经营制

---

① 贺瑞祥. 强化村级功能　完善双层经营 [J]. 长白学刊，1990（4）：72-73.

② 中共中央办公厅国务院办公厅印发《关于引导农村土地经营权有序流转发展农业适度规模经营的意见》[J]. 南方农业，2014，8（32）：6-11.

③ 大力推进改革创新　加强农村制度建设　中国共产党第十七届中央委员会第三次全体会议通过《中共中央关于推进农村改革发展若干重大问题的决定》[J]. 中国行政管理，2008（11）：7.

度"，鼓励发展规模经营以带来更好的经济效益，并将"三权分置"作为农村土地制度改革的前进方向。2016 年《关于落实新发展理念加快农业现代化实现全面小康目标的若干意见》将集体资产纳入确权范围，强调土地确权要明确土地承包权的面积范围，梳理土地流转带来的变化，稳定承包关系，包括退耕还林、农民之间的承包地调换以及宅基地复垦等内容，为进一步完善"三权分置"制做好了制度准备。2018 年《中共中央国务院关于实施乡村振兴战略的意见》指出要完成土地承包经营权确权登记颁证工作，实现信息畅通共享，巩固和完善农村基本经营制度。2019 年《中共中央国务院关于坚持农业农村优先发展做好"三农"工作的若干意见》指出在坚持农村土地集体所有基础上，要深化农村土地制度改革，健全土地流转规范管理制度，进一步提高和完善农村土地经营权确权登记颁证工作。《中共中央国务院关于做好 2022 年全面推进乡村振兴重点工作的意见》标志着"三权分置"制度进一步走向成熟，该文件指出要深化农村土地的制度改革，强化现代农业基础支撑，补齐短板，通过提高土地耕种机械化水平等措施，提高土地资源的利用效率，对完善"三权分置"制度有了更为具体的方向和措施。

　　从实现土地所有权、承包权和经营权相分离到"三权分置"并行，是根据社会和市场的实际需要形成的土地流转制度，是对土地资源要素优化配置的具体表现，本质上它是农村劳动力外流和土地流转之间相互作用产生的市场经济的交换行为，[1] 其目的是充分利用土地资源，优化配置土地生产要素，进一步解放农村生产力，实现共同富裕。党的十八大以来，"三权分置"制度得以确立和发展，是中国共产党领导农村土地制度改革的"第二次飞跃"，[2] 是农民对共同富裕的主动追求，是在坚持家庭联产承包责任制作为基本经营制度的基础上，形成的又一次马克思主义土地相关理论的中国化创新与实践。

① 朱冬亮. 农民与土地渐行渐远：土地流转与"三权分置"制度实践 [J]. 中国社会科学，2020（7）：123-144，207.

② 程恩富，张杨. 新时代"第二次飞跃"论与习近平"统"的思想视角下土地流转壮大集体经济的实现路径研究 [C] //2017 年乡村振兴战略视野下的集体经济发展学术研讨会. 2017 年乡村振兴战略视野下的集体经济发展学术研讨会论文集. 2017.

第二节 农村集体经营性建设用地入市的制度改革

农村集体建设用地的流转有其自身发展的规律和阶段，① 集体经营性建设用地入市是当前农村土地制度改革的重要组成。农村集体建设用地入市政策经历了从加强管控禁止流转到逐步放开，其入市发展也经历了从自发进行到萌芽试点，再到扩大试点。在这个过程中，政府角色从主导者和管控者向辅助者和旁观者角色演变。② 这些发展促成了城乡从二元独立向土地等生产要素的自由流动的转变。集体经营性建设用地先后经历了完全禁止入市、严格限制入市、逐步开放入市、政策推动入市、试点改革入市的过程。③

（一）完全禁止入市（1978 年前后）

1978 年前后，农村建设用地是归农民集体所有的，农民个人不享有土地所有权和土地入市流转的权利。农村建设用地的使用方式都是行政划拨。这一时期农村集体建设用地流转被全面禁止。④

（二）严格限制入市（1982 年至 1995 年）

改革开放之后，在广东等沿海经济发达地区农村土地的经济价值逐渐被发掘，乡镇企业异军突起。经济发展尤其是第二、第三产业发展对建设用地的需求迅速递增，为了适应城乡经济快速发展的格局，满足农村用地需求，农村建设用地开始了自发流转。1982 年《村镇建房用地管理条例》最先对兴办砖瓦厂、社会企业用地做了相应的规定，明确了农村集体经济组织自办企业、与他人合办企业或兴建农村集贸市场等经履行审批手续可使用农村集体经营性建设用地。⑤ 1992 年《国务院关于发展房地产业若干问题的通知》规定，集体所有土地必须先行征用转为国有土地后才能出让。至此，农村集体建设用地从全面

① 胡伟，吴访非. 农村集体经营性建设用地流转问题研究［J］. 学理论，2018（3）：133-134.

② 韩书成，汤新明. 基于帕累托改进理论的农村集体经营性建设用地入市研究［J］. 中国农业资源与区划，2020，41（5）：106-114.

③ 夏沁. 论农村集体经营性建设用地入市的规范体系：以《土地管理法》（修正）和《民法典》为基本法［J］. 华中农业大学学报（社会科学版），2022（3）：177-187.

④ 宇龙. 集体经营性建设用地入市试点的制度探索及法制革新：以四川郫县为例［J］. 社会科学研究，2016（4）：89-94.

⑤ 宋志红，姚丽，王柏源. 集体经营性建设用地权能实现研究：基于 33 个试点地区入市探索的分析［J］. 土地经济研究，2019（1）：29.

禁止变为合法限度内的流转，农村集体建设用地使用权可以合法让渡，但是这种让渡仅是限于行政方式，尚无自由流转平台。

在此阶段，农民的经济收入主要源于工资性收入（外出务工）、转移性收入（国家补助）以及生产经营性收入（务农）。由于受政府行政手段的限制和管控，农村经济发展受土地政策制约。这一段时间内的主要政策要点是从不认可、限制到有条件的转让（如表4-1所示）。

表4-1　农村集体经营性建设用地入市政策变迁过程

阶段	年份	政策要点	法律法规、报告或会议
自发入市阶段	1985年	鼓励农民发展采矿和其他开发性事业，允许农村地区性合作经济组织按规划建成的店房及服务实施自主经营或者出租。 鼓励农民兴办乡镇企业、农业基础建设和商品储运设施	中共中央、国务院《关于进一步活跃农村经济的十项政策》（中发〔1985〕1号）《中共中央关于制定国民经济和社会发展第七个五年计划的建议》
	1988年	土地使用权可以依照法律规定转让；联营企业经批准可按规定对集体所有的土地实行征用。农业集体经济组织可按照协议将土地的使用权作为联营条件	《中华人民共和国宪法修正案》（1988年）《中华人民共和国土地管理法》（1988修正）
	1992年	集体所有土地必须先行征用转为国有土地后才能出让	《国务院关于发展房地产业若干问题的通知》（国发〔1992〕61号）

（三）逐步开放入市（1995年至2012年）

20世纪90年代中期之后，乡镇企业逐渐退出历史舞台，乡镇企业改制使得农村集体建设用地产权和流转集体建设用地使用权的问题凸显出来。农村集体建设用地流转的限制条件被进一步放宽，政府开始关注建立与发展土地流转市场。1995年至2012年政府开始允许部分地区开启农村土地入市交易的探索工作，这一时期出台的主要政策如表4-2所示。2005年广东省率先出台农村土地流转的相关管理办法，提供了衡量流转入市的尺度，成功地走在集体建设用地入市流转的前列，奠定了入市的制度基础，为完善农村土地制度的政策和推动农村土地入市的实践探索提供了重要参考。

1998年土地管理法规定，除符合土地利用规划并依法取得建设用地的企业，因兼并、破产等情形致使发生土地使用权依法转移的外，农民集体所有的土地使用权不得转让、出租或者出让用于非农业建设。① 2004 年《国务院关于深化改革严格土地管理的决定》规定，在符合规划的前提下，集镇、建制镇、村庄的农民集体所有建设用地的使用权可以依法流转。② 2005 年《关于规范城镇建设用地增加与农村建设用地减少相挂钩试点工作的意见》提出"增减挂钩"政策。2008 年《中共中央关于推进农村改革发展若干重大问题的决定》提出集体土地和国有土地"同地、同价、同权"，要建立城乡统一的建设用地市场等改革目标。《中共中央国务院关于 2009 年促进农业稳定发展农民持续增收推动城乡统筹发展的若干意见》提出要加快农村土地确权登记，逐步建立城乡统一的建设用地市场。2012 年《中共中央国务院关于加快发展现代农业进一步增强农村发展活力的若干意见》规定，要规范集体建设用地流转，农村集体非经营性建设用地不得进入市场，③ 严格规范城乡建设用地增减挂钩试点和集体经营性建设用地流转。

表 4-2　农村集体经营性建设用地入市政策变迁过程

阶段	年份	政策要点	法律法规、报告或会议
逐步入市阶段	1995 年	允许迁入小城镇的农民将原承包土地使用权有偿转让；国家在苏州等地布置一批集体建设用地流转试点	《小城镇综合改革试点指导意见》（国家体改委、建设部等国家 11 部委）
	1996 年	符合土地利用总体规划、村镇规划以及土地利用年度计划的集体建设用地经依法批准可以按规定形式流转	
	1998 年	农民集体所有的土地使用权不得转让、出租或者出让用于非农业建设	《中华人民共和国土地管理法》（修订）
	1999 年	国土资源部增加试点	
	2004 年	在符合规划的前提下，村庄、集镇、建制镇中的农民集体所有建设用地使用权可以依法流转	《国务院关于深化改革严格土地管理的决定》（国发〔2004〕28 号）

---

① 李作峰．论农村建设用地直接进入房市的法律空间 [J]．理论界，2010（11）：16-19．

② 高圣平．论集体建设用地使用权的法律构造 [J]．法学杂志，2019，40（4）：13．

③ 孙宪忠．推进我国农村土地权利制度改革若干问题的思考 [J]．比较法研究，2018（1）：171-179．

续表

阶段	年份	政策要点	法律法规、报告或会议
逐步入市阶段	2005 年	进一步研究探索农村集体建设用地使用权进入市场；农村土地使用权流转进入了市场化的阶段	《国务院关于 2005 年深化经济体制改革的意见》（国发〔2005〕9 号）；《关于规范城镇建设用地增加与农村建设用地减少相挂钩试点工作的意见》（国土资发〔2005〕207 号）
	2007 年	"加快形成统一开放竞争有序的现代市场体系"，农村地区的生产要素尤其是土地逐渐引起重视	中共十七大报告
	2008 年	"逐步建立城乡统一的建设用地市场"，促进城乡资源均衡配置	中共十七届三中全会审议通过的《中共中央关于推进农村改革发展若干重大问题的决定》
	2012 年	"保证各种所有制经济依法平等使用生产要素。公平参与市场竞争、同等受到法律保护"	中共十八大报告

（四）"同地、同权、同价"，同等入市（2013 年至 2023 年）

十八届三中全会《决定》明确提出，"构建新型农业经营体系""赋予农民更多财产权利""要建立城乡统一的建设用地市场""设立工业用地和居住用地比价机制"。[①] "建立城乡统一的建设用地市场"的内容主要有市场空间方面，缩小征地范围、扩大国有土地有偿使用范围；市场主体方面，平等产权，"同地、同权、同价"；入市条件和入市方式方面，在符合规划和用途管制前提下允许农村集体经营性建设用地出让、入股、租赁等；收益分配方面，提高农民收益，建立兼顾国家、集体、个人的土地增值收益分配机制，合理提高个人收益。十八届四中全会提出的依法治国理念促进了之后农村集体经营性建设用地改革试点工作的开展，全会要求用法治思维促进农村发展改革，改变政策滞后于法律的现状。2013 年起农村集体经营性建设用地迎来了与国有建设用地"同地、同权、同价"，同等入市流转的新一轮改革。2014 年 12 月，中央全面深化改革委员会第七次会议和中央政治局常委会会议，部署了农村土地征收、集体经营

---

① 黄贤金．还权能于农民 归配置于市场：论中共十八届三中全会土地制度改革设计 [J]．土地经济研究，2014（1）：9.

性建设用地入市、宅基地制度改革试点工作，审议通过了《关于农村土地征收、集体经营性建设用地入市、宅基地制度改革试点工作的意见》。面对农村集体经营性建设用地的实际状况，2015 年 2 月，《关于授权国务院在北京市大兴区等三十三个试点县（市、区）行政区域暂时调整实施有关法律规定的决定》通过法律授权的方式在 33 个地区进行改革试点。2015 年 3 月，相继出台了《农村土地征收、集体经营性建设用地入市和宅基地制度改革试点实施细则》等国家政策。2017 年，《关于延长授权国务院在北京市大兴区等三十三个试点县（市、区）行政区域暂时调整实施有关法律规定期限的决定》，将农村土地制度改革 3 项试点工作延期一年。结合以上国家层面的要求，各试点地区积极安排、部署，农村集体经营性建设用地的改革试点工作迅速铺开。这一轮新的农村土地改革在顶层设计方面具有"自上而下"的特点。通过中央权威的政策指导以及地方的积极落实，经过实践取得了具有示范性的成果。改革试点探索在促进集体经营性建设用地权能实现方面取得了四大成效：一是集体经营性建设用地从不允许入市到允许入市；二是集体经营性建设用地使用权被赋予了与国有建设用地使用权基本相同的权能；三是市场主体对集体经营性建设用地权能的认同度总体大幅提高；[①] 四是入市主体的自主意识和能力逐步提升。[②] 试点实践中的部分成果，已在 2019 年修改后的土地管理法（第三次修正）中被确认。土地管理法（新）删除了原法第四十三条，将第六十三条的规定依法经过确权登记的集体经营性建设用地，可由土地所有权人实现入市，并明确通过合法手段取得的集体经营性建设用地使用权的使用权人可以实现集体经营性建设用地使用权的再次流转，首次在立法层面允许集体经营性建设用地入市流转。2021 年 4 月修订《中华人民共和国土地管理法实施条例》，提出建立健全城乡统一的建设用地市场，允许农村集体将存量集体建设用地依据规划改变用途入市交易；在企业上市合规性审核标准中，对集体经营性建设用地与国有建设用地给予同权对待。2022 年《关于深化农村集体经营性建设用地入市试点工作的指导意见》强调推进改革事关农民利益，必须审慎稳妥。试点县（市、区）数量要可控，坚持同地同权同责原则，在符合规划和法律前提下，推进农村集体经营性建设用地与国有建设用地同等入市、同价交易，并接受相同规则和市场监管。同时要坚持节约集约用地原则，严守土地公有制性质不变、耕地红线不突破、农民利益不

---

① 宋志红，姚丽，王柏源. 集体经营性建设用地权能实现研究：基于 33 个试点地区入市探索的分析 [J]. 土地经济研究，2019（1）：29.

② 张雄，毛星月，潘思伶，等. 集体经营性建设用地入市收益分配农户满意度分析：以重庆市大足区为例 [J]. 国土资源科技管理，2022，39（4）：15-26.

受损，并落实永久基本农田、生态保护红线等空间管控要求。2023 年，自然资源部印发《深化农村集体经营性建设用地入市试点工作方案》，深化农村集体经营性建设用地入市工作总体部署，正式启动试点工作。2019 年土地管理法（第三次修正）和《2021 年中华人民共和国土地管理法实施条例》（第三次修订）的颁布实施，标志着我国集体经营性建设用地正式进入了法律规范入市的新阶段。综上所述，2013 年至 2023 年农村集体经营性建设用地入市的主要时间节点和关键政策主张如表 4-3 所示。

表 4-3　农村集体经营性建设用地入市试点扩大阶段政策变迁过程

阶段	年份	政策要点	法律法规、报告或会议
入市试点扩大阶段	2013 年	建立城乡统一的建设用地市场	十八届三中全会《中共中央关于全面深化改革若干重大问题的决定》
	2014 年	大力发展土地流转和适度规模经营	中共中央办公厅、国务院办公厅印发《关于引导农村土地经营权有序流转发展农业适度规模经营的意见》（中办发〔2014〕61 号）
	2014 年	部署农村土地征收、集体经营性建设用地入市、宅基地制度改革试点	中央全面深化改革委员会第七次会议和中央政治局常委会会议，审议通过《关于农村土地征收、集体经营性建设用地入市、宅基地制度改革试点工作的意见》
	2015 年	开展农村集体经营性建设用地入市试点工作的前期准备	十二届全国人大常务委员会通过《关于授权国务院在北京市大兴区等三十三个试点县（市、区）行政区域暂时调整实施有关法律规定的决定》
	2015 年	正式启动农村土地征收、集体经营性建设用地入市、宅基地制度改革试点	《农村土地征收、集体经营性建设用地入市和宅基地制度改革试点实施细则》
	2017 年	将农村土地制度改革 3 项试点工作延期一年	第十二届全国人大常委会《关于延长授权国务院在北京市大兴区等三十三个试点县（市、区）行政区域暂时调整实施有关法律规定期限的决定》
	2018 年	将农村土地制度 3 项改革试点法律调整实施的期限再延长 1 年至 2019 年	第十三届全国人大常委会《关于延长授权国务院在北京市大兴区等三十三个试点县（市、区）行政区域暂时调整实施有关法律规定期限的决定》

阶段	年份	政策要点	法律法规、报告或会议
入市试点扩大阶段	2019 年	允许集体经营性建设用地入市，集体经营性建设用地与国有建设用地"同地、同权、同价"，同等入市	《土地管理法》（第三次修正）
	2020 年	统筹城乡发展，有序推进村庄规划编制；统筹县域城镇和村庄规划建设，优化功能布局	自然资源部办公厅印发《关于进一步做好村庄规划工作的意见》
	2021 年	在尊重农民集体意愿的基础上，经城市人民政府同意，可探索利用集体经营性建设用地建设保障性租赁住房	国务院办公厅印发《关于加快发展保障性租赁住房的意见》
	2021 年	提出建立健全城乡统一的建设用地市场，允许农村集体将存量集体建设用地依据规划改变用途入市交易；在企业上市合规性审核标准中，对集体经营性建设用地与国有建设用地给予同权对待	国务院办公厅印发《要素市场化配置综合改革试点总体方案》
	2021 年	明确集体经营性建设用地入市交易规则，要求国土空间规划要合理安排集体经营性建设用地布局和用途，促进集体经营性建设用地的节约集约利用	修订《中华人民共和国土地管理法实施条例》
	2022 年	健全集体土地所有权确权登记成果更新和应用机制，集体经营性建设用地入市前，应依法完成集体土地所有权确权登记。集体土地所有权未登记或者存在权属争议的，集体经营性建设用地不得入市交易	《关于加快完成集体土地所有权确权登记成果更新汇交的通知》

续表

阶段	年份	政策要点	法律法规、报告或会议
入市试点扩大阶段	2022年	农村集体经营性建设用地入市改革事关农民利益，必须审慎稳妥。试点县（市、区）数量要可控。坚持同地同权同责原则，在符合规划和法律前提下，推进农村集体经营性建设用地与国有建设用地同等入市、同价交易，并接受相同规则和市场监管。同时要严守土地公有制性质不变、耕地红线不突破、农民利益不受损，确保节约集约用地原则得到遵守	中央全面深化改革委员会第二十七次会议审议通过了《关于深化农村集体经营性建设用地入市试点工作的指导意见》
	2023年	"抓住两项前置条件，紧盯三项负面清单，探索两项重点机制"；正式启动深化试点工作	自然资源部印发《深化农村集体经营性建设用地入市试点工作方案》；自然资源部开展深化农村集体经营性建设用地入市试点工作视频培训

  农民集体可以在符合规划和用途管制的前提下自行转让或开发集体经营性建设用地，无须征收程序变更土地性质。这一法律规定的变化打破了政府在城市建设用地一级市场供给端的绝对垄断地位，赋予了农民一定的集体开发土地自主权。这意味着国家立法已经授权建设集体经营性建设用地交易市场，该市场由一级市场和二级市场共同组成，其中一级市场主要采用出让、出租方式进行交易，二级市场则主要采用转让、互换、抵押或者赠予等方式进行交易。这意味着在保留农村集体土地所有权的基础上，允许农村集体经营性建设用地直接进入市场有偿使用，可以盘活低效或者闲置的土地，并增强农民对土地收益的参与度。[①] 在符合法律规定的情况下，集体经营性建设用地可以与国有建设用地实现"同等入市"，这意味着本次改革赋予了集体经营性建设用地使用权更大的流动性，从而促进自由市场更好地发挥对农村土地资源配置的重要作用。[②] 新土地管理法赋予农民更多权利，放宽了对集体土地发展的限制。从表面上看，这是重新分配土地市场增值收益给利益相关方的过程；实质上是重新划定政府干预与市场配置土地资源之间的法律边界，意在促成"各依其权，各获其利"的利益共享分配格局。

---

① 张建，邹先明，李鑫. 基于发展权的集体经营性建设用地入市增值收益分配研究：以江苏省赣榆区为例 [J]. 湖南农业大学学报（社会科学版），2022，23（6）：88-96.
② 徐永德. 集体经营性建设用地入市法律规制研究 [D]. 重庆：西南政法大学，2021.

第三节　中国共产党领导下的农村土地改革经验

中国共产党领导下的农村土地改革，一直关注不同历史时期农村社会发展中的主要矛盾和突出问题，并以唯物史观为指导。通过解放生产力与相适应的生产资料分配关系，确立了"以人民为中心"的思想主线，并制定了明确可行的土地革命方针和路线。这种方法形成了具有中国特色的土地管理制度体系，并积累了许多宝贵的农村土地改革经验。

一、始终坚持中国共产党对农村土地工作的绝对领导

中国共产党对农村土地革命的领导经历了曲折和漫长的探索过程。大革命时期，中国共产党提出了"最革命的无产阶级站在领导地位"，"农民天然是工人阶级之同盟者"的正确判断。① 在土地革命时期，中国共产党通过领导农村土地工作的改革，对旧社会进行了改造。在针对大中地主土地的没收行动中，掀起了一股风潮，并确保了革命政权有效管理农村社会资源的能力。新中国成立初期，如果没有中国共产党对农村土地工作进行全面领导，很有可能会再次出现土地集中在少数人手中的情况。社会主义建设时期，从"包产到户"和"包干到户"的推广，到家庭联产承包责任制的确立，实际上都是中国共产党站在时代发展的前沿及时调整农业生产方式，为成功探索中国特色社会主义市场经济打下了坚实基础。经过一百多年的土地革命和改革实践，我们得出了一个重要结论：中国共产党对农村工作的领导是历史和人民做出的明智选择，也是社会主义建设和改革开放成功的基本前提。此外，这种领导还为解决"三农"问题带来了新进展，并为其持续推动提供了有力保证。

在城市化和工业化迅速发展的今天，只有始终坚持中国共产党对农村土地事务的强有力引导，国家才能在短时间内进行大规模基础设施建设，并且拥有对土地分配使用的绝对话语权，从而为经济社会快速发展提供保障条件。可以说，如果没有中国共产党对农村土地事务的坚定领导，就不会有所谓的"中国速度"。只有坚守中国共产党对农村土地事务的绝对领导，才能使国家实现"最大程度利用土地资源、公平分享土地利益"的良好局面。

---

① 张世飞. 坚持党的领导的历史逻辑与基本规律 [J]. 学术研究，2019（8）：1-2.

二、始终坚持"以人民为中心"的政治立场

在早期革命运动中，中国共产党就认识到"中国三万万的农民，乃是革命运动中的最大要素"[①]。20 世纪 20 年代至 30 年代，毛泽东从大革命失败中看到中国革命必须基于国情、民情和党情走自己的道路，要用"平民式"的革命手段，充分借助广大农民群众的力量，发动农民开展自下而上的土地革命斗争。解放战争时期，毛泽东更加坚定地认识到，"谁赢得农民，谁就能赢得中国！谁能解决土地问题，谁就能赢得农民"[②]。《中国共产党章程》强调中国共产党员必须怀着全心全意为中国人民服务的精神。在"全心全意为人民服务"的宗旨下，中国共产党带领中国人民从根本上消灭了封建土地所有制，实现了向人民民主的伟大飞跃。新中国成立后，中国共产党始终将"以人民为中心"作为治国理政的基本出发点和落脚点。

新中国成立初期，面对农民生产资料匮乏无法开展有效生产的现实困难，党中央及时调整土地政策，将农村土地由农民所有制调整为集体所有制，最大限度地保障了农民的生产需求和生活质量。经历了"大跃进"和"共产风"的冲击后，农民的生产热情受到抑制，农村的生产力发展也遇到了困难。在保持集体所有制不变的前提下推动农业发展，党中央肯定了农民在实践探索中采取的"包产到户"和"包干到户"的方式，并引入家庭联产承包责任制。随着社会主义市场经济的发展，为了进一步盘活农村土地资源、维护农民土地权益，党中央在充分调研和论证的基础上提出了农村承包地"三权分置"的制度创新。与此同时，为了稳定农民和承包大户的生产预期，党中央强调"稳定农村土地承包关系""土地承包关系长久不变"，并几次延长土地承包期限，为农村土地资源融入城乡要素流动创造制度条件，为农民分享农业农村高质量发展红利提供了坚实保障。随着社会主义市场经济的进步，为了更好地利用农村土地资源、保护农民的土地权益，党中央在充分调查和研究的基础上提出了农村承包地"三权分置"的制度创新。同时，为了稳定农民和承包大户的生产预期，党中央强调"维持农村土地承包关系稳定"，"长期保持土地承包关系不变"，并多次延长土地承包期限，以便将农村土地资源与城乡要素流动相结合，并为农民分

[①]　中央档案馆. 中共中央文件选集：第一册［M］. 北京：中共中央党校出版社，1992：113.

[②]　时东，王伟斌，田时嫣. 新民主主义革命时期国共两党土地政策［J］. 中国金融，2020（21）：96.

享高质量发展带来的红利提供可靠保障。

三、始终坚守保障人民基本利益的改革底线

深化农村土地制度改革的底线在于不能破坏农村集体所有制、减少耕地数量以及损害农民利益。农村土地产权改革的目标是健全农村要素市场化配置机制，最终实现乡村振兴。[①] 事实上，坚守保障人民基本利益的改革底线贯彻于中国共产党领导下的整个农村土地改革历程。关于农村土地制度改革的一系列政策都始终以保障农民的基本利益为前提，保障农民的利益始终是必须坚守的改革底线。2014 年 12 月 2 日中央全面深化改革委员会第七次会议强调，要坚持土地公有制性质不改变、耕地红线不突破、农民利益不受损三条底线。2020 年 6 月中央全面深化改革委员会第十四次会议再次强调，坚决守住三条底线，要"实现好、维护好、发展好农民权益"。

探索和发展市场经济的经验告诉我们，绝对市场化的理论主张并不是改进效率的"万能药"，完全依靠"看不见的手"实现均衡的理论假说具有浓烈的"乌托邦"色彩。[②] 坚持以保障耕者有其田为目的的农村集体所有制是宪法为农村经营性建设用地入市改革设定的底线。[③] 要保证农村社会的长治久安，作为国家基础性制度的农村土地制度必须承担保障功能，以确保市场主体得到最低限度的支持。在新的发展阶段，我们需要探索农村土地产权制度改革，并且要合理把握土地参与市场的程度。同时，我们也要继续坚守农村土地的社会保障职责，使改革措施与提高农业社会化服务水平、推进资源要素转移和城乡融合发展相适应。这是新发展阶段农村土地改革所需遵循的总体要求和基本原则。

四、始终坚持以公有制为基础的渐进式改革方式

中国共产党自改革开放始终坚定不移地支持农村集体所有制，这是为了最大限度地确保农民能够获得相对平等的权益。土地集体所有的公有制度在此背景下被视为根本原则，从未动摇过。进入新时代，农村发展的约束条件、历史内涵、发展方式都发生了巨大的变化，农村社会的主要矛盾已转变为发展不充

---

① 洪银兴，刘伟，高培勇，等. "习近平新时代中国特色社会主义经济思想"笔谈 [J].
中国社会科学，2018（9）：58.

② 伊恩·亨特，许斗斗，江旭云. 马克思和罗尔斯论资本主义及其市场的正义 [J]. 东南
学术，2008（1）：35-44.

③ 李作峰. 论农村建设用地直接进入房市的法律空间 [J]. 理论界，2010（11）：16-19.

分和发展不均衡的矛盾，生产力与生产关系的矛盾运动赋予了农村土地新的社会经济功能。为了满足城乡资源要素流通的客观需求，在确保农村土地集体所有权不变的前提下，中国共产党首先对农村集体建设用地制度进行改革，并开展广泛而长期的试点工作，积极推动将农村集体经营性建设用地引入市场，不断完善城乡建设用地使用管理制度。与此同时，为了满足农民日益增长的土地财产权利需求，并顺应城乡人口快速流动的新趋势，中国共产党积极探索"三权分置"制度改革。该制度改革将承包地的使用权划分为承包权和经营权，使得农民能够通过转让承包地经营权来获得财产收益；同时也将宅基地使用权细化为资格权和使用权，在本集体范围内实现宅基地使用权的流转从而带来财产收益。

中国共产党成立以来，实行的土地所有制先后经历了从"苏维埃国家劳动平民公有"到"农村土地农民所有"，再由"农村土地农民所有"到"农村土地集体所有"的演变过程。完成社会主义改造以后，我国实行社会主义生产资料公有制，农村土地属于农村集体成员共同所有。① 农村土地集体所有制是中国共产党出于对历史经验的不断总结和对国情、民情的准确判断而做出的适宜性制度调整。因此，要始终坚持以公有制为基础的渐进式改革方式。

本章小结

土地问题一直是中国"三农"的核心问题。历史和现实都反复印证，中国农村土地政策，是中国共产党发展的基础，关系到中国革命和建设的成败，关系到党和国家的前途命运。回顾新民主主义革命以来我国农村土地政策发展演变的历程，只有在中国共产党的领导下坚持马克思主义中国化，坚持以农民为中心，坚持土地制度的与时俱进，才能够真正发挥土地制度改革对农村生产力的解放和发展作用。

在改革开放和社会主义现代化建设时期，我国农村土地政策的探索经历了一条曲折发展之路，形成了家庭联产承包责任制，实现了中国共产党领导的农村土地制度改革的"第一次飞跃"，解决了人民温饱问题；人民公社制度的解体，实现了家庭联产责任制到双层经营体制和延长土地承包期。随着工业化、

---

① 胡伟，吴访非. 农村集体经营性建设用地流转问题研究［J］. 学理论，2018（3）：133-
134.

城镇化的发展，大量的农村劳动力向城镇转移，形成了具有中国特色的"民工潮"，为所有权、承包权、经营权的分离创造了物质基础，萌芽了"三权分置"土地制度。我国土地制度改革进入了完善相关法律法规、统筹城乡发展的阶段。

农村集体建设用地的流转有其自身发展的规律和阶段，集体经营性建设用地入市是当前农村土地制度改革的重要组成。农村集体建设用地入市政策经历了从加强管控禁止流转到逐步放开，入市发展从自发进行到萌芽试点，再到扩大试点，政府角色从主导者和管控者向辅助者和旁观者角色的演变。这些过程促成了城乡从二元独立向土地等生产要素的自由流动的转变。集体经营性建设用地先后经历了完全禁止入市、严格限制入市、逐步开放入市、政策推动入市、试点改革入市的过程。

综上所述，本章从历史维度梳理新民主主义革命以来中国农村土地制度的改革历程，介绍了农村集体经营性建设用地入市改革，阐述了"始终坚持中国共产党对农村土地工作的绝对领导""始终坚持'以人民为中心'的政治立场""始终坚守保障人民基本利益的改革底线""始终坚持以公有制为基础的渐进式改革方式"等中国共产党领导下的农村土地改革经验，并突出强调当前坚持农村土地改革经验对我国农村集体经营性建设用地入市改革的重要性。

第五章

集体经营性建设用地入市增值收益的形成机理

不论如何设计和建构土地增值收益分配制度，都必须清晰为何集体土地入市会带来土地的增值。因此，厘清集体经营性建设用地入市增值收益形成机理是研究集体经营性建设用地入市增值收益分配的基础。关于土地增值产生的机理，国内外经济学家开展了广泛研究。外国学者针对"地价"和"地租"两个层面的内容进行了长时期的探讨和研究。古典政治经济学家们主要对土地产品、级差地租和劳动价值理论等开展了研究，提出了大量的基础理论。在19世纪，约翰·海因里希·冯·杜能和让·巴蒂斯特·萨伊等经济学家进一步丰富了地租理论，在地租理论的基础上系统地阐述了农业区位理论和区位地租理论等；围绕劳动价值理论，马克思将资本主义的地租看作剩余价值的转化形式，并将地租分为垄断地租、级差地租和绝对地租，[①] 强调土地增值反映在土地价格的动态变化上，土地价格不过是地租的资本化体现。随后，米尔斯等人利用简单一致性模型等数学工具进一步探讨了土地市场价格与土地利用之间的关系。但是这些19世纪建立的分析理论多数是建立在"土地是均质的"这个前提下的，然而现实情况远比假设的条件复杂，因此，应用这些研究成果解决实际问题的效果并不理想。

我国学者主要采取如下几种思路对土地增值产生的机理开展研究。第一种是从土地用途的角度探讨土地增值的来源，认为土地增值的主要来源有以下几类[②]：一是集体未利用土地转变为国有建设用地；二是集体未利用土地转变为集体建设用地；三是低效率的农业用地转变为国有建设用地；四是低效率的农业用地转变为集体建设用地。第二种是从横向分解"土地的增值"。有学者从横向上区分了三大类土地增值：用途性增值、供求性增值和投资性增值（包括外部

① 杜能. 孤立国同农业和国民经济的关系 [M]. 吴衡康, 译. 北京: 商务印书馆, 1986.
② 俞静琰. 土地增值收益及其分配问题探讨 [J]. 上海国土资源, 2013, 34 (3): 38-41, 47.

投资性增值和直接投资性增值)。① 第三种是从市场的调节作用和有为政府的作用入手，认为土地增值的原因主要在于市场机制失灵或者政府作用失灵。② 从古至今，一直有经济学家对"土地增值"现象进行仔细考究，并提出了具有可解释和可操作性的土地增值分配方案，从上述研究可见，土地增值收益的产生机理主要是经济学研究的范畴。

土地增值是个动态发展的过程，其本质是土地利用强度的深化或者利用用途的转变。③ 虽然理论上，每一宗土地都有被同等利用的权利和机会，但实际上并不能完全自由地使用土地，土地开发利用的强度和用途一般都有严格的限定。土地发展权是由城市治理和规划等公共管治机制配给的一种权利，城市规划是土地发展权的配给机制。④ 规划的土地利用就会产生对土地开发权利的约束性。处在规划区内的土地优先拥有被开发利用的权利和分享土地增值收益，也必须依靠城市规划才能保障这种优先权和享受土地收益的权利。

城市规划会产生土地价值预期，但通过土地利用规划行使的国家管制权力无法分配给某块土地价值。国家管制权力不是土地价值的真正来源，它仅决定了如何限制土地的价值。⑤ 有差异的城市规划也促使对土地价值的预期产生差异。相当条件的土地价值预期存在差别的原因主要有三方面：一是宏观差异性，如区域之间城市规划的不同定位；二是中观差异性，如城市规划中土地容积率和土地性质等管理指标的差别；三是微观差异性，如地方政府公共服务投入的差别。地方政府存在差异性的城市规划区域必然引致政府建设项目在教育、医疗、基础设施等方面的投入差别，将导致不同区域的经济发展产生差异，这种差异性会直接反映在土地价值的预期之中。政府落实微观、中观和宏观层面上的规划，将这些规划资本化到实际的建设项目中是实现土地价值和土地增值预期的保障。实际的政府公共服务投入才能真正实现土地价值，没有政府公共服务投入，纵使规划再完美，也只能是"海市蜃楼"。于是，可以概括出农村集体土地发展权价值遵循的逻辑：一是集体经营性建设用地价值投入隐化逻辑，即政府规划（土地规划和城市规划等）→政府投资建设（基础设施和公共服务设

① 周诚. 论土地增值及其政策取向 [J]. 经济研究，1994（11）：50-57.

② 马贤磊，曲福田. 经济转型期土地征收增值收益形成机理及其分配 [J]. 中国土地科学，2006（5）：6.

③ 张承，彭新万. 利益共享模式下的农地发展权价值形成与分配：基于政府公共服务视角 [J]. 经济问题探索，2020（11）：73-85.

④ 何明俊. 城市规划、土地发展权与社会公平 [J]. 城市规划，2018，42（8）：9-15.

⑤ 程雪阳. 土地发展权与土地增值收益的分配 [J]. 法学研究，2014，36（5）：76-97.

施等）→公共服务供给→集体经营性建设用地发展权价值；二是集体经营性建设用地价值输出显化逻辑，即政府规划（土地规划和城市规划等）→集体经营性建设用地入市→集体经营性建设用地利用强度加深或者用途改变→集体经营性建设用地发展权价值。"投入隐化"是形成集体经营性建设用地发展权价值的物质保障，"价值输出显化"是实现集体经营性建设用地发展权价值的过程。集体经营性建设用地入市致使土地用途产生改变或者利用强度加深，从而实现农地发展权价值的价值输出。

第一节　集体经营性建设用地入市增值收益的来源

集体经营性建设用地入市增值是社会、经济和文化等因素与土地空间特征相互作用的结果，其实质是土地资本的增值，其表现是地价或者地租的增加量。根据各因素作用机理不同，促进土地发生价值变化的因素可以概括为四类：外部辐射性增值、用途性增值、投资性增值和供求性增值。集体经营性建设用地入市增值来源如图 5-1 所示。

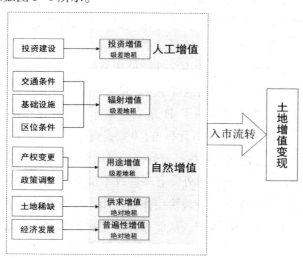

图 5-1　集体经营性建设用地入市增值来源

一、外部辐射性增值

外部辐射性增值是指某一区域以外的所有建设投资对该区域产生辐射作用

而使其土地价格增加。[1] 1998 年以来，中国经济高速发展，国内生产总值已破万亿大关，增长了 14.1 倍，巨大的发展红利推动了城市不断地扩张，多数城中村成了城市的商业区、中心区和核心区。经济发展溢出效应带动了土地价格的普遍性上涨，区位条件的变化进一步助推了土地增值。为发展乡村产业，政府出资在农村地区实施了大规模的"四通一平""五通一平"等基础设施建设。经历脱贫攻坚战和深入实施乡村振兴战略，农业农村获得了政府大量的资源投入，不仅明显地改善了农村整体的经济环境、交通环境和自然环境，还优化了集体经营性建设用地周边的公共设施和服务。[2] 政府基础设施投资行为还提升了城中村的教育资源、交通条件和医疗资源，进一步推动集体土地的价格上涨。此外，随着城乡融合和乡村旅游业的发展，乡村的资金流、物流和人口流动有了一定程度的提高。这些对产业的投资和对商品的消费虽然没有直接作用于农村集体经营性建设用地，但因规模效应、辐射效应以及结构效应等影响，集体经营性建设用地的价值也随之增值。

二、用途性增值

用途性增值表示在土地资源的供求关系和土地水平保持平稳的条件下，土地用途由低收益用途更改为高收益用途而引起的土地价值增加。一般而言，规划为工业用地的集体土地其价值要低于商服用地，规划的用途不同，导致集体土地增值收益差别巨大。土地的用途性增值涉及的范围广、增值幅度大，是现阶段我国农村集体经营性建设用地最主要、最为常见的增值模式。[3] 例如，2015 年，浙江省德清县总共入市交易了 41 宗农村集体经营性建设用地，其中有 33 宗是工业用地，平均地价为 25 万元每亩，8 宗是商业用地，平均地价为 31 万元每亩，[4] 平均每亩商业用途的集体经营性建设用地价格要比工业用途的集体经营性建设用地价格高出 6 万元。另外，有一些改革试点放宽了集体经营性建设用地入市后的用途，允许部分入市地块用作商住用地或者住宅用地，允许在原集体经营性建设用地上开发房地产，从而很好地实现了土地价值增值。广西壮族

① 周诚. 论土地增值及其政策取向 [J]. 经济研究，1994（11）：50-57.
② 穆向丽，巩前文. 城乡建设用地增减挂钩中农民宅基地增值收益形成及估算 [J]. 华中农业大学学报（社会科学版），2014（3）：110-116.
③ 张远索，周爱华，杨广林. 农村集体土地增值收益分配主体及其权利研究 [J]. 农业经济，2015（2）：104-106.
④ 房骏. 交易费用理论在集体建设用地入市分析中的拓展：基于重庆和德清的案例 [D]. 杭州：浙江大学，2016.

自治区北流市就探索了以集体经营性建设用地开发商品房的改革。①

三、投资性增值

土地的投资性增值指土地使用者对土地直接投资而引起的土地增值，它是土地使用者在占有土地使用权期间根据自己需要，通过投入物力、人力和财力等对土地或者其附着物进行改良，进而引起的土地价值的增加。② 在入市前期的土地整治开发阶段和后期的土地投资开发阶段，通过增加集体经营性建设用地上的技术、劳动力、资本等来实现集体经营性建设用地价值增值。③ 投资性增值一般表现在对地上建筑物的翻新装饰或者拆除重建。前期投入成本越大、对集体经营性建设用地的开发程度越深，入市后能获得的投资性增值就越高。

四、供求性增值

土地的供求性增值是指作为可交易的商品，土地供不应求，通过市场的价格机制表现出来的土地价格的上涨。过去 10 年，我国城市快速扩张，城镇化率不断提高，城市和城镇建设对建设用地需求快速增加，供给不断紧张，城镇化建设用地的供需矛盾加剧，土地价格持续上涨。实施"增减挂钩"机制后，村集体可将集体经营性建设用地指标投放到交易市场，通过市场交易的方式将集体经营性建设用地指标转变为城镇建设用地指标。城乡建设用地"增减挂钩"机制实现了建设用地指标在区域内合法流转，但是由于市场对指标的供应小于需求，加之交易信息进一步透明，快速地推动了指标的交易价格上涨，实现了集体经营性建设用地的供求性增值。

除上述几种划分外，关于土地入市增值，还有学者将其划分为自然增值和人工增值。自然增值指社会活动和经济发展的溢出效应给某区域及其周边地区土地带来的长期增值。集体经营性建设用地的自然增值是由供求性增值、用途性增值、外部辐射性增值等因素共同作用的结果，最终转化为增加的集体经营性建设用地的级差地租Ⅰ和绝对地租。人工增值指人类经济活动给某区域内的土地带来的短期增值。集体经营性建设用地的人工增值是指投资集体经营性建

① 黄贤金，戴垠澍. 对广西北流市农村集体经营性建设用地入市改革的思考 [J]. 南方国土资源，2018（3）：19-23.
② 赵亚莉. 集体建设用地流转增值收益及其分配研究 [D]. 南京：南京农业大学，2009.
③ 戈楚婷. 集体经营性建设用地流转价格及其影响因素研究：以江苏省宜兴市为例 [D]. 南京：南京农业大学，2018.

设用地本身带来的增值，本质上可以视为追加级差地租Ⅱ。

第二节　集体经营性建设用地入市的土地增值形成过程

从土地发展权方面来看，农村集体土地入市增值主要来源于转移和显化集体土地发展权的过程。农村集体经营性建设用地入市过程包含了土地入市审批、土地整治、土地开发和土地流转等土地发展权的实现过程。在不同的集体经营性建设用地入市阶段土地增值成因对应的土地发展权类型是不同的，如图5-2所示。

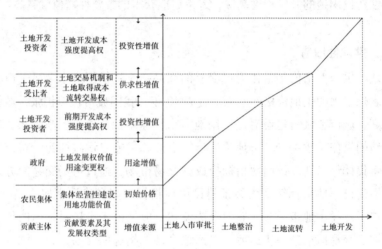

图5-2　增量农村集体经营性建设用地入市增值收益形成机理

一、土地入市审批：用途变更权与集体经营性建设用地用途性增值

在用途变更这一过程中，增量农村集体建设用地与存量农村集体建设用地两种土地入市增值收益形成的机理有所不同。由于规划的土地用途存在差异，不同的农村集体经营性建设用地能获得的增值收益也有巨大的差别。

对于新增的集体经营性建设用地，其原来用途为农用地的，由于农用地的农业租金是农用地市场价值的主要构成，所以其原来用途的市场价值明显低于集体建设用地的市场价值。当农用地转变为建设用地后，其土地价值就会大幅增加。如果农村集体经营性建设用地和农业用地都可以在相同的市场上交易的话，集体经营性建设用地的市场价格将要比农业用地的市场价格高。新增集体建设用地的第一次增值应发生在获得土地行政管理部门的审批许可后，其增值量应是农村集体建设用地生地价格与原来用途的土地价格的差额。对于存量农村集体经营性建设用地，如果允许集体经营性建设用地入市后改变土地用途，那么其价值可能会因为用途改变而增值。

除了在用途变更环节，存量农村集体经营性建设用地与增量农村集体经营性建设用地的土地增值机理有所不同之外，其他环节的土地增值是基本一致的，因此下文将不再区分"存量"集体经营性建设用地和"增量"集体经营性建设用地，而是统一把在初次入市环节的集体经营性建设用地增值收益定义成集体经营性建设用地初次入市的成交价格与原来用途的土地估值的差额。

二、土地整治和土地开发：强度提高权与集体经营性建设用地投资性增值

强度提高权是指土地使用权人通过对宗地追加技术、投入劳动力、增加投资等方式提高土地价值的权力。土地使用权人可在入市前期的土地整治阶段和后期的土地投资开发阶段实现集体经营性建设用地的强度提高权。通常前期对土地开发的投入越多，强度越大，集体经营性建设用地入市后获得的收益就越高。

三、土地流转：流转交易权与集体经营性建设用地供求性增值

农村集体经营性建设用地的流转交易权是在保留土地所有权的情况下将集体经营性建设用地的使用权以出让、转包、出租、互换等方式转给他人获得土地收益的权力。集体经营性建设用地的流转交易权可能会改变城乡建设用地的供求关系，降低建设用地需求方获取信息的成本，但是集体经营性建设用地的流转交易权能否最大化集体建设用地的增值收益，不仅取决于区域内集体经营性建设用地供给量和需求量的关系，还与集体经营性建设用地的入市方式有关。以市场化程度较高的方式——招标、拍卖、挂牌等入市，可以实现充分竞价，能带来集体经营性建设用地较大程度的增值，而由于供求关系不紧张或者是竞价不充分，以协议方式入市的集体经营性建设用地的增值可能相对较少。

第三节 集体经营性建设用地的价格及其影响因素

土地的价值通过土地的价格来反映。土地价格逐渐上涨，土地入市就能不断增值。集体经营性建设用地入市流转必然需要商定流转年限。集体经营性建

设用地入市增值也与入市方式、入市主体等因素有关。目前，常见的集体经营性建设用地入市主要有三种方式，即集体经营性建设用地使用权的作价参股、出租、转让以及出让。作价参股指通过协商将集体经营性建设用地使用权抵资入股与其他市场主体达成合作，从而形成土地使用主体与农民、农民集体利益共同体的方式。作价参股方式不仅能保障农户与集体的土地权利，有利于农村土地的可持续利用，还能够通过与社会第三方合作实现农民与土地使用者之间的利益平衡，但是作价参股形式的土地价格也往往最低；具有集体经营性建设用地使用权的农民（集体）可根据市场发展情况与供求关系，将集体经营性建设用地出租或者转让出去。出租或者转让的形式可以议价，其流转年限相对较短，价格也往往较作价参股方式高，但是出租、转让需要严格的契约制度与文本设计，对能力较弱的农村集体有较高的操作难度；出让形式的权利流转较为彻底，流转的年限最长，流转价格也最高。

我国广东、江苏、安徽等多个省市的土地入市流转管理，都将集体经营性建设用地入市增值收益方式分为土地初次入市的增值收益和土地再次入市的增值收益两种不同类型。其中，土地初次入市增值收益通常指集体经营性建设用地使用权的有偿出让，入市主体为农村集体土地所有者，签订合同并明确规定具体的出让年限。从形式上看，土地的初次入市收益是土地出让金。初次入市中的增值性收益包含了投资性增值收益、外部辐射性增值收益、用途性增值收益以及供求性增值收益。集体经营性建设用地再次入市为农村集体经营性建设用地使用权人将集体经营性建设用地使用权再转移的行为，包括转让、转租，土地的所有权仍归农村集体所有。再次入市收益的构成与初次入市相似，主要分为辐射性增值收益、投资性增值收益和供求性增值收益三个部分。

从各地的情况来看，无论是通过何种方式流转集体经营性建设用地，流转的价格通常都是由流转双方共同协商的。从价格上看，相同或者相近土地条件的集体土地总体地价水平决定了集体土地的基准地价。在具体交易过程中，基准地价和各项因素共同作用和影响集体经营性建设用地的市场价格。

目前我国集体经营性建设用地的主要用途包括用于商服和工矿仓储，其中多为工业用途。本节将以工业用途的集体经营性建设用地为研究对象，以期揭示集体经营性建设用地价格的构成，并分析其影响因素。

一、基准地价及其影响因素

国有工业用地和集体工业用地同是可用于建造构筑物或者建筑物的土地，是不以取得生物产品为目的的、利用土地承载能力或者建筑空间的采取工程手段投资开发建设的土地。因此，可以采用目前相对成熟的国有土地价格评价技术框架评估集体工业用地基准地价，并在其基础上进一步对两者的差异进行分析和修正。根据《城镇土地分等定级规程》规定的影响国有土地定级的因素和《城镇土地估价规程》规定的影响国有土地价格的因素，本节选取影响估价的区域因素包括规划限制、基础设施、污染控制、道路交通、与消费市场的位置关系、产业集聚和产业配套等因素；一般因素包括税收政策、产业结构、地区经济发展水平和土地利用规划等因素；个别因素包括与主干道路位置关系、土地使用限制、给排水通达性、电力燃气热力、地形、邻接道路等级与通达性和土地面积等，并将传统制造业用地的重要影响因素作为备选。

区位条件、开发程度和所有权属的差别，是农村集体工业用地同城市国有工业用地最主要的不同。根据现行法律法规的条文，行使农村集体经营性建设用地所有权要遵循相关约束，不能自由、随意地行使，残缺的集体经营性建设用地产权使集体经营性建设用地的使用权、担保物权及其用益物权等权利不能得到应有的保障。在行使集体经营性建设用地产权中面临的障碍，导致了集体经营性建设用地的市场价格明显低于位置相邻的国有土地的市场价格。① 同时，从形式化审查的角度来看，集体经营性建设用地是否可以抵押、是否登记确权都是影响集体经营性建设用地市场价格的因素。

农村集体经营性建设用地的周边基础设施条件和区位条件也与国有土地有着显著差别。就工业用途的集体经营性建设用地而言，农村集体经营性建设用地与城市之间的交通通达度、与城市之间的距离是最主要的区位影响因素；由于配套条件、政策因素和区位等条件的限制，集体工业用地的物业空置、土地闲置现象显著，利用效率也普遍偏低。因此，集体工业用地价格还受建筑密度、容积率、是不是标准厂房、建筑物的新旧程度等因素影响。综上所述，可以看出影响集体工业用地基准地价的主要因素有社会经济因素、区位因素、土地因素、投资因素和政策因素，具体如表5-1所示。

表5-1 集体工业用地基准地价备选影响因素

因素类型	备选因素
社会经济因素	人口密度、经济发展水平、产业结构和产业集聚水平

---

① 郭谁琼. 苏南集体经营性工业用地价格的影响因素研究：基于政府和集体主导模式的比较 ［D］. 南京：南京大学，2015.

因素类型	备选因素
区位因素	对外交通、道路通达度、路网密度、基础设施完善程度、与工业园区位置关系、与城市位置关系
土地因素	确权登记状况、宗地面积、能否抵押邻接道路等级、供水供气供热条件、距主干道距离
投资因素	是不是标准厂房、容积率、建筑密度、建筑物年份
政策因素	规划影响、污染控制政策、地方税收政策

二、交易价格及其影响因素

集体经营性建设用地入市交易过程包括土地转让人（交易主体）通过转让、出租、出让等形式将集体经营性建设用地的使用权（交易客体）有偿让渡给其他经济主体（交易主体）使用、经营、收益的过程，以及地方土地管理部门作为管理机构对集体经营性建设用地入市进行监管的过程。在这个过程中形成的农村集体经营性建设用地市场价格，除了受基准地价的影响以外，还受交易过程的相关因素影响。为了服务规模不断扩大的集体经营性建设用地交易市场，有部分地区自发组建了中介机构，这些中介机构提供交易场所（并非这些集体土地入市交易的必要条件）。此处将分析交易主体、交易客体、中介部门和管理部门等相关因素对土地交易价格的作用和影响。

一是分析交易主体对土地交易价格的影响。马歇尔在其《经济学原理》著作中提出，企业家的才能主要体现在承担经营风险，提供战略决策和整合资本、土地要素、劳动三方面，企业家生产的第四要素是合理地将资本、劳动和土地等要素协调起来并充分提高生产效率的要素。对集体经济组织而言，是否对招商企业提出效益和产业环保等方面的要求、是否对土地利用进行前期规划，体现了农村集体经济组织长远发展的战略决策能力；是否对土地追加建设投资，体现了农村集体经济组织对风险的承受能力。在集体工业用地入市过程中，农村集体经济组织需要根据所获得的信息对土地的招商类型、投资建设、入市模式等做出符合自身利益最大化的决策。

二是交易客体的影响。集体土地入市交易客体是一定年限的集体土地使用权。常用的集体工业用地使用权交易方式有出租和出让，其中出租的交易年限短，交易的频率高，而出让的交易年限长，交易频率低。套用威廉姆森的交易成本理论，集体土地交易的频率和交易的不确定性对集体土地交易的成本有决定性影响。于是，交易频率高的出租其交易成本较低，交易频率低的出让其交易成本低，但是出租方式的不确定性高，可能由此引起的交易成本就相对较高，出让方式的不确定性低，可能由此引起的交易成本就相对较低。所以就交易成本而言，不能通过理论分析得到出让（长租）和出租（短租）这两种交易形式的的对比结果。

三是管理部门的影响。由于开发利用土地必须符合城市规划和土地规划，因此法定规划是否明确了地块的用途以及确定了土地的何种用途将直接影响使用集体土地的预期。对集体土地的交易和使用，国家有关行政管理部门要履行监督管理职责。但是地方管理部门出于对成本的考虑，当监管集体土地入市所需的成本高于监管的平均收益时，可能会偏向于实行宽松监管；而当监管的成本低于监管的平均收益时，可能会偏向于实行严格监管。所以，地方政府是否将集体工业用地纳入规划范围，何种程度参与集体土地入市收益分配都体现了管理部门对集体工业用地价格的影响。

四是中介机构的影响。按照时间的维度，可认为交易成本由交易前发生的成本和交易后发生的成本两部分组成。土地交易前发生的成本主要包括用于获取交易信息的成本、买卖双方讨价还价的成本和交易决策的成本，交易后成本则包括交易行为逐渐偏离合作方向导致的不适应成本、保证成本以及交易监督成本。在现实中，辅助土地市场进行交易的中介机构能有效减少交易前获取交易信息的成本和交易决策成本；此外，公开的土地交易市场具有公开和传播交易信息的作用，统一、公开、透明的土地市场交易规则也能较大程度地减轻交易后的成本。可以看出，中介机构对集体工业用地入市的影响主要体现在节省交易成本上，因此下文将以是否建立公开、正规的中介机构作为衡量交易成本的因素。

除基准地价影响因素之外，通过以上分析，选取如下指标（见表5-2）作为影响市场价格的因素。

表5-2　集体工业用地交易价格备选影响因素

因素类型	备选因素
交易主体	决策能力和风险承受能力
交易客体	交易不确定性和交易频率
管理部门	是否纳入规划区范围和是否利益相关

因素类型	备选因素
中介机构	是否建立公开统一的中介平台

综上分析，在基准地价的基础上，因交易过程受交易成本差异、主体差异和市场差异等方面影响，导致市场成交价格存在差异。基准地价是市场成交价格的基础部分，交易发生时的其他因素对市场成交价格有重要影响。所以，集体工业性建设用地市场价格的影响因素由基准地价影响因素和交易过程影响因素共同构成。依据本节的分析，结合量化因素的可行性，并将同质性因素进行合并，得到理论上影响集体工业地价的因素如表5-3所示。

表5-3　集体工业用地价格的理论影响因素

因素分类	因素指标
社会经济因素	人口密度、地方税收政策、经济发展水平、产业集聚水平
区位交通因素	对外交通通达度、与工业园区位置关系、与城镇地区位置关系
土地本身因素	确权登记状况、能否抵押、宗地面积、邻接道路等级、地上建筑物情况、配套情况
入市交易因素	交易主体经营水平、是否有中介参与、价格形式、地方政府利益相关情况

综上分析，结合相关研究的成果，基准地价与交易价格的影响因素对集体经营性建设用地最终的市场价格的作用如表5-4所示。

表5-4　集体工业用地价格的理论影响因素类型含义、名称及预期

变量类型	变量及其变量含义	预期符号
社会经济因素	村可支配财政	+
	村人口密度	+
	村民人均纯收入	+
	村内工业集聚指数	+
	村内是否提供税收优惠政策	

变量类型	变量及其变量含义	预期符号
区位交通因素	距离最近省道车程	－
	距离镇政府车程	－
	距离最近市级以上开发区车程	－
	是否处于城市规划区以内	
土地利用因素（平均）	地上建筑物情况（有标志厂房/有旧厂房/无厂房）	
	全村工业用地确权登记率	＋
	签约周期（仅对出租）	－
	村内工业用地平均基础设施配套水平（七通一平/五通一平/三通一平）	
	村内土地能否抵押	
入市交易因素	是否由市场定价	
	是否自主定价	
	是否政府指导价格	
	是否对入驻企业提出要求	
	是否制定产业发展规划	
	政府是否参与收益分配	

本章小结

土地增值是动态发展的过程，其本质是土地利用强度的深化或者利用用途的转变。集体经营性建设用地入市增值是各种因素共同作用的结果，是农村集体土地物理空间特征与社会文化体系相互作用的结果，其实质是土地资本增值，并通过地租或地价增加量等形式表现出来。本章通过分析集体经营性建设用地入市增值收益的形成原理，指出外部辐射性增值、用途性增值、投资性增值和供求性增值是土地入市增值的主要来源。

土地发展权是出于城市治理和规划等公共管理目的，由相关城市管治机制配置的一种权利。可以将城市管治机制看作"土地发展权的配给机制"。通过城市管治机制，处在规划区（计划）内的农村集体经营性建设用地才优先拥有被开发的权利和分享土地增值收益的先决条件，这种优先权和享受土地收益先决条件也必须依靠城市规划等城市管治机制才能得以兑现。农村集体经营性建设用地发展权价值遵循"价值投入隐化逻辑，即政府规划（土地规划和城市规划等）→政府投资建设（基础设施和公共服务设施等）→公共服务供给→集体经营性建设用地发展权价值和集体经营性建设用地价值输出显化逻辑，即政府规划（土地规划和城市规划等）→集体经营性建设用地入市→集体经营性建设用地利用强度加深或者用途改变→集体经营性建设用地发展权价值"这两条基本逻辑线路。基准地价是农村集体经营性建设用地市场成交价格的基础部分，即基准地价对农村集体经营性建设用地市场价格的影响因素主要是土地本身的使用条件。交易价格作为一种市场价格，交易发生时的其他因素对市场成交价格有重要影响。

第六章

集体经营性建设用地入市增值收益分配机制改革的目标、要求及其应然状态

党的二十大强调共同富裕是中国特色社会主义的本质要求，是中国式现代化的重要特征，要在高质量发展中促进共同富裕。① 在从全面小康迈向共同富裕的新发展阶段，如何实现共同富裕成为新时代首要探讨的问题。我国农村"三块地"的改革实践已充分证明：农村集体经营性建设用地入市，能够充分发挥市场对土地资源配置的决定性作用，有利于缓解城镇建设用地紧张的状况，激活农村发展潜力，增加农村经济收入。农村集体经营性建设用地作为农村"三块地"的重要组成部分，其收益分配关系城乡土地市场能否健康有序发展。建立公平、有效的农村集体土地入市收益分配机制，既能优化土地资源配置，有利于发展生产，又能够保障财富共享，有助于推动农民逐步实现共同富裕。因此，建立和完善农村集体经营性建设用地入市收益分配机制对实现农民共同富裕具有重要意义，并且符合发展社会主义公有制的必然要求。

集体经营性建设用地入市是农村集体土地制度改革的重要举措，② 其收益分配主要涉及政府、集体和农民等多个利益主体。重构土地利用分配格局，建立和完善集体经营性建设用地入市增值收益的分配机制不仅要明确集体土地入市增值收益分配的目标和要求，还要明了其应然的状态。

---

① 张占斌. 中国式现代化的共同富裕：内涵、理论与路径 [J]. 当代世界与社会主义，2021 (6)：52-60.

② 徐永德. 集体经营性建设用地入市法律规制研究 [D]. 重庆：西南政法大学，2021.

第一节　集体经营性建设用地入市增值收益分配机制改革的目标

一、兼顾国家、集体和个人利益

从权利束的观点来看，土地发展权应属于土地所有权权利束的内容①，土地发展权是财产权，具有私权的性质。集体经营性建设用地属于农民集体所有。我国民法典规定："所有权人对自己的不动产或者动产，依法享有占有、使用、收益和处分的权利。"将集体成员和成员集体作为集体经营性建设用地最重要的收益分配主体，是对个人享有的用益物权具有使用、占有、收益权能的具体落实，更是民法典赋予集体土地所有权人的正当权利。

我国法律规定农村土地归农民集体所有，承认农民集体对农村土地享有所有权。虽然在立法上我国并未明确定义或者规定"土地发展权"，但是土地发展权是土地所有权中的应然权利，即使法律未对其做出明确规定，也不能忽视它的存在。② 政府在不支付对价的情况下也无权侵犯集体财产。③ 集体经营性建设用地使用权当然性应具有对集体经营性建设用地进行流转、利用以获取增值收益的权利，不应恶意扭曲农民集体经济组织成员和农民集体正当行使其土地权利。

根据地租理论，土地所有权本身已经产生地租，土地所有权人凭借对土地的所有权有权收取这部分地租；这种地租表现为出租一块土地而得到一定的货币额④。"农村土地属于集体所有"是我国最基本的所有制的核心内容。根据马克思的地租理论模型，我国集体土地的地租分配主体是农民集体，而不是国家。在法律上，农民集体不能直接从事具体的民事法律行为，而是由集体经济组织代表其行使经济权利。农民集体享有的收取土地使用费的权利，由代表成员集体行使所有权的集体经济组织要求土地使用权人缴纳地租。⑤ 因此，不论土地质

---

① 李谦. 中国农村宅基地增值收益分配：归正与重置 [J]. 现代经济探讨，2023（2）：105-115.

② 程雪阳. 土地发展权与土地增值收益的分配 [J]. 法学研究，2014，36（5）：76-97.

③ 张先贵. 中国语境下土地发展权内容之法理释明：立足于"新型权利"背景下的深思 [J]. 法律科学（西北政法大学学报），2019，37（1）：154-168.

④ 中共中央马克思恩格斯列宁斯大林著作编译局. 资本论：第3卷 [M]. 北京：人民出版社，2004：118.

⑤ 张先贵. 集体经济组织享有集体财产所有权的谬误与补正 [J]. 安徽师范大学学报（人文社会科学版），2021，49（3）：112-118.

量如何，农民集体经济组织作为土地所有权人在法律上有权收取一定的土地使用费，只是收取地租高低不同。

土地发展权是权利人变更不动产用途或提高其使用强度的权利，带有国家干预色彩，涉及公法关系中的规划和管制约束，具有公权力的属性。不论经济水平和政治体制有何不同，公共管理的目的在于确保公共利益的合理分配和增益，国家有权以管理或者宏观监督为目的介入私法主体的经济活动。[①] 政府的投资对各种公共基础设施起到了促进土地增值的作用，由非所有者进行的投资引发的辐射性增值和稀缺性增值被称为土地自然增值。这一部分增值通过土地发展权变更才能得以实现，即土地发展权具有公权力属性，因此，土地自然增值应由社会共享。从区域的角度看，不同区域可用于直接入市的集体经营性建设用地在数量和价值上存在差异，中央和地方政府应该收取部分土地收益调节金，以解决由于收益不平衡带来的问题。从土地增值的角度来看，投入的公共服务、建设的基础设施、区位的划分和用地的规划都是影响集体建设用地价值增加的重要因素，而且在集体经营性建设用地入市的过程中地方政府既是集体土地入市改革的推动者，又是土地交易市场的管理者，因此政府理应得到相应的收益。另外，农村集体土地直接入市应履行和国有土地入市同等的义务，承担同等的社会责任，集体经营性建设用地入市主体应向政府缴纳相关税费。面对集体经营性建设用地使用权交易的增加，国家可以以管理者的角色介入民事私法关系，即集体经营性建设用地使用权入市流转。政府通过收取土地收益调节金和税收的形式，来调节过低或者过高的集体经营性建设用地使用权出让费，以实现资源的合理配置，并促进集体经营性建设用地市场经济的平稳运行。

综上所述，表6-1可以直观表达农民集体、集体经济组织、国家以及社会不特定第三人享有的集体经营性建设用地权利。

表6-1　不同主体参与集体经营性建设用地入市收益的权利基础和权力内容

	国家	农民集体	集体经济成员	投资者
权利基础	管理权理论	地租理论	土地发展权	用益物权/债权
权力内容	征税权	集体土地所有权	集体成员资格权	土地使用权

农村集体土地增值收益分配可以平衡不同农民集体之间的利益关系和调节农民土地增值收益。国家调节农村集体土地增值收益、向集体经营性建设用地

① 李谦. 中国农村宅基地增值收益分配：归正与重置［J］. 现代经济探讨，2023（2）：105-115.

入市收益课税符合土地资源的公共性和社会性特点。① 若全部土地增值收益归农民或农民集体，将导致农村被割裂成两个阶层，一个是食利的近郊农民，另一个是无法获得土地增值收益的远郊农民，远郊农民既不能获得集体土地直接入市带来的收益也无法分享城市发展成果。而若将土地增值收益全部上交国家，则是对农民财产权利的一种掠夺和无视，故两端皆不可取。根据"增值贡献来源于谁，增值收益便归属于谁"的逻辑划分土地增值收益分配，因基础建设外部性带来的增值辐射和因土地用途变更产生的用途增值应由社会共享，但因城中村土地稀缺性产生的供求增值和投资建设而产生的投资增值是无需归公的。所以，在尊重土地产权的基础上，土地入市增值收益分配要注重社会性和公共性。地方政府通过提取集体土地入市增值收益，可筹集承担地方公共服务、基础设施建设所需资金；地方政府调节集体土地入市增值收益，平衡不同群体利益；农村农民集体与农民分享增值收益而获得财产性收入。兼顾国家、集体和农民个人利益，要求必须要有集体成员和成员集体参与土地增值收益分配，他们都能获得相应增值收益。②

近年来，我国不断完善农村集体土地管理制度，在建立健全土地增值收益在社会和不同土地权利主体之间的分享方面取得了一定成效。一是在法律法规层面，提高土地征收补偿标准，并在一定范围内允许农村集体经营性建设用地直接入市，为农民集体分享土地增值收益提供了遵循；二是在实践中，地方政府探索出不少统筹区域农村集体经营性建设用地入市收益分配的做法，进一步推动了不同农村集体之间共享土地增值收益的机制建设。在增值分配中，考虑到各方利益和非公共利益是农村集体土地改革成功的前提。

二、合理、可持续增加农民收入

当前国家已经明确了走城市支持农村、工业反哺农业的发展路线，为推动新型城镇化和向农业人口市民化提供资金，农村集体土地直接入市的增值收益分配应更加关注农民群众的利益、保证集体土地收益确实用于发展农业、改善农村设施和提高农民收入。集体经营性建设用地入市改革坚持集体所有权不改变，其本质就是要为农民提供生成保障。保障农民集体能分享到集体经营性建

---

① 邓宏乾. 土地增值收益分配机制：创新与改革 [J]. 华中师范大学学报（人文社会科学版），2008（5）：42-49.

② 肖新喜. 集体土地社会保障功能的私法实现研究 [D]. 武汉：中南财经政法大学，2018.

设用地入市收益就是体现农村土地集体所有权的要求。农民集体要能为集体成员提供生成保障，获得集体土地增值收益无疑是农民集体的重要收入来源。在兼顾国家、集体和农民个人利益的同时，要合理提高个人收益。

第二节　集体经营性建设用地入市增值收益分配机制改革的要求

一是要明晰土地产权，建立和完善农村集体经营性建设用地入市机制。明晰的土地产权是土地要素市场化改革的最基本要求，明确的土地产权和入市主体构建了土地交易市场机制的基础;① 完善的市场机制、合理的入市范围和入市主体的积极性共同组成了提高农村集体土地入市增值收益的重要条件。入市主体应当对入市的集体经营性建设用地拥有明确的产权权属，明晰的土地产权可以激发市场参与者积极参与该领域改革的意愿。明确土地产权有助于降低市场主体识别成本、减少入市风险和交易成本，并提高投资热情。在合理分配收益的基础上，通过获得土地增值收益来提高市场参与者的积极性是一种重要方式，完善的市场机制能够增强和保护他们的积极性。在理想的状态下，由土地入市的主体、土地的产权、土地入市的范围以及土地入市增值收益分配共同构成的土地入市市场机制如图 6-1 所示。

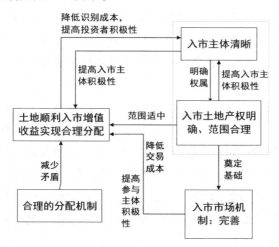

图 6-1　农村集体经营性建设用地入市机制

---

① 吴晓敏. 集体经营性建设用地入市流转收益分配制度研究［D］. 重庆：西南政法大学，2018.

农村集体经营性建设用地入市改革需要明确土地收益的主体和分配关系，应构建适合我国国情，兼顾国家、集体和农民利益的土地收益分配制度。同时，还需建立完善配套措施，确保土地增值收益在国家与集体之间公平分配，并规范农民集体内部的土地收益分配关系，因地制宜合理设置土地增值收益的分配比例，以防止少数人非法处置或侵占集体经营性建设用地入市所得。

二是要正确处理国有土地出让与集体经营性建设用地入市两者的关系。逐步打通"国有土地一级交易市场"和"集体经营性建设用地二级交易市场"两个市场，实现国有土地和集体经营性建设用地这两类属性的建设用地"同地、同权、同价"是统筹建设集体经营性建设用地二级交易市场的目标定位。在土地规划许可方面，国有建设用地和集体建设用地存在差距，使得两者在入市基本条件和入市规模上存在不同。从运行现状来看，由于国有土地和集体土地权利归属的差距，"国有土地一级交易市场"和"集体经营性建设用地二级交易市场"对这两类土地的处置权限和使用权能存在差异。于是，要统筹城乡土地市场发展，打破政府垄断，建立自由竞争的国有和集体建设用地市场，有利于土地市场长远发展。由于集体经营性建设用地入市规模小，除"招拍挂"等常用的方式外，集体经营性建设用地还可以采取协议出让、租赁等方式，相对国有建设用地入市而言其入市方式灵活、入市成本较低，特别适用于满足小微企业的用地需求，能起到对国有建设用地供地市场进行补偿的作用。

三是要维护集体经济组织的经营权利和决策权，保留集体土地的性质。集体经营性建设用地入市改革的初衷是要在保留集体建设用地所有权属性不变的前提下，通过改革允许和助推集体经营性建设用地的使用权市场交易。维护集体经济组织的经营权利和决策权、保留集体土地的性质，对促进农村经济发展、稳定农村社会具有重要意义。这样的制度设计对当前城乡一体化发展有三方面好处：第一，能为小微企业、入乡和返乡创业者等土地需要者提供一个获得土地的通道；保留集体所有权也能为国家调控农村集体经营性建设用地入市规模提供条件。第二，让农民分享到更多的土地改革红利，有利于保护农民（集体）的经济权益，维护农村的发展和稳定。第三，与农村整体发展相协调地利用农村集体经营性建设用地，有利于保护农业，也有助于维护具有乡村文化特质的农村风貌。

四是要深化集体产权与农村土地制度改革。实施乡村振兴战略，要求深化集体产权与农村土地制度改革，着力解决农村发展不充分不平衡矛盾。农村发展的不平衡矛盾主要表现在距离城市远近不同的农村呈现出不同的发展面貌，离城市较远的农村经济水平低，建设用地价值也低；靠近城市的农村经济发展好，建设用地价值高。观察我国农村的现状，农村发展的不足之处还表现在未能充分释放农村潜力，特别是尚未完全体现集体经营性建设用地的价值。农村集体经营性建设用地多是零星分散的地块，难以形成规模。为了实现集体经营性建设用地入市与国有土地出让的优势互补，保持两者之间的差异，最佳选择应该是以村集体为主导的模式。在具备条件的地区，可以逐步缩小这两种模式之间的差距，并使它们形成竞争关系，此时乡/镇级政府主导模式是最佳选择。需要根据城乡规划或乡村规划进行协调和统一，并加强有效约束或控制。对于选择哪种模式来实现集体经营性建设用地入市，则应根据具体情况灵活处理。无论是选择乡/镇级政府主导模式还是选择村集体主导模式，都对统一城乡土地市场、改革城乡建设用地交易制度以及推动乡村振兴具有重要意义和现实价值。

第三节 集体经营性建设用地入市增值收益分配的原则

在我国实行社会主义公有制的背景下，土地所呈现的权利形态主要包括所有权、承包权、占有权、处置权、使用权和收益权等多种形态。对于农村集体土地入市增值收益的归属问题，主要涉及土地管理权限和土地财产权限的公私配比。集体经营性建设用地入市后，其土地入市收益分配应实现利益均衡，应当遵循以下一般原则。

一、市场导向原则、公平分配准则

鉴于现有的集体土地入市收益分配机制存在一些限制，难以准确评估不同主体对土地增值收益的贡献。因此，应该引入市场机制，并通过市场谈判来确定不同市场参与者之间增值归属的比例。这种做法的原理是，在政府监督下，由第三方评估土地增值总价值后，村集体和各开发市场参与者进行谈判协商，直到达成共识为止。

通过建立一种工作机制，即吸引社会多方参与、让市场主体与农户自主协商，以市场化手段推动农村集体经营性建设用地的有效利用，充分发挥市场在其中的主导作用。在市场谈判机制中，政府主要起到监督和外部支持的作用。农村集体经营性建设用地入市流转工作交由农村集体经济组织主导。农村集体可以通过第三方评估来确定本村集体经营性建设用地的增值总价值，并与不同开发主体进行谈判，协商内部收益分配。同时，农村集体还负责协调村民利益和进行拆迁动员宣传工作。

二、合理分配准则、可持续分配原则

若农民获得过高的收益分配，将强化"土地私有"观念，可能导致出现食利阶层，加剧社会发展不平衡，不利于社会公平；若农民获得的土地入市收益少，可能会导致他们对此缺乏积极性，从而不利于推进农村土地制度改革。[①] 只有当农民个体的土地收益分配达到平衡点时，才能维护社会公平，保障其基本权利，并使他们愿意承担由此带来的成本。同时也要注意到，如果政府的收益过高，可能会出现"权力经济"。由于地方政府既是参与者又是裁决者，这可能导致地方政府有关部门在土地规划或审批中倾向于选择对自身有利的方案，从而不顾农业生产和居民生活空间，扩大集体土地入市范围并减少耕地面积，进而对粮食安全造成影响。若政府获益过少，会打击地方政府投资农村公益性基础设施的热情，不利于农村经济的长远发展，导致缺乏推动农村集体经营性建设用地入市的动力，地方政府难以在农村土地制度改革过程中持续发挥积极的引导作用。农村集体经营性建设用地进入市场也可能对政府长期形成的"土地财政"产生不利影响，导致政府收益减少甚至出现急剧下降，从而阻碍社会经济的发展。因此，在分配集体经营性建设用地入市收益时，应该探索建立长期有效的集体资产分配机制。

对我国大部分地区而言，尤其是东部沿海地区，农村集体经济组织已积累了相当数量的资产，并且一些农村集体还拥有一定规模的经营性财产。如何实现集体收益的长效分配是集体经济组织应当优先思考的问题。如果将农村集体经营性建设用地入市收益主要用于发展农村集体经济恐怕会面临风险。因此，建议将集体经营性建设用地入市收益首先用于满足集体组织成员的基本社会保障需求，如购买医疗保险或养老保险等，然后再将剩余收益用于促进和扩大集体经济的发展。通过为农民提供基本社会保障，解决他们的后顾之忧，推动集体经济组织实现更大规模的增长。农民可以依靠所持有的股权分享更多由集体经济组织带来的利润。可以预见，这种改变将极大地提高农村生活水平和农民生活质量。

集体经营性建设用地收益分配应坚持可持续分配原则，将集体经营性建设用地的收益长效化。从给农民生活多增加一重保障的角度出发，要提高集体经营性建设用地收益分配比例，改善农民的生活水平，还要平衡政府在各项农村

---

① 高飞. 集体土地征收法制改革研究：法理反思与制度重构 [M]. 北京：中国政法大学出版社，2019：78.

土地制度改革中的收益，实现联动推进农村土地制度改革。

三、集体土地入市增值收益分配区分初次入市与再次入市

农村集体经营性建设用地入市收益分配分为初次入市分配和再次入市分配两种类型。①

农村集体经营性建设用地初次入市与再次入市流转的土地增值具有不同的本质内涵。农村集体经营性建设用地初次入市收益分配主要是分享土地发展权价值，② 属于国民收入的首次分配；而再次流转收益分配是分享土地市场供求和城市发展带来的增值，③ 不涉及发展权价值。在村民委员会或者农村集体经济组织将集体经营性建设用地首次引入市场时，应依法保障集体经营性建设用地有序入市，以确保农民和农民集体能够获得相应的收益，并调控不同群体之间收益分配不平衡的状态。在将集体经营性建设用地再转让环节，参与市场交易的主体包括持有集体经营性建设用地使用权的人和其他市场参与者，在此阶段应通过税收等经济手段进行宏观调控，以维护土地交易市场秩序、调节土地增值收益，并遏制炒买炒卖行为和房地产投机行为。在一些试点中，不同的入市流转环节可以采取不同的调控方式。例如，在安徽④和苏州⑤，规定在集体建设用地初次入市时，要按照成交价格的一定比例上缴地方政府，而在集体建设用地再次流转时，要以增值额为基数实行超率计算方式上缴地方政府。农村集体建设用地在初次入市和再转让环节中的分配，虽然都以产权和市场为基础，但由于两个环节的法权关系、参与主体和国家调控目标不同，政府通过税收等方式参与二次分配的具体方法也存在差异，并且需要根据具体情况来设置相应的税种和税率。

① 石小石，白中科．集体经营性建设用地入市收益分配研究［J］．中国土地，2016（1）：28-30.

② 姜广辉，张凤荣，师宏亚．盘活存量集体建设用地的政策思考与措施设计［J］．农村经济，2003（11）：24-26.

③ 郑和园，黄金龙．集体经营性建设用地入市中地方政府的角色定位：以农民权益保护为视角［J］．河南科技大学学报（社会科学版），2016，34（4）：99-103.

④ 安徽省人民政府关于印发《安徽省集体建设用地有偿使用和使用权流转试行办法》的通知［EB/OL］．安徽省人民政府网站，2002-12-27.

⑤ 苏州市人民政府．苏州市农村集体存量建设用地使用权流转管理暂行办法：苏府［1996］87号［EB/OL］．苏州市自然资源与规划局网站，2019-05-31.

四、国家管制与村民自治相结合的原则

集体土地所有权不同于一般的私权利，它是反映集体公有利益的私权利。集体所有权领域的制度构建应该遵循较高水平的国家监管，不能完全依赖于集体自治来处理相关事务，而是必须接受国家的干预。[①] 国家对集体经营性建设用地入市增值收益分配的管制包括两方面：一是管制的强度，二是管制的范围。在管制的强度上，应该明确管理型管制规定和效率型管制规定各自适用的范围。效率型管制规定应该对涉及维护集体所有权的事项进行规范，即对危害集体所有权的收益分配问题，不应发生集体所欲追求的法律后果，也不应由集体意愿自治；而管制范围应包括集体经营性建设用地入市的决策环节、入市后集体经营性建设用地增值收益在成员和集体之间的分配环节、集体经营性建设用地增值收益分配环节、留归集体的收益使用及其监督管理环节。在当前农村集体经济组织制度尚未完善、成员权益实现机制不健全的背景下，在农民集体与成员之间分配土地增值收益可以采用"国家管制"+"村民自治"的模式，这种模式需要通过立法来规定提留金的主要用途和集体留存比例，并同时设定法律程序以赋予成员自治空间。具体而言，在国家立法方面，应该规定集体提留的最低比例，并且具体比例应该由集体决议来确定，明确规定集体提留收益的用途是为了向村民提供社会保障和公共服务，[②] 并应规定集体决议土地增值收益分配的程序。

集体经营性建设用地入市增值收益内部分配应充分尊重农民集体意愿的自治权。根据民法私权属性的观点，集体所有权可视为一种私法财产权。在私法财产权制度中，遵循意愿自治原则具有主导或支配地位，国家立法不宜过多干预私法财产权，而应根据当事人的意思完成私人财产权的行使、变动自治。

应当由本集体成员按照民主程序共同决定。从权属关系上说，集体经营性建设用地收益应该归农村组织成员共有，即集体经济组织所有。因此，集体经营性建设用地收益分配应当按照"村民自治——村民群众依法办理自己的事情"的原则。村民自治是推动农村基层民主发展，促进农村社会主义精神文明建设的必要措施，同时也是农民应享有的一项基本权利。坚持以村民自治为原则，由农民集体来确定个体成员可以分得多少农村集体经济收益份额，能够有效维

---

① 韩松. 农民集体土地所有权的权能 [J]. 法学研究，2014，36（6）：63-79.

② 唐欣瑜，梁亚荣. 我国农民集体土地收益分配权制度研究 [J]. 农村经济，2014（6）：36-40.

护农民切身利益，较大限度地保障农民权益。

第四节　集体经营性建设用地入市收益分配促进农民共同富裕的应然状态

在分配集体土地入市收益过程中，不同利益诉求的市场主体之间会出现关系困局。由于地方政府过度依赖"土地财政"，在集体经营性建设用地入市后地方政府希望获取更多收益，甚至排斥集体经营性建设用地入市。而如果集体经济组织管理收益分配不当，则可能导致集体资产流失，损害农民利益；此外，农民也强烈希望直接分享土地收益，这给集体收益管理带来了压力和障碍。这三者之间的关系困局只有通过利益共享、均衡的分配机制才能得以缓和或者解决。对我国农村集体建设用地入市增值收益分配机制改革而言，要根据增值收益来源，选择适当的分享模式，并且确保该机制具有动态适应性以适应制度环境变化。在集体经营性建设用地入市收益分配中所提的利益均衡，并非固定不变的绝对平衡，而是强调动态优化的相对平衡，它并非追求平均主义，而是注重公正和公平，在利益相容和利益共存的前提下不断优化的分配比例，不断调整收益分配主体间相互冲突的利益关系，最终实现可持续、共享的利益均衡的收益分配机制。集体经营性建设用地入市后，收益分配促进共同富裕的应然状态如图6-2所示。

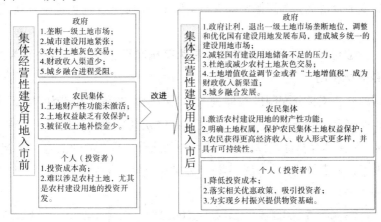

图6-2　集体经营性建设用地入市后收益分配促进共同富裕的应然状态

一、农民的合法权益得到充分保障，激活集体土地的财产性功能

一是应加快农村土地确权的进程，通过土地确权颁证使农民和集体的土地权益得到保障，尽可能地保护农民（集体）的土地产权不受侵犯；二是应进一步完善农村土地权能，通过农村集体经营性建设用地入市改革，农村集体建设用地同国有建设用地拥有相同的土地权能，激活农村集体经营性建设用地的财产功能；三是应通过集体经营性建设用地入市收益分配机制改革刺激农村土地资源的潜能，提升土地的使用效率，农民集体所获得的收入比土地征收更为可观，且呈现可持续、多样化的特点，从而可以改善农村的生活水平。①

二、建立起"以国有土地出让为主，集体建设用地入市为辅"的城乡统一的建设用地市场

政府应让利，积极推动农村集体经营性建设用地入市，通过引入市场竞争机制，积极构建城乡统一的土地市场交易平台，促进农村土地畅通流转。地方政府应利用农村集体经营性建设用地入市转变财政收入模式，使集体土地入市增值收益调节金或者税收成为政府财政收入的新渠道，缓解政府财政压力，逐渐摆脱对"土地财政"的依赖。

将农村建设用地与国有建设用地一同投放市场，以减轻城市建设用地供应的压力。同时，地方政府应调整国有建设用地的发展规划和布局，优化其利用方式。建成城乡统一的建设用地市场，促进城市和农村资源的双向流动，进一步推动城乡融合发展，为逐渐消除农村集体土地的灰色交易创造了有利条件。

三、建立起"首次分配以产权交易为基础和再分配以社会公平为主"的土地收益分配机制

我国的社会主义分配制度在促进效率、鼓励先进和激发活力方面具有积极作用，也能够有效防止两极分化，能使人民群众共享改革发展成果，逐步实现共同富裕。② 集体经营性建设用地入市收益初次分配旨在激励土地、资金、人力等生产要素投入农村建设，提高农村产业的生产效率和农民收入。集体经营性

---

① 王海英，屈宝香．基于定性比较分析（QCA）方法的村级集经济发展影响因素分析[J]．中国农业资源与区划，2018，39（9）：205-213．

② 葛扬．分配制度完善中实现共同富裕的社会主义现代化[J]．理论与现代化，2021（6）：30-34．

建设用地入市收益初次分配受生产要素价格和市场供求等诸多因素影响，要遵循市场规律，依据生产要素的贡献程度通过市场机制进行调节。在初次分配基础上，集体经营性建设用地入市收益再分配受政府政策、法律法规等因素影响，其主体是政府。政府应通过土地收益调节金、税收、转移支付、社保等手段对集体经营性建设用地入市收益进行调整，侧重于缩小收入差距，实现社会公平。

针对农村集体土地的特点，要坚持首次分配以产权交易为基础、再分配以社会公平为主，不断完善农村集体经营性建设用地入市收益分配的相关制度和政策，建立"兼顾国家、集体和个人利益，合理提高农民个人收益"的集体经营性建设用地入市收益分配机制，合理调节城乡、区域、不同群体间的分配关系，尽可能地做到公平，缩小不同农村集体的收入差距。

四、农村土地交易成本降低，为实现乡村振兴提供物质支持

为社会第三方投资者投资农村土地实现农村和投资者双赢创造良好局面。集体经营性建设用地入市改革为投资者获得农村集体建设用地使用权提供了机会，进一步激发了社会在农村进行投资的热情。一是应积极推动乡村振兴战略，落实发展建设农村的优惠政策，以提高社会对农村投资的热情。二是通过农村"三块地"管理制度改革有效降低农村集体经营性建设用地市场的交易成本，减轻投资者的资金压力。三是规范农村集体经营性建设用地入市流转程序，增强集体经营性建设用地入市政策的可操作性。

优化农村集体经营性建设用地入市改革，以促进农民（集体）、投资者和政府之间的利益关系：一是激活农村集体经营性建设用地的财产功能，保护集体和农民的土地权益，提高农民的财产性收入；二是出台政策优惠和进一步规范集体土地入市程序，降低投资者进入农村土地市场的交易成本，使其能获得可观收益；三是政府让利，退出一级土地市场的垄断地位，通过收取集体经营性建设用地入市增值收益调节金来满足财政需求，提高国有建设用地的利用和发展弹性，摆脱对"土地财政"的路径依赖。

推进集体经营性建设用地入市改革向深向好发展，要顺应时代要求，以习近平新时代中国特色社会主义思想为指导，贯彻落实党中央关于土地制度改革的决策部署，不断深化土地制度改革。要树立改革底线思维，保障农民权益不受损，促进农业农村发展，助力实现乡村振兴，提升广大农民的幸福感、获得感；要完善产权制度明晰各利益主体，避免因"主体虚化"造成权属混乱、利益分配失衡等引起的新的社会矛盾；要构建科学的收益分配格局，坚持土地公

有性质不动摇，因地制宜地设置收益分配比例，防范"入市"变形变样，积极引导村集体发挥主导作用，发展壮大集体经济，打造集体经济新的增长极，理性选择流转方式，增加农户可持续收益，实现代内公平和代际公平。

本章小结

本章简要分析了集体经营性建设用地入市增值收益分配机制改革的目标，阐述了建立和完善农村集体经营性建设用地入市收益分配机制的原因及其重要性，强调"兼顾国家、集体和个人利益，合理、可持续增加农民收入"对实现农民共同富裕具有重要意义，也是发展社会主义公有制的应有之义。

从共同富裕的视角凝练和总结集体经营性建设用地入市增值收益分配改革的要求，指出集体经营性建设用地入市增值收益分配机制改革要求明晰土地产权；建立和完善农村集体经营性建设用地入市机制，要理顺土地收益主体和土地收益分配之间的关系，要构建适合我国国情的且兼顾国家、集体和农民的土地增值收益分配体系；建立健全农村集体土地增值收益在国家与集体之间分配的相关制度和集体经济组织内部的分配办法，要因地制宜设置合理的农村集体经营性建设用地入市增值收益的分配比例，规范农民集体土地收益的内部分配关系，防止集体经济组织内部少数人非法处置、侵占集体经营性建设用地入市收益，要正确处理国有土地出让与集体经营性建设用地入市两者的关系，要维护集体经济组织的经营权利和决策权、保留集体土地的性质，要深化集体产权与农村土地制度改革，着力解决农村发展不充分不平衡问题。

在我国实行社会主义公有制的背景下，土地权利包括所有权、占有权、承包权、处置权、使用权、收益权等多种权利。本章阐述了集体经营性建设用地收益分配应当遵循"坚持市场导向原则，公平分配准则""合理分配准则，可持续分配原则""区分初次入市与再次入市的土地增值收益分配""国家管制与村民自治相结合的原则"等一般原则的内涵及其原因。

我国农村集体建设用地入市增值收益分配机制改革要能够适应制度环境的变化，应该具有动态适应性。集体经营性建设用地入市收益分配不仅要强调利益均衡，也要强调社会公平，要在利益相容和利益共存的前提下不断优化分配比例，不断调整收益分配主体间相互冲突的利益关系，最终实现可持续、共享的利益均衡的收益分配机制。本章提出集体经营性建设用地入市后农民的合法权益要想得到充分保障，激活集体土地的财产性功能，就要建立起"以国有土地出让为主，集体建设用地入市为辅"的城乡统一的建设用地市场，也要建立起"首次分配以产权交易为基础和再分配以社会公平为主"的土地收益分配机制，还要降低农村土地交易成本，为实现乡村振兴提供物质支持。

第七章

集体经营性建设用地入市及其收益分配的现实基础

第一节　集体经营性建设用地及其用途管制

按照我国《中华人民共和国宪法》第十条的规定，城市郊区和农村的土地所有权归农民集体所有，包括宅基地所有权和自留山所有权、自留地所有权等土地所有权，由法律规定属于国家所有的除外。允许土地使用权依法转让。一切使用土地的个人和组织必须按照土地规划和土地用途管制的要求合理地利用土地。

自然形成的土地，是矿藏、水文、植被等多种要素的综合体，包括地上和地下其他类型的附属物，具有四个突出特点：一是地理空间的位置固定，不能移动，要求人类科学地规划土地。二是土地的面积有限，不可再生，要求人们必须珍惜和集约使用土地。三是质量差异特征。由于土地的形成条件和生产投入不同、气候变化等因素导致土地在土地质量上存在巨大的差异。土地的差异性要求人们合理地开发或者利用土地。四是土地在合理利用与保护的基础上，可以反复使用。

土地的地位与其他可无限制地生产的生产资料的地位是不同的，它不能移动、不可再生且稀缺，人类活动不能也不应随欲减少或增加土地。[1] 土地与普通商品之间存在以下区别：一是土地具有可持续利用的特征，而普通商品不具有可持续利用的特征。土地利用应避免掠夺性开发，须符合土地永续利用这一根本目的。二是是否会因用途改变导致价值增加。土地会因规划的用途改变而发生变化，如农业用途的土地改为建设用途的土地变得更加值钱，但是普通商品

---

① 马歇尔. 经济学原理［M］. 朱志泰，陈良璧，译. 北京：商务印书馆，2019：220.

无论转移到谁的手里，它的性质和用途都没有改变。而且同样区位的土地，会因规划用途不同价值而区别很大。① 三是是否具有外部性。开发利用土地产生正的或负的外部性，会给周边土地或者商业发展带去辐射效应，② 但是普通商品的交易不具有外部性。供不应求会给普通商品带来增值，但是这种影响往往只是暂时的，其原因是普通商品的供应没有像供应土地资源那样有总量的控制或者限制；普通商品也不存在接受外部辐射而增值的问题。

土地流转与其他商品交易不同，不能简单地通过自由市场谈判来决定土地交易，将普通商品的交易规则应用于土地流转是从根本上混淆普通商品和土地。大白菜、电脑等普通商品的价格因供求关系而涨跌，尽管也受"社会因素"影响而产生反应，但与土地受社会繁荣、经济发展而潜在增值是完全不可相提并论的。简而言之，前者仅仅取决于短期供求，后者则取决于长期、持续积累。此外，大白菜、电脑等普通商品的产权，仅仅归属于其直接所有者，而土地功能的社会性则使得其产权不可能仅仅涉及其直接所有者。

土地利用与人文环境和生态环境等因素息息相关，土地的价值往往是由它与中心市场的距离决定的，而不是由土地的肥力决定。③ 说到底，土地利用的黄金定律是位置，土地的价值就是其所处区位公共服务的投影。④ 由于土地利用具有交叉外部性、土地资源具有不可移动性、不可再生性和有稀缺性等特点，因此土地利用需要符合规划管理和用途管制。⑤

一、集体经营性建设用地的内涵与分布

（一）集体经营性建设用地的内涵

按现行土地管理法的规定，集体经营性建设用地是指在农村具有生产经营性质的集体建设用地。⑥ 对集体经营性建设用地所包含的范围的解读有三种主要的观点。⑦ 一是从历史的角度出发，认为农村集体经营性建设用地仅指1980年

---

① 杨庆媛. 土地经济学 [M]. 北京：科学出版社，2018：270.
② 张远超，董长瑞. 微观经济学 [M]. 济南：山东人民出版社，2001：374.
③ 杨庆媛. 土地经济学 [M]. 北京：科学出版社，2018：270.
④ 赵燕菁. 土地财政：历史、逻辑与抉择 [J]. 城市发展研究，2014，21（1）：1.
⑤ 崔文星. 权力抑或权利：中国土地开发权性质辨析 [J]. 广东社会科学，2020（4）：243-253.
⑥ 周应恒，刘余. 集体经营性建设用地入市实态：由农村改革试验区例证 [J]. 改革，2018（2）：54-63.
⑦ 董秀茹，薄乐，赫静文. 农村集体经营性建设用地流转收益分配研究：基于分配主体利益诉求及博弈理论 [J]. 国土资源科技管理，2016，33（3）：80-85.

至 1990 年批准用于兴办村办企业和乡镇企业的企业建设用地之和。二是利用排除法，将农村集体经营性建设用地定义成农村集体土地中除了宅基地、公共利益建设用地、农业用地以及未利用地以外的土地。三是从经营性建设用地的内涵出发，将当前农村正在经营的集体建设用地都看作农村集体经营性建设用地。

目前，中央文件将集体土地入市的范围限于集体经营性建设用地，多数农村改革试验区基本遵从"农村集体经营性建设用地主要指农村集体建设用地中的商服用地和工矿仓储用地"的概念，但部分改革试验区通过重新解释农村集体经营性建设用地的定义拓展了农村集体经营性建设用地的范围。

（二）集体经营性建设用地的分布

据国土资源部数据显示，我国城乡建设用地总量为 3.41 亿亩，其中集体建设用地 2.84 亿亩，城镇建成区 5700 万亩，集体建设用地是城市建设用地的 5 倍，农村人均占用建设用地是城市人均数量的 3.8 倍;[1] 农村集体经营性建设用地约仅占集体建设用地的 10%，在中西部比较偏远的农村可能低于 5%。[2] 我国集体经营性建设用地空间分布差异很大，建设用地差异化分布是城乡建设用地的主要问题。

中西部欠发达地区和东南沿海发达地区之间的集体经营性建设用地在面积和价值上差别巨大。根据公开资料，黑龙江省安达市可入市的集体经营性建设用地面积仅 1000 亩，而广东省佛山市南海区的集体经营性建设用地面积高达 250000 亩，两者相差数十倍，还有其他试点的集体经营性建设用地面积也各不相同，如上海市松江区近 4.5 万亩、北京市大兴区近 8 万亩、贵州省湄潭县 1500 亩、甘肃省陇西县 2600 亩和四川省郫都区 5500 亩。[3]

二、土地总体规划与土地用途管制

土地规划管理和用途管制是为了合理布局土地的开发利用，协调个人、集体和国家之间的土地利用关系，统筹长期利益与短期利益的关系，促进我国经

---

① 陆剑. 集体经营性建设用地入市的实证解析与立法回应 [J]. 法商研究，2015，32（3）：16-25.

② 严金明，李储，夏方舟. 深化土地要素市场化改革的战略思考 [J]. 改革，2020（10）：19-32.

③ 贺雪峰. 地权的逻辑：中国农村土地制度向何处去 [M]. 北京：中国政法大学出版社，2010.

济社会的高质量发展。① 目前，大多数的国家都已经采用了土地管制手段，其主要目的可概况如下：一是有序调控土地的开发利用，确保公共设施服务水平；二是控制不当利用土地。三是发挥土地效益，降低公共服务成本，节省政府财政支出。② 土地用途管制制度是由一系列规范和具有法律效力的制度组成的，被世界上土地管理较为完善的国家广泛采用。③ 为保证对土地资源的合理利用和优化配置，国家新土地管理法明确规定实施土地总体规划和土地用途管制，要求所有土地所有者和使用者严格遵照规划所确定的土地用途和条件开发使用土地。新土地管理法第六十三条指出，已经编制国土空间规划的农村集体经营性建设用地入市需要符合国土空间规划确定的经营性用途；未编制国土空间规划的集体经营性建设用地入市须符合土地利用总体规划和城乡规划确定的经营性用途。④

改革开放以来，我国发展土地用途管制制度经过了如下四阶段：第一个阶段是制度萌芽阶段。1981年国家开始提出保护耕地，1987年编制完成了《全国土地利用总体规划纲要》，1998年修订《中华人民共和国土地管理法》，并将土地分为建设用地、农用地和未利用地三大类，⑤ 确立了以耕地保护为核心的土地用途管制制度；严格限制农用地转为建设用地，控制建设用地总量；建立起了分区管制与指标控制相结合、自上而下逐级控制的土地管理体系。⑥ 第二个阶段是制度成长完善阶段。2004年国家通过修正《中华人民共和国土地管理法》明确了农业用地转为经营性用地的公共利益价值取向。之后，国家停止征收农业税，提出要建立永久基本农田保护机制，明确要求要守住耕地面积18亿亩，逐步构建和完善了建设用地和农用地两种不同的土地管制方式。⑦ 到2010年国务院印发了《全国主体功能区规划》，进一步完善了全国主体功能区规划与土地利

① 崔文星. 土地开发增值收益分配制度的法理基础 [J]. 政治与法律，2021 (4)：122-134.
② 杜岩. 我国土地用途管制法制研究 [D]. 青岛：中国海洋大学，2008.
③ 牛彦军. 城市化过程中土地可持续利用研究——以安阳市城市化发展为例 [D]. 北京：中国地质大学，2008.
④ 袁震. 集体经营性建设用地入市法律规则释评：《土地管理法》第63条第1款、第2款评注 [J]. 河北法学，2023，41 (2)：26.
⑤ 自然资源部. 节约集约利用土地 推动土地利用方式根本转变 [EB/OL]. 中华人民共和国自然资源部网站，2015-06-05.
⑥ 黄建水，黄鹏. 农村经营性建设用地入市的人大授权试点问题研究 [J]. 河南工业大学学报（社会科学版），2015，11 (4)：32-38.
⑦ 程遥，赵民. 国土空间规划用地分类标准体系建构探讨：分区分类结构与应用逻辑 [J]. 城市规划学刊，2021 (4)：51-57.

用总体规划编制规程体系。① 这一阶段严格控制建设占用农用地用途管制，强调耕地质量管理，开始提倡经济社会与生态环境协调发展、城市与农村均衡发展。第三个阶段是改革启动阶段。随着空间治理理念发生深刻变化，2014 年，国家四部委启动了"多规合一"试点工作；2015 年，对山、水、林、田、湖、草生命共同体开展综合治理；2017 年，国家启动了省级空间规划试点，围绕提升空间治理效率，探索建立空间规划体系。② 第四个阶段是全面构建和实施国土空间用途管制阶段。2018 年国家相继发布了《国土空间调查、规划、用途管制用地用海分类指南（试行）》《市级国土空间总体规划编制指南（试行）》《市县国土空间规划分区与用途分类指南（试行）》等标准规范，建立了"五级三类四体系"的国土空间规划体系，明确了"市级以上人民政府负责宏观战略指引，市县级人民政府负责分区功能引导，地块用途管控职能部门负责详细规划"的责任传导路径。③ 与此同时，还组织开展了"三区三线"划定工作，统筹规划城镇和农业生态等功能空间，将基本农田升级为永久基本农田。不久又出台了系列政策，强调"三线"协调和联动，其中《生态保护红线生态环境监督办法（试行）》和《城镇开发边界划定指南（试行）》最具有约束力；2022 年出台《全国"三区三线"划定规则》确定了"耕地和永久基本农田—生态保护红线—城镇开发边界划定的优先序"，完成了"三上三下"方案划定工作。总体上，我国土地用途管制的范围由局部地区向全域拓展，管制的对象也已经从建设用地和耕地逐渐向自然资源全要素拓展，管理的手段从仅侧重规划制定转向侧重整个全生命周期，即同时重视规划编制、实施许可、监督管理和支撑保障，管制的主体从部门分割转向统一的空间用途管制。④

　　土地用途管制的内容主要包括规定土地用途、登记土地信息（注明土地用途）、按用途分类土地、土地用途变更审批和土地使用违法行为处罚等。⑤ 通常可将土地分为建设用地、农用地和未利用地，其中建设用地分为公共设施用地、

① 于昕田，南明宽. 详细规划与国土空间用途管制逻辑演进与完善策略 [J]. 规划师，2021，37（18）：48-53.

② 官卫华，江璇，杨梦丽. 国土空间规划视角下农用地用途管制方法：以南京市为例 [J]. 城市规划学刊，2023（1）：96-103.

③ 官卫华，江璇. 国内外耕地保护补偿实践及其启示 [J]. 规划师，2021，37（13）：80-86.

④ 卢艳霞，王柏源. 耕地保护制度与政策的演进及其逻辑 [J]. 中国土地，2022（2）：4-8.

⑤ 黄建水，黄鹏. 农村经营性建设用地入市的人大授权试点问题研究 [J]. 河南工业大学学报（社会科学版），2015，11（4）：32-38.

城乡居民住宅用地、旅游用地、交通水利设施用地、军事设施用地、工矿用地和其他土地；农用地又分为林地、耕地、牧草地、养殖水面和农田水利用地等。[①] 土地管理法要求各级政府要做好土地利用规划编制工作，对土地利用做出长远的计划；县级土地规划要划分土地利用区，要根据土地使用条件确定土地的用途；相关行政主管部门必须严格审批用地申请，要严格按照土地利用总体规划所确定的用途控制农地转用；各类土地利用项目必须严格遵守土地利用总体规划；不符合土地利用总体规划确定用途的，不得批准建设项目用地；对违反规划用地的行为要严厉处罚，要按照《中华人民共和国土地管理法》《中华人民共和国土地管理法实施条例》《中华人民共和国基本农田保护条例》等土地管理的法律法规，对违反土地利用总体规划的行为给予严厉处罚。因此可以说，国家实行土地用途管制的主要目的是保护农用地，基础是土地按用途分类，依据是土地利用总体规划，关键是农用地转为建设用地必须预先进行审批，保障是强化土地执法监督、严肃法律责任，核心是保持耕地总量动态平衡、[②] 防止耕地被闲置、荒芜和破坏等。

目前，土地用途管制包括规划管制、开发管制、现状管制、审批管制和用地指标管制。[③] 建设用地的用途管制要依据可持续发展的战略方针，在坚持科学规划、因地制宜原则的基础上，落实耕地总量动态平衡的目标，严格限制农用地转为建设用地，实现土地利用方式由粗放型向集约型转变，促进土地的持续利用，达到经济、社会和生态综合效益的最优化。

第二节 集体经营性建设用地入市的法律规范

农村集体经营性建设用地管理制度改革以土地管理法（第三次修正）为基本法，确立了集体经营性建设用地入市的基本规则、配套规则以及参照规则的体系。通过民法典界定集体经营性建设用地使用权的物权属性，在结构层面实现了对其规范的重新定位与体系整合。颁布实施民法典和修订土地管理法形成

---

① 全国人民代表大会常务委员会关于修改《中华人民共和国土地管理法》、《中华人民共和国城市房地产管理法》的决定 [J]. 中华人民共和国全国人民代表大会常务委员会公报，2019（5）：799-823.

② 孙佑海.《土地管理法》1998 年修订之回顾 [J]. 中国环境法治，2008（0）：21-29.

③ 王慧玲. 耕地利用的计划管理制度：地方政府创新实践分析 [D]. 南京：南京农业大学，2011.

了行政法规和法律相互融合、公法规范和私法规范相互配合的体系，标志着我国正式建立了集体经营性建设用地入市的法律制度。①

一、集体经营性建设用地入市的范围

考虑到土地制度改革面临的风险、与土地征收等制度的联动性、集体建设用地存量大等因素。在 2015 年至 2019 年土地制度改革试点阶段，能够入市交易的集体经营性建设用地被限定在存量范围。但新土地管理法施行后，并未对集体经营性建设用地区分"增量"和"存量"，也未将集体经营性建设用地的入市范围限定为存量的农村集体经营性建设用地，因此可理解为现阶段"存量"和"增量"的集体经营性建设用地均可直接入市流转。

随着改革的深入，区域差异等问题导致对"哪些地可以入市"产生了争议。对不同省份而言，"存量有限"与"先占优势"问题形成的不均衡会加重区域贫富差距，给农村发展带来隐患，违背改革初衷。因此，可以因地制宜地制定差异化的入市范围认定标准，以协调区域发展。② 有学者认为，关于"哪些地可以入市"的问题，应该结合土地市场的需求和"存量"现状，以收益均衡共享和资源配置市场化为导向，并结合地方的实践经验，进行科学规划。应该建立"多规合一"的入市范围认定体系，明确范围边界，制定详尽的规范细则，并严格审批，推动集体经营性建设用地入市与各项改革联动发展。③

集体经营性建设用地入市范围之争议，反映的是我国经济社会发展与土地管理模式之间的矛盾。赞同我国现行土地管理模式的人认为"小的修补"就可以解决目前由土地征收所带来的各种社会矛盾；相反，认为现行土地管理制度有巨大缺陷者则主张采取制度性变革，他们赞同集体经营性建设用地改革者采取"折中"的观点，认为需严格遵守《中华人民共和国宪法》的规定。

二、集体经营性建设用地入市的基础条件

土地管理法（第三次修正）首次使用了"集体经营性建设用地"和"集体经营性建设用地使用权"的概念。按照民法典第三百四十四条的规定：可以分

---

① 袁震. 集体经营性建设用地入市法律规则释评：《土地管理法》第 63 条第 1 款，第 2 款评注［J］. 河北法学，2023，41（2）：26.

② 曲承乐. 任大鹏. 论集体经营性建设用地入市对农村发展的影响［J］. 中国土地科学，2018，32（7）：36-41.

③ 唐勇. 集体经营性建设用地入市改革：实践与未来［J］. 治理研究，2018，34（3）：122-128.

别在农村经营性建设用地地表、地上或者地下设立使用权。《中华人民共和国土地管理法实施条例》第三十七至四十二条和《中华人民共和国乡村振兴促进法》第六十七条主要从行政管理和保障乡村振兴合理用地需求的角度对全面贯彻落实《中华人民共和国土地管理法》第六十三条的法律规定进行了详细阐述，建立了集体经营性建设用地进入土地二级市场的法律规则。土地管理法第六十三条第一款涉及集体经营性建设用地入市的规划条件、依法登记要求、用途范围、合同形式与内容以及相关法律行为方式等问题。在集体经营性建设用地入市方面，土地管理法第六十三条规定应符合土地利用总体规划和城乡规划，而《中华人民共和国土地管理法实施条例》第三十八条和《中华人民共和国乡村振兴促进法》第六十七条第三款则提到需符合国土空间规划。按照《中华人民共和国土地管理法实施条例》第二条的规定，已经编制国土空间规划的土地，不再需要编制土地利用总体规划和城乡规划；已经依法批准的土地利用总体规划和城乡规划将继续有效执行。可以看出，国土空间规划是对土地利用总体规划和城乡规划的替代与升级。已经编制了国土空间规划的集体经营性建设用地，其进入市场必须符合国土空间规划所确定的经营性用途；而未被纳入国土空间规划的集体经营性建设用地，则需要符合土地利用总体规划和城乡规划所确定的经营性用途方可进入市场。

集体经营性建设用地只有在依法登记并符合土地利用总体规划、城乡规划，并被确定为商业、工业等经营性用途时，才能进行入市流转。[1]《中华人民共和国土地管理法实施条例》将满足产业准入和生态环境保护要求并作为集体经营性建设用地进入市场必须遵守的公法条件，其中第三十九条明确规定由市、县人民政府自然资源主管部门与相关部门共同提出产业准入和生态环境保护要求，而第四十条则指出集体土地所有权人编制出租、出让等决议方案时应依法将产业准入和生态环境保护要求纳入集体经营性建设用地出租、出让等合同中。

三、集体经营性建设用地的所有权人

宪法明确规定了农民集体对土地的权利，包括占有、使用、支配、处分和收益。根据民法典，农民集体所有的动产和不动产属于本集体成员共同所有，这一条款明确了成员集体作为农民集体财产的所有权主体。作为成员集体中的一员，自然享有对集体事务以及动产和不动产的一定权益。新土地管理法涉及

---

[1] 欧阳君君. 集体经营性建设用地入市范围的政策逻辑与法制因应［J］. 法商研究，2021，38（4）：46-58.

农民成员集体决策的表决主体、决策事项以及集体经营性建设用地入市方式等问题。作为集体经营性建设用地的所有权主体，农民集体应当参与分配，并且作为集体成员权利拥有者，他们也应该享有入市增值收益的权利。关键问题在于如何定义"农民集体"。民法典明确指出，"农村集体经济组织代表农民集体行使土地所有权"，将集体成员与集体经济组织成员视为同一实体。关于农民成员集体与农村集体经济组织之间的关系，从理论分析角度来看，主要有两种观点："所有权主体说"和"独立代表主体说"。① 农村集体土地所有权归农民成员集体所有，由集体经济组织代集体全体成员行使。集体经济组织全体成员公平享有集体资产。农民集体是集体经营性建设用地入市的利益主体之一，而集体经济组织作为集体资产的管理者，代表着集体的利益诉求，也是土地交易市场上最主要的利益主体之一。

在实践中，如果集体经营性建设用地属于乡镇集体成员集体所有，其决议主体应为乡镇集体成员；如果属于村集体成员集体所有，其决议主体应是村集体成员；如果属于村民小组集体成员集体所有，其决议主体应是村民小组集体成员。根据各地集体组织发展程度与现状，往往是以村民委员会、村小组、集体经济组织或其他村集体组织等形式参与集体土地增值收益分配。概言之，我国的集体土地所有人是主体包括乡（镇）集体成员集体、村集体成员集体和村民小组集体成员集体。

四、集体经营性建设用地入市的基本流程

根据《中华人民共和国土地管理法实施条例》，集体经营性建设用地直接入市的环节有入市审批、土地整治、异地调整入市、土地流转以及土地开发。

（一）入市审批：用途变更权

市、县级自然资源主管部门负责审查集体经营性建设用地入市，在依法办理集体经营性建设用地所有权登记的基础上进行审批。符合生态环境保护要求、土地总体规划和城乡规划，且符合产业准入的集体经营性建设用地方能获得入市流转权能，作为工、商业经营性建设用地入市，纳入土地利用年度计划供地管理。入市审批过程中，将公益性建设用地和闲置宅基地转变为工商业用地，将符合经营性用途的工、矿、仓储用地转变为商业用地等行为都是土地用途变更权的实现。

目前，法律规定的集体经营性建设用地范围包括工矿仓储和商服用地，但

---

① 宋志红. 论农民集体与农村集体经济组织的关系［J］. 中国法学，2021（3）：164-185.

不涵盖公益性建设用地和农民宅基地。《关于建立健全城乡融合发展体制机制和政策体系的意见》（2019 年）提出了一项新政策，允许村集体依法对废弃的集体公益性建设用地和闲置宅基地进行有偿收回，并转变为可供入市的集体经营性建设用地，从而扩大了入市范围。

（二）土地整治与开发：强度提高权

集中连片的集体经营性建设用地有助于增加土地投资强度、完善集体经营性建设用地发展权，具备更高的土地价值，能够更好地满足大中型企业的发展需求。然而，"存量"的集体经营性建设用地一般规模小且分散，不能满足入市要求，需要腾挪和整活土地，以提升入市地块的规模，提高开发水平。

土地资源的开发、利用是实现发展权价值的关键。只有获得土地发展权的地区才能够吸引政府在基础设施方面进行更多投资。规划审批后，最终实现集体经营性建设用地发展权的关键在于对土地的投资和利用，增加土地的开发力度才能提高土地价值。

（三）直接入市与异地调整入市：流转交易权

入市流转交易是实现优化集体建设用地资源配置的市场化方式，通过"价高者得"的方式进行土地流转，从而最大化地提高土地发展权增值收益。在保持土地所有权集体所有的前提下，可以将集体经营性建设用地直接引入市场，将一定期限内的建设用地使用权转让给其他市场参与者；购买方支付相应的转让费用，以使得出让方能够获得一定期限内的经营收益。

但是经济发展相对滞后地区，可能缺乏用地的需求，倘若拥有农村集体经营性建设用地的发展权，也将面临难以实现发展权的问题。因此，《关于建立健全城乡融合发展体制机制和政策体系的意见》允许通过将落后地区的集体建设用地改造成耕地，并转化为建设用地指标，在发达地区出售这些建设用地指标，以平衡发达地区耕地供应短缺与需求旺盛的矛盾，缓和发达地区建设用地紧张的态势。在这一异地调整入市过程中，将落后地区的集体经营性建设用地开发权转移至发达地区，从而实现了落后地区的土地价值增长。

五、集体经营性建设用地入市合同的内容与形式

根据新土地管理法第六十三条第一款和《中华人民共和国土地管理法实施条例》第四十一条的提示性规定，集体经营性建设用地入市合同应采用书面形式。此处所指的书面形式包括传统的纸质媒介书面形式和可视为书面形式的数据电文。

新土地管理法第六十三条第一款将出租、出让等书面合同应当载明的核心内容表述为"土地界址、面积、动工期限、使用期限、土地用途、规划条件和双方其他权利义务"。《中华人民共和国土地管理法实施条例》第四十一条对集体经营性建设用地入市合同的核心内容补充完善，包括规划条件、用途、土地界址、面积、使用期限、交易价款支付方式、交地时间和开工竣工期限、生态环境保护要求以及产业准入要求等约定内容。此外还规定了提前收回的条件、土地使用权届满续期的方式，以及处理附着物如地上建筑物和构筑物的方法、补偿方式等，还明确了违约责任和解决争议的方法等事项。根据以上规定可见，集体经营性建设用地入市合同通常应包含以下内容：描述集体经营性建设用地的情况，如用途、土地界址、面积，以及双方当事人商议确定的交易核心条款，如交易价款支付方式、使用期限、交付时间和开工竣工期限、约定提前收回条件、土地使用权届满续期方式、处理地上建筑物和构筑物等附着物的方法，补偿方式以及违约责任和解决争议的方法，还有公法强制性内容，如规划条件、生态环境保护要求和产业准入。

《中华人民共和国土地管理法实施条例》第四十二条强调，"保护生态环境和节约资源的要求""约定提前收回的条件"可以写入合同中，这是因为行政法规允许在集体建设用地使用权出让等合同中添加解除条件。根据土地管理法第六十三条第三款对集体建设用地使用权的规定，集体土地所有权人和建设用地使用权人之间可以在出让合同中约定限制集体经营性建设用地使用权人互换、转让、抵押或赠与的条款。这样的约定将产生债务效率，也就是说，在集体经营性建设用地使用权人违反此约定时，集体土地所有权人有权追究其违约责任。

第三节　集体经营性建设用地入市的主体、途径、方式与模式

首先，集体经营性建设用地进入市场的力度、途径和方式与农村集体经济、农村社会以及城乡关系的发展密切相关，是一个综合性的项目。[①] 一方面，地区产业发展状况将对集体建设用地需求产生影响，将推动集体经营性建设用地的市场流转。一个地区产业发展所引起的建设用地供需矛盾会导致集体建设用地供应压力增加，这是促使集体经营性建设用地进入市场的外部推动因素。另一

---

① 吕萍，于璐源，丁富军.集体经营性建设用地入市模式及其市场定位分析［J］.农村经济，2018（7）：22-27.

方面，集体经济的发展水平会推动集体经营性建设用地的入市流转。乡镇企业良好的发展预期和农村集体经济的发展壮大会产生扩大集体建设用地规模和提高集体经营性建设用地使用效率的需求，这是促进集体经营性建设用地入市的内在动力。其次，农村的历史和传统习俗、家庭收入构成、劳动力流动状况以及资源禀赋情况都会对集体经营性建设用地市场化进程产生不同的推动和制约作用。

一、集体经营性建设用地入市主体

我国各省、自治区、直辖市的发展水平和资源分布存在较大差异，无论是由企业用地需求引起的拉力差异，还是由集体经济发展带来的推动力差异，都会对集体经营性建设用地入市产生不同程度的影响。[1] 农村劳动力外出务工比例的增加、家庭收入中非农业收入的占比以及农村集体土地承包经营权流转情况等因素，将对农民的土地传统观念产生影响，进而对集体经营性建设用地市场化进程产生影响。[2] 推动集体经营性建设用地入市的主体有村集体与乡/镇级政府两类（见表7-1），其表现形式不尽相同。

表7-1　集体经营性建设用地入市典型模式的主要特征

模式名称	入市主体	主要特征
乡/镇级政府主导模式	股份公司	保留集体股份、较大规模、与国有建设用地市场竞争
村集体主导模式	集体经济组织	保持集体所有、中小规模、与国有建设用地市场互补

乡/镇级政府主导，打破行政村的界限，通过土地空间置换、增减挂钩等方式，将多个村的集体经营性建设用地进行归并，辅以配套建设等，进行土地流转。例如，2016年1月，北京市盛世宏祥资产管理有限公司成为首个挂牌出让集体经营性建设用地的出让人。该公司由西红门镇人民政府组建，并由其实际控制。该宗土地最后由北京赞比西房地产开发有限公司竞得。

村集体主导的模式是以村为单位，其土地入市的主体为村集体经济组织。

---

[1] 吴迪，韩中豪. 集体经营性建设用地入市的土地增值收益分配机制探析 [J]. 中国延安干部学院学报，2022，15（3）：119-127.

[2] 李文娟. 集体经营性建设用地入市改革动力与路径研究：基于成都市郫都区白云村的试点实践 [D]. 成都：西南财经大学，2020.

村集体在拥有集体建设用地的所有权和使用权基础上，通过建设配套设施和综合整治土地，形成中小规模的土地集中连片。浙江省德清县是较为典型的代表之一，在 2015 年成功将 41 宗集体经营性建设用地入市，每宗地平均面积约为 9 亩。

对比由村集体主导和乡/镇级政府主导的两种情形，由于经营方式、流转规模和权属的不同，存在的特点和差异有以下几点：第一，流转的规模和方式能否与农村的整体发展相协调；第二，在用地取得程序和成本上，是否有利于小微企业；第三，入市流转是否确保集体经济组织在流转中的地位和作用。显然，在农村集体的主导下，农村集体能够在一定程度上掌握土地流转的主动权，在土地市场化流转中具有更多的决策自主权。允许更加灵活多样的土地市场化流转方式，对广大返乡创业人员和小微企业而言，无疑是提供了更多的获取土地资源的途径。比如，根据"尊重基层、农民自愿"的原则，德清县规定了农村集体经营性建设用地入市的程序必须经过农民集体民主决策和研究，并且要充分考虑到集体内部入市收益分配办法等与此相关的重要事项。为了确保群众对集体经营性建设用地入市的意愿得到充分尊重，需要多次反复征求集体成员的意见。[①] 乡/镇级政府主导模式土地规模较大、运营能力较强，但是集体经济组织将土地作为股份参与市场流转，使资产公司在决策方面拥有主导权，而农民集体的影响力相对较小。

二、集体经营性建设用地入市方式

新土地管理法和《中华人民共和国土地管理法实施条例》规定了集体经营性建设用地入市流转的方式，明确提出参照国有建设用地出让方式，集体建设用地使用权可通过出让或者出租等方式进入二级市场，也可通过出让、出租、转让、互换、入股、出资、抵押、赠与等方式进入土地再流转三级市场，采用招标、拍卖、挂牌或者协议等方式出让或出租，并参照同类用途的国有建设用地出让年限执行。

农村集体经营性建设用地入市方式可将传统租赁的年限，由 20 年按不同用途分别延长至 40 年、50 年、70 年，如表 7-2 所示。入市年限内还能将使用权进行抵押与再转让。这些规定赋予了集体经营性建设用地与国有建设用地同等占有、使用、收益、处分的权能，是实现两者同权同价的关键。

---

① 中国人民大学课题组. 浙江省湖州德清集体经营性流转情况调研报告［R］. 中国人民大学住房发展研究中心，2015.

在农村集体经营性建设用地入市工作中，为保障农民的主体地位不动摇，入市方案需要经本集体经济组织成员的村民会议三分之二以上成员或者三分之二以上村民代表的同意，[①] 从程序上保障农民合法权益。

表 7-2　不同用途土地使用权出让最高年限

土地使用类型	最长使用年限	
居住用地		70 年
教育、文化、卫生、科技、体育用地		50 年
工业用地		50 年
仓储用地		50 年
综合用地		50 年
商业、旅游、娱乐用地		40 年

三、集体经营性建设用地入市途径

根据集体经营性建设用地需求方的实际需要以及所在集体的供给状况，集体经营性建设用地可按照就地入市、异地调整入市和综合整治入市三种途径灵活选择入市途径。

（一）就地入市

就地入市指集体经营性建设用地地块具备开发建设所需要的基础设施等条件且符合入市条件，不涉及土地产权调整，按照原本的宗地区域范围直接入市。[②] 就地入市是集体经营性建设用地入市的常规模式，原本对宗地享有经营管理权利的集体经济组织按照法定程序便可直接作为当事人进入市场进行交易。

根据一项调查，各试点地区已经入市的集体经营性建设用地中约 95% 都属于就地入市，但是集体经营性建设用地往往分布分散、宗地面积较小，无法满

---

① 袁震．集体经营性建设用地入市法律规则释评：《土地管理法》第 63 条第 1 款，第 2 款评注［J］．河北法学，2023，41（2）：26.
② 谭育芳．农村集体经营性建设用地入市问题及规范：以常州市武进区为例［J］．吉林农业，2018（19）：58-59.

足土地集约和大规模用地的要求。①

（二）异地调整入市

异地调整入市是指某一区域内原本不相邻的几宗集体经营性建设用地（主要针对分散、零星的集体经营性建设用地），采取先垦后用，在确保质量有提高、耕地数量不减少的前提下，形成建设用地指标后再异地入市。通过异地调整入市，原本零散分布的集体经营性建设用地得以规模化利用，从而优化城乡建设用地布局，便于城市整体区块规划和管理，并促进土地的合理配置和高效利用。

异地调整入市的做法充分借鉴了城乡建设用地"增减挂钩"政策的成功经验，虽然其基本原则、管理要求、指标调剂和操作程序等与城乡建设用地"增减挂钩"政策大致相同，② 但两者之间存在一些差异，主要区别在于异地调整入市时保留了集体土地权利不变，而"增减挂钩"政策下新建的土地必须征为国有。此外，在土地调换过程中，还涉及农用地的复垦等要求，因此异地调整入市的流程也相对复杂一些。异地调整入市多见于经济相对发达的城中村，如北京市大兴区、成都市郫都区等。

异地调整入市的过程中，常常需要相关集体经营性建设用地的权利人另行组建成立土地联营公司或股份合作社等，从而由该公司或合作社作为入市主体。而且集体经营性建设用地的指标调整是通过地方政府的职能部门来实现的，通常是由调入方先提出需求，然后政府寻找调出方，或者确定指标价格后由政府先购入再卖出，同时政府在其中还发挥控制指标调整范围的作用。以贵州省湄潭县"异地调整入市"流程为例，该县规定异地调整入市指标不出县，仅可在县域范围内开展集体经营性建设用地指标的腾挪；拥有集体经营性建设用地的集体，需向政府申请开展耕地复垦项目，在复垦工作完成之后，正式确认可用于异地调整入市的集体经营性建设用地面积，才能获得交易指标。湄潭县对异地调整入市的指标确定了最低交易价格（旱地不得低于每公顷120万元，水田不得低于每公顷150万元，其他用地不得低于每公顷60万元）；指标需求方在买得用地指标之后，再针对同等面积的集体经营性建设用地提出入市申请，由政府审查入市条件，审核无误后批复同意入市，再由地块所在集体经济组织开

---

① 王敏，诸培新，张志林. 集体建设用地流转增值收益共享机制研究：以昆山市为例 [J]. 中国土地科学，2016，30（2）：51-57.

② 刘亚辉. 农村集体经营性建设用地使用权入市的进展、突出问题与对策 [J]. 农村经济，2018（12）：18-23.

展招标、拍卖或者挂牌等入市程序，最终通过自由市场确定用地主体，颁发集体经营性建设用地使用权证，后续集体经营性建设用地使用权证可用于再转让和抵押贷款等市场经济行为。

（三）综合整治入市

综合整治入市是指政府有计划地对历史等原因形成的城中村进行综合整治、重新规划土地用途、确立产权关系以及完成配套设施建设等措施。只有经过整治后符合规划要求并属于经营性用地的集体建设用地才能进入市场。[①]

对于选择采用哪种模式入市，各地区有着不同的规定。部分地区要求由政府选择何种模式入市，如北京市大兴区要求由镇一级政府对拟入市土地进行统筹安排，部分地区则规定可由入市主体选择入市模式，如天津市蓟州区规定集体经济组织之间可自愿协商，形成调换土地所有权方案，进行异地调整入市。

四、集体经营性建设用地入市模式

根据集体经营性建设用地入市的法律规制要求，结合试点的实践经验，集体经营性建设用地入市的方式和途径是影响集体经营性建设用地入市收益的最重要的因素。[②] 从这两方面划分入市模式，首先从入市方式、入市途径两方面对入市类别进行划分，然后再组合不同类别得到入市模式。

按上文所述，将集体经营性建设用地入市方式分为出让（R_1）、出租（R_2）、入股（R_3）三种，将集体经营性建设用地入市途径分为就地入市（W_1）、异地调整入市（W_2）、综合整治入市（W_3）三种；通过排列组合，可将集体经营性建设用地入市模式划分为就地出让模式（W_1R_1）、就地出租模式（W_1R_2）、就地入股模式（W_1R_3）、异地调整出让模式（W_2R_1）、异地调整出租模式（W_2R_2）、异地调整入股模式（W_2R_3）、综合整治出让模式（W_3R_1）、综合整治出租模式（W_3R_2）、综合整治入股模式（W_3R_3）九种模式（如表7-3所示），其具体内容见表7-4。

---

① 刘亚辉. 农村集体经营性建设用地使用权入市的进展、突出问题与对策［J］. 农村经济，2018（12）：18-23.

② 陆红，陈利根，李思玟. 集体经营性建设用地的政府优先购买权：障碍及实现路径［J］. 南京农业大学学报（社会科学版），2023，23（1）：135-145.

表7-3 九种集体经营性建设用地入市模式

入市途径	入市方式		
	出让（R₁）	出租（R₂）	入股（R₃）
就地入市（W₁）	W₁R₁	W₁R₂	W₁R₃
异地调整入市（W₂）	W₂R₁	W₂R₂	W₂R₃
综合整治入市（W₃）	W₃R₁	W₃R₂	W₃R₃

表7-4 集体经营性建设用地入市模式的内涵

入市模式	内容及特点
就地出让模式（W₁R₁）	将符合条件的集体经营性建设用地直接出让给需求者，入市收益来源于土地出让收入； 该模式以村集体经济组织为主导，运行相对简单，适用于区位条件好、产业用地需求较大的地区； 一定程度上实现了农村资产盘活，但不利于均衡发展，可能扩大不同区位农村集体经济发展差距
就地出租模式（W₁R₂）	将符合条件的集体经营性建设用地直接出租给需求者，入市收益来源于土地租金收入； 该模式以村集体经济组织为主导，运行相对简单，适用于区位条件好、产业用地需求较大的地区； 采取出租入市方式能降低企业前期支付成本
就地入股模式（W₁R₃）	将符合条件的集体经营性建设用地一定年限的使用权以评估方式确定价格进行出资或入股，同投资人设立合资公司进行开发建设，股息和分红是主要收入来源； 该模式以村集体经济组织为主导，适用于区位条件好、产业用地需求较大的地区； 该模式实现了农村资产资本化、农村资源市场化、农民增收多元化目标，不但激活了沉睡资源、助力产业发展，还通过村集体经济壮大，改变了农民家庭收入结构
异地调整出让模式（W₂R₁）	将偏远地区闲置集体建设用地复垦为耕地，通过调整落地，进而将其使用权出让给土地使用者； 该模式以政府为主导，发展权出让方获得发展权出让收益和部分土地使用权出让收益，发展权接受方集体和农民分享土地使用权出让收益； 有利于促进农村区域内土地资源优化配置，保障农村地区均衡发展

续表

入市模式	内容及特点
异地调整出租模式（W_2R_2）	将调整后的集体经营性建设用地出租给土地使用者，除入市方式不同外，其他与调整出让模式类似，发展权出让方获得发展权出让收益和部分出租收益，发展权接受方集体和农民分享大部分土地使用权出租收益
异地调整入股模式（W_2R_3）	该模式由政府和村集体共同主导，包含两种情况：一是农地发展权出让方不参与调整后的股权合作；二是农地发展权出让方共同参与调整后的股权合作。其中的第二种模式有利于实现不同区域农民的可持续增收，但操作相对复杂。发展权出让方与接受方分别依据协议分享收益
综合整治出让模式（W_3R_1）	以政府为主导，按规划开展土地整治，重新划分宗地和确定产权，将符合条件的集体经营性建设用地出让给需求者；入市收益来源于整治后的土地出让收益，该模式有利于资源优化配置，改善村民居住环境，但前期整治投入相对较大，资金平衡是项目实施的关键
综合整治出租模式（W_3R_2）	以政府为主导，按规划开展土地整治，重新划分宗地和确定产权，将符合条件的集体经营性建设用地出租给需求者；入市收益来源于整治后的土地出租收益，该模式有利于资源优化配置，改善村民居住环境，但前期整治投入相对较大，资金平衡是项目实施的关键
综合整治入股模式（W_3R_3）	以政府为主导，按规划开展土地整治，重新划分宗地和确定产权，将符合条件的集体经营性建设用地一定年限的使用权以评估方式确定价格进行出资或入股，同投资人设立合资公司进行开发建设，股息和分红是主要收入来源

综合来看，此九种入市模式整体具有四个明显的特点：一是从参与主体来看，均涉及农民、村集体经济组织和政府，但在不同类型的模式中，各利益主体所发挥的作用各不相同。就地入市类一般以村集体经济组织为主导，而异地调整入市及综合整治入市类一般以政府为主导。二是由于地块条件的限制，在实际操作过程中，各种入市模式并非完全独立，综合整治入市可以与异地调整入市、就地入市等相互叠加、融合进行。从实践经验来看，同一个地区，可同时采用多种入市模式，也应该采用多种入市模式，以便更好地推进集体经营性建设用地入市。例如，山西泽州对偏远地区的集体经营性建设用地入市，采取的是先整治、再调整的综合入市方式。三是入市途径不同，入市成本也存在差异。相较而言，就地入市类的入市成本相对较低，而异地调整入市类和综合整

治入市类的入市成本相对较高，这对入市收益有较大影响。四是从入市方式上看，出让方式一次性获取的收益最高，操作简单，但不具备可持续性。相对而言，入股方式可使村民获得持续股息和分红，更有利于改变农民的家庭收入结构，但该方式下，若公司破产清算，农民存在失地风险，需提前预防。

以入市途径和入市方式为依据，可将集体经营性建设用地入市模式划分成九种具体的模式，但是由于集体经营性建设用地入市的政策体系还在不断改革和完善中，各地区情况差异巨大，在实践过程中还应因地制宜进一步深化或者综合采用。

第四节　集体经营性建设用地市场主体的利益诉求与入市收益分配的博弈关系

在将集体经营性建设用地纳入市场的过程中，集体经营性建设用地的入市收益等于其成交价减去相关成本后所得到的差额。集体经营性建设用地增值经历了提出集体经营性建设用地入市建议、土地发展权变更、集体经营性建设用地开发整理和入市交易等过程，如图7-1所示。

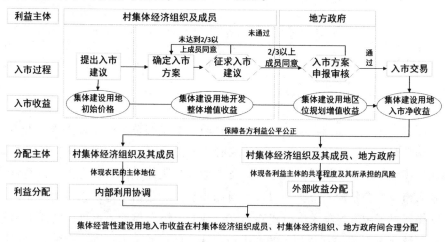

图7-1　集体经营性建设用地入市及其收益分配的过程

在土地入市过程中，村集体经济组织及其成员对集体经营性建设用地入市建议、入市方案的合法性、合规性负责。根据法律规定，集体经营性建设用地入市方案必须得到超过 2/3 的村集体经济组织成员的同意才能生效；地方政府负责依据土地规划、土地用途管理、环境保护等相关管理条例对集体经营性建设用地入市方案进行审查；审查通过的集体经营性建设用地方能进入城乡土地市场进行交易。

土地增值收益承载着不同的价值表征和权益诉求，集体经营性建设用地入市增值收益分配涉及多方利益主体。[①] 从土地所有者的角度来看，他们期望获得土地租金收益；而对土地使用者或投资者而言，则是追求资本投资回报。然而，在考虑国家或公共利益时，提取自然增值作为公共投资收益也是必要的，以实现社会公正。在集体经营性建设用地入市增值收益的分配中，涉及农民、村集体（集体经济组织）、地方政府和中央政府等主体。每个利益主体都有自己的利益诉求，它们之间存在着复杂的竞争和合作的关系。

集体建设用地入市增值本质是农用地转化为非农用地的发展权价值。在土地入市增值收益分配过程中，土地发展权价值等于土地入市交易前后的价值差额减去入市交易过程中发生的成本，[②] 用公式可以表示为土地发展权价值＝土地入市成交价格－土地初始价格－入市流转成本，于是，土地入市增值收益＝土地入市成交价款－土地入市成本＝土地初始价格＋土地发展权增值。关于发展权增值部分的分配，应该在农民、镇集体和村集体以及县（区）政府之间进行划分；根据产权理论，集体成员和农民集体都享有分享集体经营性建设用地入市收益的权利，可以参考该地区土地征收中土地补偿费的分配方式进行分配。在土地发展权增值方面，学者们普遍认同按照"贡献度"原则进行收益分配，即根据利益主体对集体经营性建设用地发展权增值做出的贡献来进行增值收益的划分。

上述分配思路用数学工具表示如下：分别记集体经营性建设用地的初始价格为 X 及其发展权增值为 Y，用 μ_i 表示收益主体 i 分得集体经营性建设用地的初始价格部分的分配比例，用 X_i 表示收益主体 i 分得初始价格部分的分配额，则 $X_i = X \cdot \mu_i$；用 ν_i 表示收益主体 i 分得集体经营性建设用地的发展权增值部分的分配比例，用 Y_i 表示收益主体 i 分得集体经营性建设用地的发展权增值部分的分配额，则 $Y_i = Y \cdot \nu_i$。收益分配主体 i 的土地入市收益分配额表示为 $W_i = X_i + Y_i$。当 $i = 1$、2、3 时，分别表示农民（集体成员）、村集体（成员集体）和政

① 刘元胜，胡岳岷. 农民权益：农村土地增值收益分配的根本问题 [J]. 财经科学，2017（7）：40-49.

② QI L, WU D. Allocating Land Value Increment of "Link Age Between Urban-land Taking and Rural-land Giving" from the Perspective of Land Development Right [J]. Basic & Clinical Pharmacology & ToX$_i$cology, 2020, 126: 146.

府，则集体成员（农民）和村集体分得集体经营性建设用地初始价格的比例分别为 μ_1、μ_2，且 $\mu_1 + \mu_2 = 1$；集体成员（农民）、村集体、政府分得发展权增值部分的比例分别为 ν_1、ν_2、ν_3，且 $\nu_1 + \nu_2 + \nu_3 = 1$。

假设集体经营性建设用地的初始价格为 b 元/m^2，入市流转成本为 c 元/m^2，入市成交价格为 a 元/m^2，则发展权增值 $Y = a - b - c$。将各变量代入 $Wi = X_i + Y_i$，得到收益分配主体 i 增值收益分配额 W 为：

集体成员（农民）：$W_1 = X_1 + Y_1 = b \cdot \mu_1 + (a - b - c) \cdot \nu_1$；

村集体：$W_2 = X_2 + Y_2 = b \cdot \mu_2 + (a - b - c) \cdot \nu_2$；

政府：$W_1 = X_1 + Y_1 = Y_1 = (a - b - c) \cdot \nu_1$。

根据集体经营性建设用地入市过程及各利益相关者的参与方式，可将集体经营性建设用地入市收益分配过程划分为外部收益分配博弈和内部利益协调两个阶段。

一、市场主体的利益诉求与外部收益分配博弈关系

外部收益分配是集体土地入市交易后的第一轮收益分配，涉及的分配主体有中央政府、地方政府和村集体，客体为集体经营性建设用地入市交易的净收益。在剖析各方主体博弈关系之前，首先应界定清楚各利益主体的角色和身份。

（一）中央政府

为了推动和促进国民经济的发展，中央政府负责制定全国农村集体土地政策的总体规划的顶层设计，提出了关于分配集体经营性建设用地的程序、规则、条件和原则等基本制度框架和体系；接着，在中央政府确定的框架下，地方政府会制定具体操作办法。长期以来，中央政府对将集体经营性建设用地纳入市场持较为谨慎的态度，主要考虑到可能会对耕地保护政策造成破坏，并引发大量"三无流民"①。

中央政府作为公共利益和土地资源的总代理，对国民经济总体健康有序发展负有首要责任。中央政府通过制定一系列相应的政策和法律法规来协调各利益相关方之间的关系，规范和调整其他土地增值收益分配主体的行为，履行对集体经营性建设用地入市的管理、控制、审批和监督职责，确保共享发展成果、

---

① 王贝，童伟杰，王攀，等. 农村集体建设用地流转中的地方政府行为研究［J］. 农业经济，2013（3）：16-18.

高效利用土地资源、促进产业健康发展以及保障粮食生产安全等宏观目标。① 在关于集体经营性建设用地增值收益分配中，中央政府所坚守的原则是严禁耕地浪费，致力于维护耕地面积，确保国家粮食安全，并保障农民收益权不受侵犯。

（二）地方政府

作为监督者和管理者，在集体经营性建设用地入市增值收益分配中，地方政府可以通过征收土地入市增值收益调节金等方式间接参与收益分配过程。然而，地方政府不应直接干预集体土地使用权的行使，而是应以土地管理者的身份参与纠纷调解、交易确认以及对非法行为进行处罚监管等工作。在投资拉动经济发展的背景下，财政支出责任加重和财政收入上移的税制结构让地方财政吃紧，地方财政资金成了限制发展的最主要因素。土地财政模式中的"以地生财"策略使得地方政府更倾向于征收土地，并从中获益。然而，如果集体经营性建设用地直接进入市场，则会减少地方政府的土地收益，并对国有建设用地市场造成冲击。因此，地方政府对集体经营性建设用地入市的态度并不积极，有维护现行制度安排的利益动机。

然而，对地方政府而言，将集体经营性建设用地纳入市场并非毫无益处，这一举措也能为地方政府带来多方面的利益：一是有助于推动城乡统筹发展。通过将集体经营性建设用地引入市场流转，可以更好地体现其价值，为农民（集体）带来更多收益，并维护农村社会的稳定。在一定程度上，将集体经营性建设用地引入市场有助于协调城乡发展，提高农民生活水平和质量，缩小城乡差距，实现共同富裕。二是可以缓解城市建设用地的紧张状况。目前，我国大部分城市面临着建设用地不足的问题，通过将集体经营性建设用地纳入市场流通，可以有效利用现有土地资源，促进城镇化发展和城市建设。三是能够带来管理收益。各级政府参与集体经营性建设用地的流转过程中，不仅能够履行政府职责，及时发现并解决集体土地市场存在的问题，并完善土地市场和财政监管等方面工作；同时还可以通过提供全过程服务以及基础设施建设等方式收取管理费用和税金。

（三）村集体经济组织

集体土地所有权是实现集体经营性建设用地入市改革的必要条件，农村集体经济组织有着划分利益的需求。追求最大化经济利益是农村集体经济组织的目标，其利益诉求可以总结为有效运营和管理集体资产，确保对集体资产进行

---

① 陈红霞，赵振宇. 基于利益均衡的集体经营性建设用地入市收益分配机制研究 [J]. 农村经济，2019（10）：55-61.

有效保护和合理利用，以确保其价值稳定增长。① 村集体以维护集体利益和村民利益为主，其作为理性经济人，必然以追求自身利益最大化为目标。村集体希望获得更多的集体土地入市收益，希望当地政府增加村集体发展用地并缩减公共用地。村集体经济组织作为入市主体，对村集体经营性建设用地进行开发整理、入市交易。在这个过程中，村集体经济组织及其成员的利益是一致的。

（四）社会资本主体

社会资本主体是土地增值变现的桥梁。一方面社会资本主体希望农村集体能够协调和处理好村民的利益纠纷，减少和消除牟利性抗争事件，缩短集体经营性建设用地入市交易的过程，减少资金压力。另一方面，社会资本主体期望地方政府能够简化审批流程，减少审批时间，并在税收和费用方面提供优惠政策。②

外部收益分配是指在政府与集体经济组织之间的分配集体经营性建设用地入市总收益，外部收益分配决定了农村集体经济组织能获得多少比例的土地收益。外部收益分配机制如图7-2所示。

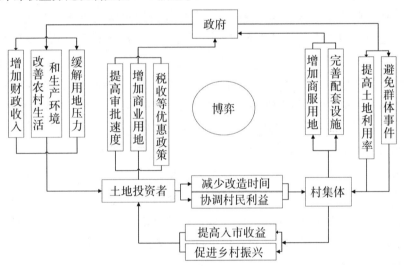

图7-2　外部收益分配机制

---

① 徐增阳，杨翠萍. 村委会与村集体经济组织的关系 [J]. 村委主任，2010（14）：29-30.

② 魏子鲲，韩乔，崔元培，等. 城中村改造参与主体利益分配机制研究 [J]. 建筑经济，2021，42（9）：67-71.

基础设施的建设和维护公共利益等因素是土地增值的重要来源，政府作为基础设施投资者具有对增值利益进行划分的需求。要处理好政府与集体经济组织在外部收益分配中的分配关系，政府要尊重处于弱势地位的集体经济组织，应尊重农村集体的土地所有权。政府可以通过征收税收和调节金融方式来参与土地利益的分配，尽管通过这种方式获得的金额远不及国有土地出让所得，但对地方政府的财政支持仍然十分有力。一方面，地方政府希望村集体能与社会中的第三方合作，协调处理好村民的利益，避免发生群体性事件。另一方面，地方政府也希望第三方按时足额缴纳调节金和其他税费，从而增加财政收入。然而，"土地财政"的过度依赖已经引起了人们的批评。在"后土地财政"时代，地方政府必须改变自己的认识和观念，并克服对旧有路径的依赖。① 在制定集体经营性建设用地入市增值收益税率和调节金时，地方政府应更多考虑村集体经济组织的利益，并切实保障农民集体权益。

二、参与主体利益诉求与内部收益分配的博弈关系

村集体内部针对集体经营性建设用地入市收益的分配是指就村集体在外部博弈中所获得的收益进行再分配。村集体内部收益分配博弈的主体有村集体和村民，如图7-3所示。

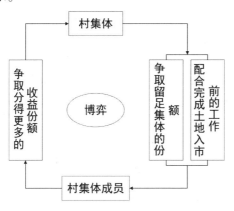

图7-3 内部利益博弈机制

在内部博弈中，村集体扮演着利益分配和维护集体利益的角色。一方面，村集体要采取措施尽量避免发生村民"抢修抢建""牟利性抗争"等行为，希

① 王玉波．"后土地财政时代"地方政府角色转变与公共财政体系重构［J］. 改革，2013（2）：46-53.

望村民能够与社会资本主体配合完成改造工作。另一方面，村集体需要协调村民之间、村集体与村民之间的利益分配关系，要在确保村集体与村民利益的前提下，留存资金以支持村集体发展。农民个体追求自身利益的最大化。土地使用权和开发权的转让是进一步改造或建设土地的前提条件，并且农民个人投资建设促使土地价值增长，因此引发了农民对个人利益的诉求。农民希望通过将农村集体经营性建设用地纳入市场，从中获得更多的收益，以改善公共设施和基础设施，并提高生活质量。如果没有得到公平合理的土地入市收益分配，农民则会上访；为引起政府部门足够的重视，农民会努力斗争，并且可能采取一些非理性手段来反抗所遭受的不公正待遇。集体经济组织收益内部分配问题的本质是集体存留与货币分配的关系。村集体经济组织提取一定比例留存资金用于基础设施、公共服务、投资运营等，实现村集体的可持续发展。农民作为集体经济组织的主体除得到货币分配外，还能够享受集体经济组织壮大带来的利益。在市场经济条件下，集体经济组织的管理与决策应当充分体现农民的主体地位，遵循民主原则。

在集体经济组织内部协调分配土地净收益时，要处理好内部分配关系，处理好成员与成员、集体与成员之间的分配关系，必须坚持土地收益的合理分割、公平分配和规范使用。在此过程中，坚持民主决策，在集体经济组织的带领下，集体成员共同商讨使用办法，具体使用办法要符合法律规范要求，一旦村民大会通过了集体经营性建设用地收益使用办法，就应以明确的形式进行确定，并按照该办法执行。为加强民主监督，可以通过定期报告工作、公开村务等方式来确保有效利用收益改善村庄基础设施、提高居民生活质量并促进乡村集体经济发展，使得居民能够分享到更多改革带来的好处。

第五节　国家参与土地入市增值收益分配的形式

一、征收土地入市调节金

根据《农村集体经营性建设用地土地增值收益调节金征收使用管理暂行办法》① 关于土地增值收益调节金的征收和使用问题的规定，调节金是指根据建

---

① 关于印发《农村集体经营性建设用地土地增值收益调节金征收使用管理暂行办法》的通知 [EB/OL]. 中华人民共和国财政部网站，2016-06-06.

立"同地、同权、同价"、流转顺畅、收益共享的农村集体经营性建设用地入市制度的目标,在农村集体经营性建设用地首次和再次入市环节中,政府对土地增值收益所征收的比例。在指导试点实践中,政府通过征收一定比例的调节金来参与分配集体经营性建设用地入市增值收益,调节金发挥了重要作用。

国家政策对调节金的收取分为集体经营性建设用地初次入市与再次转让两种情形。初次入市调节金比例与再次入市调节金比例不同,一般初次入市收取的调节金比例要高于再次入市的调节金比例。

农村集体经营性建设用地入市增值收益调节金的法律性质不明确,制度设计具有非正式性。在农村集体经营性建设用地入市增值收益分配试点实践中存在调节金征收比例差距较大、计征基数不确定等问题。2019 年,财政部和国家税务总局联合发布了《中华人民共和国土地增值税法》(征求意见稿),计划以"土地增值税"的方式对农村集体土地使用权的流转进行查征课税。根据该法案,国有与集体土地都将适用四级超率累进税率,[①] 并取消了土地增值收益调节金制度。然而,在初次入市环节的成本扣除项目的标准和类型方面并未明确规定,为今后立法预留了一些空间。

二、征税

税收是国家对集体经营性建设用地入市增值收益进行合理调控的方式。[②] 政府并非集体经营性建设用地的所有权人和使用权人,而只是土地使用的管理者。此外,政府改善基础设施并不直接投资于集体土地。因此,在涉及集体经营性建设用地入市和再转让时,政府不宜直接干预收益分配。

集体经济组织在我国民法中被视为一种特殊的法人实体,其参与集体经营性建设用地市场以获取收入的行为属于营利性、经营性的行为。国家在决定是否对某种事实征税时,会考虑到其盈利能力和对公共福利的影响等因素。因此,集体经济组织所获得的来自集体经营性建设用地入市的收入应当纳税。

税收的作用是调节集体经营性建设用地入市增值收益分配收入差距。由于中西部地区经济相对滞后,其土地入市存在土地市场机制发展滞后等问题,国家可以通过税收来合理调整因土地用途和地理位置等因素导致的东西部收入差

① 吴迪,韩中豪. 集体经营性建设用地入市的土地增值收益分配机制探析 [J]. 中国延安干部学院学报,2022,15(3):119-127.

② 吴昭军. 集体经营性建设用地土地增值收益分配:试点总结与制度设计 [J]. 法学杂志,2019,40(4):45-56.

异。例如，对经济发展滞后和地理位置偏远的地区实施税收优惠政策，减轻农民的纳税负担，进一步缩小不同地区之间经济发展的差距。①

同时，赋税是政府的经济基础，而不是其他任何东西，税收有助于提高政府的改革积极性。通过利用税收机制，政府可以长期参与土地增值收益的分配，并持续增加财政收入，从而提高政府为集体经营性建设用地入市服务的动力。政府通过利用税收来调节土地增值收益，不仅可以激发政府提供公共服务的积极性，还能够促使集体经营性建设用地入市的相关方承担起纳税的社会责任。政府需要统筹安排基础设施建设和公共服务，以解决土地位置、土地用途和耕地保护等问题导致集体利益受损的情况。集体经营性建设用地入市所征税属于所得税，应用于农村土地整治、农村公益事业和农村基础设施等项目，② 实行专款专用。试点中，土地增值收益调节金的实质已经体现了税收的功能和特征，未来应该制定相应的法律法规将其确认为税收。

第六节　集体经营性建设用地入市的农民意愿

有学者对集体经营性建设用地入市的农民意愿进行了调查。在对集体土地入市流转制度认知状况方面，根据翟彬等人③在2015年9月至10月对河南省巩义、新郑和长垣3个市的45个乡镇开展"农村集体经营性建设用地入市"专题调研所获得的数据，73.6%的受访者认为集体经营性建设用地入市对农村发展和农民增收有利，有53.7%的受访农户明确表示支持实施集体经营性建设用地入市，农民参与集体经营性建设用地入市的意愿较强，支持率较高；刘民培等人④在2021年实地调研海南省文昌市开展集体经营性建设用地入市的结果显示，有78.95%的农民赞同农村集体经营性建设用地入市，他们认为集体经营性建设用地入市不仅能够为村里提供一笔可观的收入，还能为村民提供就业机会。这

① 吕宾，杨景胜.农村集体经营性建设用地入市收益分配探析 [J].中国国土资源经济，2017, 30 (8)：19-22.
② 曲卫东，闫珍.集体经营性建设用地入市税费征收现状及体系建设研究 [J].公共管理与政策评论，2020, 9 (1)：73-83.
③ 翟彬，梁流涛.农村集体经营性建设用地入市的农户认知与意愿：基于河南省324户农户调查的分析 [J].干旱区资源与环境，2017, 31 (7)：7-12.
④ 刘民培，杨灵玉，颜洪平.集体经营性建设用地入市增值收益分配方式的影响因素分析：基于文昌农民的问卷调查 [J].海南大学学报 (人文社会科学版)，2023, 41 (1)：58-66.

些结果表明集体经营性建设用地入市顺应主流民意。

翟彬等人的调查也显示，对集体土地入市持质疑反对态度的比例近半数。进一步探究农户反对将集体经营性建设用地纳入市场的原因时，翟彬等人发现，大约有 30% 的农户认为"缺乏满意的土地流转途径"、"农村社保制度不完善"以及，"增值收益分配不公平"，这三个因素是导致他们不愿意参与市场化经营的关键原因。可以看出，农户参与农村集体经营性建设用地入市的主要障碍在于集体建设用地产权不明确，这使得农民担心入市后土地财产权得不到有效保护，农民期待着政府完善集体经营性建设用地的确权工作。而且随着农村集体经营性建设用地入市改革政策的宣传和普及。农民对集体经营性建设用地入市的支持比例进一步提升。

根据罗湖平等人①在 2015 年 1 月至 2 月对长株潭试点的调查结果，仅有 47.0% 的农民表示农村集体经营性建设用地所有权归集体，企业只有使用权；14.3% 的农民认为所有权归政府，企业仅拥有使用权；6.0% 的农民表示所有权和使用权都归企业所有；还有 32.7% 的农民表示不清楚。根据翟彬等人的调查结果，对国家现行的土地制度及法律了解较深的农户仅占 7.3%，而有 20.0% 的人表示完全不了解。这表明我国土地管理法在知识普及方面还存在相当大的不足，导致农民在土地制度改革中处于被动、无所适从的状态。

关于土地入市增值收益受益群体和分配主体的认知，翟彬等人的研究还显示，有 83.6% 的调查对象认为集体土地增值收益的分配主体应该是农民，其中，超过一半的农民（约 56.3%）认为他们自己应该是在土地入市后获得最大利益的人群，其次才是村集体（占 21.3%）。罗湖平等人的调查结果显示，支持"政府、集体和农民按一定比例分配"的比例为 40.1%，支持土地入市增值收益"归农民和集体"的比例为 32.2%，支持土地入市增值收益"全部归农民"的比例为 20.3%，支持土地入市增值收益"全部归集体"的比例为 7.4%。这表明，目前农民对农村集体经营性建设用地收益权的认知相当准确，他们高度重视保护自己的财产权。而刘民培等人的调查结果显示，有 78.0% 的人赞同将收益分给政府。说明广大群众普遍支持将集体土地入市所获得的增值收益合理分配给国家、集体和农民，同时要适当提高个人收入。

关于对当前集体经营性建设用地流转政策的满意度，罗湖平等人的调查结果显示，农户们反应平平，回答"一般"者占比 43.8%，"不满意"者占比

---

① 罗湖平，唐禹. 基于农户入市意愿的长株潭集体经营性建设用地 Logistic 模型分析 [J].系统工程，2015，33（12）：115-120.

16.1%，仅有 6.0%的农户表示非常满意，还有 34.1%的农户表示不了解或无所谓。但是在入市操作可行性调查中，翟彬等人的研究显示，71.1%的调查对象对施行集体经营性建设用地入市制度持乐观态度，并相信可以克服各种问题和障碍。此外，翟孟颖等人①在 2019 年 9 月至 10 月进行了一项关于土地增值收益分配的调查，他们的分析结果显示，农民对政府存在一定程度的偏见。失地农民对政府的偏见特别明显，相比之下，在耕农民和城镇居民中的偏见较为轻微。不过，无论是失地农民，在耕农民还是城镇居民对待其他农民群体均持有正向态度。政府群体对"农民"的偏见程度高于失地农民、在耕农民对"政府"的偏见，政府人员对"政府"则存在明显偏正向的态度。同时，通过观察群体偏见指数绝对值与正负关系可以发现，在集体土地入市增值收益分配中存在内部群体与外部群体之间的差异效应，即失地农民和在耕农民更倾向于支持其他身份同样为"农民"的个人，并且更容易产生针对"政府"的偏见。

本章小结

除由法律规定属于国家所有的除外，农村和城市郊区的土地属于集体所有。由于土地利用存在交叉外部效应，且土地资源具有不可移动性、不可再生性和稀缺性等特征，人们无法随意减少或增加土地，因此土地利用需要规划管理和用途管制。一切使用土地的个人和组织必须按照土地规划和土地用途管制的要求合理地利用土地。土地流转也不像其他普通商品交易那样，由自由市场谈判或者产权人自己决定。任何个人或者组织不得非法转让土地，土地的使用权可以依照法律的规定转让。对土地套用普通商品的得失变更规则，会混淆普通商品与土地的本质。根据新土地管理法的规定，农村集体经营性建设用地是指在农村用于生产经营的建设用地。我国集体经营性建设用地空间分布差异很大，建设用地差异化分布是城乡建设用地的主要问题。集体经营性建设用地的差异主要体现在欠发达地区和发达地区之间，而且欠发达地区和发达地区的土地入市价值差异巨大。土地规划管理和用途管制的根本目标是有效利用土地资源，实现合理布局，协调处理国家利益、集体利益和个人利益之间的关系，以及人与自然、长期利益与短期利益之间的关系，从而推动社会可持续发展。

---

① 翟孟颖，陈乐宾，姜海. 土地增值收益分配群体偏见初步调查与测度［J］. 中国国土资源经济，2020，33（9）：68-73.

　　农村集体经营性建设用地管理制度改革以土地管理法（第三次修正）为基本法，已建立了关于集体经营性建设用地入市的基本规则、配套规则和参照规则的一整套规定。通过民法典界定集体经营性建设用地使用权的物权属性，在结构层面实现了对其规范的重新定位与体系整合。民法典的颁布实施以及对土地管理法进行的修正，使得私法规范和公法规范之间相互协调，并且将法律与行政法规有机地融合在一起，标志着我国集体经营性建设用地入市的法律制度正式建立。新土地管理法第六十三条规定的规划条件指出，已经编制了国土空间规划的集体经营性建设用地，其进入市场必须符合国土空间规划所确定的经营性用途；而未被纳入国土空间规划的集体经营性建设用地，则需要符合土地利用总体规划和城乡规划所确定的经营性用途方可进入市场。根据《中华人民共和国土地管理法实施条例》，集体经营性建设用地的入市必须符合产业准入和生态环境保护要求，并且需要遵守公法条件。根据《中华人民共和国土地管理法》《中华人民共和国土地管理法实施条例》和《中华人民共和国乡村振兴促进法》等法律法规的规定，只有满足土地用途管制要求的集体经营性建设用地才能够进行流转并进入市场。目前，土地用途管制包括规划管制、开发管制、现状管制、审批管制和用地指标管制。依据《中华人民共和国土地管理法实施条例》，集体经营性建设用地入市流转程序可分为入市审批、土地整治、异地调整入市、土地流转、土地开发等环节。新土地管理法实施后，并未明确划分集体经营性建设用地的"存量"和"增量"。随着改革的推进，对"哪些土地可以进入市场"产生了争议。不同省份或地区面临的问题是，存量有限和先占优势导致的不平衡情况加剧了区域贫富差距，使得代际公平难以实现，并给农村发展带来潜在风险，这与改革初衷相违背。关于集体经营性建设用地纳入市场的争议，实质上是我国土地管理模式与经济社会发展之间的冲突。

　　我国的集体土地所有权归属于特定范围内的"集体成员集体所有"，主要包括乡（镇）级集体成员、村级集体成员和村民小组级集体成员。根据法律规定，代表这些主体行使集体土地所有权的权限可以由村民委员会、村民小组以及集体经济组织等机构来代理。① 因此，如果涉及决策与管理方面的问题，属于村民小组级集体所有的经营性建设用地，应该由村民小组作为决策主体；属于村级或乡（镇）级集体所有的经营性建设用地，则相应由各自所属的村或乡（镇）进行决策。

---

①　高飞. 我国集体土地所有权主体的法律界定：一个法解释论的视角［J］. 山东大学法律　评论，2009（0）：115-125.

集体经营性建设用地流转的改革。一方面，地区产业的发展状况会引起对集体建设用地的需求增加，从而拉动集体经营性建设用地的市场流转。另一方面，集体经济进步有助于促进集体建设用地的市场化流转。根据需求方对集体经营性建设用地的实际需求以及所在集体供给状况，可以灵活选择就地入市、异地调整入市或者综合整治入市。以入市途径和入市方式为依据，可将集体经营性建设用地入市模式划分成九种不同的入市模式，但是由于集体经营性建设用地入市的政策体系还在不断改革和完善中，各地区情况差异巨大，在实践过程中还应因地制宜进一步深化或者综合采用入市模式。

第八章

集体经营性建设用地入市增值收益分配改革的风险分析

　　土地生产要素对国计民生的影响巨大，其中的关系复杂，不能轻易地变更，哪怕是细小的改变，要是做得不对，它将可能影响几代人。[①] 因此，虽然长期存在的城乡二元制度体系对乡村发展存在阻碍作用和制约性，但是集体建设用地直接入市的改革必须慎重行事、妥善规划。在大范围推行农村集体建设用地直接入市流转之前，需要全面分析其可能产生的积极作用，推测此项改革之后可能出现或者引发的重大风险，衡量得失、比较利弊，而后才适时适地合理地推进改革。

第一节　集体经营性建设用地入市收益分配改革面临的风险

　　土地是财富之母。在中国历史上，土地过度兼并是导致朝代更替的一个重要原因。随着市场化改革向纵深推进，识别和防范土地要素流转的潜在风险已经引起学界的广泛关注。目前，对农用地征收转用过程中的风险研究主要从两个不同的角度着手，一是从行为主体的角度研究市场主体可能带来的风险，二是从行为效果的角度研究市场活动效果产生的风险。

一、市场主体带来的风险

　　集体经营性建设用地入市带来的高收益，对眼前收入偏低的农民来说是具有诱惑力的，农民（集体）通过市场出让集体经营性建设用地的意愿也就越高。当农民（集体）追求可观的短期土地收益同社会资本具有在农村购买土地的冲动不谋而合时，当农村集体经营性建设用地一定时间内大量涌入土地市场，集

[①]　万国鼎. 中国田制史［M］. 北京：商务印书馆，2011：108.

体经营性建设用地大量供给大于实际用地需求时，其市场交易价格自然会降低，从而影响农村集体土地的总体价值。虽然这种只顾眼前利益的短期行为一定程度上能解决农民收入不足的问题，但是未来必将导致农村的各项规划与建设项目缺少土地，从而限制农村的长远发展。

另外，在强大的利益驱使下，可能会导致农民（集体）不顾土地利用总体规划和用途管制的约束，非法将其他用途的集体土地或农业用地改为集体经营性建设用地，以获取大量的集体土地入市收益。

二、市场行为效果产生风险

从行为效果的角度来看，市场活动效果产生的风险主要包括土地投机频发、农民失地风险、粮食安全风险、社会保障风险、生态环境效应风险、引发社会矛盾、城镇化发展风险、新秩序重建风险和就业保障风险。其中，粮食安全风险和生态环境效应风险的承担主体是政府，社会保障风险和就业保障风险则由农民和农民集体共同承担。

（一）土地投机频发，农民存在失地风险

允许农村集体建设用地直接入市交易后，若其经济价值在短期内剧增，就会引来大量投机资本。目前社会各方面对农村建设土地的需求旺盛且农民议价能力弱，资本趋利，当出现改革政策的空隙，资本跟权力就会勾结起来在农村"圈地"，农民失地风险激增，给国家和农民造成巨大的损失。

尽管短期内农村集体经营性建设用地入市能给农民（集体）带来较高的市场收益，但是经过一个长期的发展以后，资本寡头可以凭借雄厚的资本操控集体建设用地市场。最终，资本寡头将侵占大部分土地增值收益，缺乏资本甚至生存困难的农民将会慢慢失去集体建设用地使用权。在社会保障机制不太健全的条件下，失地农民的生存得不到保障。此外，虽然农民从出让集体土地那里得到了货币补偿，但多数失地农民仍然在外出打工维持生活，失地农民还有可能面临就业困难的风险。

（二）农地倾向非农化，粮食安全存在风险

当前，我国实行最严格的节约用地制度、最严格的土地管理制度和最严格的耕地保护制度。① 严格控制城乡建设用地规模和严守 18 亿亩耕地红线一直都是我国土地管理最核心的任务。但是为供应城市建设用地，一些地方摇着"为

---

① 赵光辉. 全国土地日的"红线"和"绿线"[J]. 中国农资，2023（14）：2.

了城市发展和建设"的旗帜肆意征用农业用地，常常是先斩后奏，造成恶劣的影响。

市场环境下，农业的比较效益长期偏低。允许农村集体建设用地直接入市流转之后，选择"种庄稼"还是"建房子"，前后的土地价值空间差距数十倍甚至数百倍。巨大的利益驱动自然会引起农地转用的热潮。在市场准则"以利润最大化"的指引下，势必会加重农用地的管理压力。集体经营性建设用地直接入市所带来的农地"非农化"倾向和农业劳动力转移，难免会提升农地转用风险。质量良好的耕地转为建设用地带来的整体耕地质量的下降和耕地数量锐减，我国粮食安全也将面临风险。

（三）利益分配不均，可能引发社会矛盾

尽管已经实施国有建设用地市场流转制度多年，但是城市土地增值收益分配问题一直没能得到妥善解决。政府获利在形式上应该是税还是费没有统一，设定的土地增值收益分配比例也往往缺乏依据。农村集体经营性建设用地一旦入市，同样面临土地增值收益分配的问题。由于土地增值具有多个来源，这会引发对利益分配的不同认识和主张，进而激发社会矛盾，影响社会安定和谐。政府是否以基础设施投入为理由或者是否凭借管理权力参与土地利益分配，如何确定市场主体的土地收益额度，应该怎么在各级政府之间分配土地收益、采取哪一种土地收益分配形式等这些具体的操作问题如果处理不好，可能引发更大的新的土地利益分配矛盾。

据自然资源部数据，我国农村集体经营性建设用地占集体建设用地的比例约为10%，在偏远的中西部农村地区这个比例甚至要低于5%。[①] 另外，有学者将农民区分为95%的远郊区农民和5%的市郊农民。一般情况下，只有恰巧位于规划区内的市郊农民（集体），才有机会通过土地使用权市场化获取经济利益，享受城市发展所带来的土地增值。规划范围的限制剥夺了远郊区农民和规划区外农民参与收益分配的权利。在这样的情况下，对绝大多数的农民来说，是无法仅通过放开集体经营性建设用地使用权交易市场来真正分享到经济发展和城镇化所带来的经济效益的。有学者指出，农村集体经营性建设用地入市改革所能够起到的作用是微乎其微的，限定范围的入市并不能达到保护农民土地利益的最终目的。目前集体经营性建设用地的入市收益分配正在沿海发达地区农村、城郊村和城中村催生一个新的土地食利族（这部分人数占农民总人数的比例是极少的，这将会造成新的社会不公）。

---

① 司野. 集体土地入市，增值收益该如何分配 [J]. 人民论坛，2017（14）：80-81.

此外，目前农村集体建设用地所有权代表较为混乱，产权的归属不明晰，配套制度也不完善，这些将会对今后农村集体土地收益分配带来隐患，可能导致不同参与主体的利益分配差异，因此建立统一协调的配套制度依旧任重而道远。

（四）城镇化成本提高，增加城镇化发展风险

虽然土地财政引起了民生、经济等方面的一连串问题，但是不得不承认，土地财政很大程度上推动了我国经济增长。作为工业化的加速器，土地财政加快了我国城市向第二产业过渡；作为城镇化的引擎，土地财政促进了城市的高速发展。农村集体经营性建设用地入市改革之后，若是国有建设用地出让金大规模缩减，可能会导致地方财政收入萎缩，城市建设公共服务的投入将骤降，城镇化进程也将减慢。同时，为了避免农民（集体）与政府对立，地方政府征收集体土地将可能按照市场价格对失地农民进行补偿，征地成本将被迫增加,[1]这将增加财政压力。

此外，由于集体经营性建设用地入市流转后其经济价值得到巨大彰显，农民（集体）将会更加重视征地补偿的公平性。由于相邻区域土地的征地补偿标准可能有所不相同，征地矛盾依然会十分尖锐。

（五）现行制度受到冲击，新秩序重建风险堪忧

农村集体经营性建设用地直接入市流转将对我国已成功建立起来的一些土地管制制度产生冲击。从实践的角度看，城市土地储备制度是近几年来比较成功的制度，其运行的关键是垄断土地一级市场出让权和对建设用地总量实施控制。集体经营性建设用地直接入市后，会使政府难以控制城乡建设用地的供给总量，从而影响城市的土地储备制度。

作为农村福利的一部分，我国农村集体建设用地对农民（集体）具有重要的保障作用。当前，我国对进城务工的农民尚未建立完善的保障制度。农村集体建设用地直接入市之后，更为彻底的人口城镇化将更需要与之配套的适合农民工的社会保障制度。这将对已有的社会保障制度及其维护的社会秩序造成较大的影响，牵一发而动全身，创建新秩序还将面临较大的困难和风险。

---

① 许坚. 集体建设用地直接入市应慎重 [J]. 中国国土资源经济，2004（3）：17-18, 46.

第二节 集体经营性建设用地入市风险的影响机理分析

从行为主体的角度来看，集体经营性建设用地入市风险包括地方政府行为风险、农民集体代理人行为风险、用地者和农民自利行为风险；从行为效果的角度来看，市场活动效果产生风险主要包括土地投机频发，农民失地风险、粮食安全风险、引发社会矛盾、城镇化发展风险、新秩序重建风险、生态环境效应风险、社会保障风险和就业保障风险。这些风险作用于集体经营性建设用地入市有四类主体——集体成员（农民）、集体经济组织（农村集体）、用地企业和政府，他们相互作用、相互影响形成一个复杂的风险系统，[①] 其内在作用机制见图 8-1。

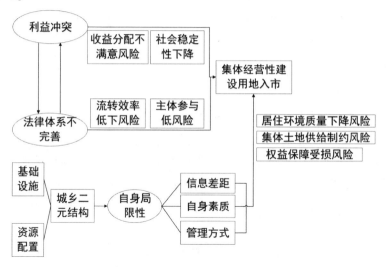

图 8-1 集体经营性建设用地入市风险的影响机理

一、农村自身局限性是产生风险的内生因素

不同于城镇的街道办，农村存在明显的局限性。农村存在的局限性主要体现在村集体管理方式、农民自身素质、农村基础设施建设水平和农民职业技能等方面。生存技能的应用水平和受教育水平等因素都会深刻地影响农民对集体

---

① 付光辉，朱佳宇. 乡村振兴视角下集体经营性建设用地入市社会风险识别：基于云南大理的实践调查［J］. 农业与技术，2022，42（23）：148-151.

土地入市的看法。农民（集体）的自身局限性使他们在参与土地入市收益分配博弈中处于不利地位，他们的合法权益也容易被侵犯。

二、法律法规体系不完善是外部诱导因素

在宏观层面上，最新实施的《中华人民共和国土地管理法》和《中华人民共和国土地管理法实施条例》对农村集体经营性建设用地入市做了总体的设计和部署。由于各地区的具体条件不同，《中华人民共和国土地管理法》和《中华人民共和国土地管理法实施条例》等法律法规也给各省、市、县（区）预留了一定的调整空间。例如，新土地管理法确立的公益征地条款（第四十五条）确定的"成片开发"为地方政府征收农村集体土地预留了"巨大空间"。① 地方政府可以利用这些政策存在的"预留空间"将原本可以入市的农村集体经营性建设用地征收为国有土地，然后挂牌入市，从而导致农民（集体）利益受到侵害。当前涉及农村土地改革的法律法规体系不够完善，这也是引发集体经营性建设用地入市风险的外部诱导因素。

三、利益冲突是发生风险的直接原因

集体经营性建设用地入市涉及集体成员（农民）、集体经济组织（农村集体）、用地企业和政府等主体，不同入市主体的利益诉求既统一又对立。农民需要依靠集体经济组织（村集体）的领导者去实现集体经营性建设用地入市，村干部等集体组织的领导者将获得政绩；用地企业与集体经济组织（村集体）也存在一致的目标，集体经济组织要通过集体经营性建设用地成功入市获得收益，用地企业希望顺利实施建设项目，获得利润；地方政府则可以在集体经济组织（农村集体）入市过程中获得土地入市增值收益调节金，提高地方财政收入。但是，现实中也时常发生村干部使用权力寻租，使农民利益受损；用地企业更希望以低价获得土地使用权，以此获得更大收益，集体经济组织则相反；而地方政府更希望将集体土地征收为国有土地然后再入市，取得更大利益。

---

① 刘玉姿. 论作为土地征收目的的成片开发建设：兼评《土地管理法》第45条第1款第5项［J］. 北方法学，2021，15（1）：91.

第三节 牢固树立农村集体土地改革底线思维

深化集体经营性建设用地入市增值收益分配机制改革的根本任务是处理农民与土地的关系，主线是处理政府、市场与农民的关系。推进集体经营性建设用地入市改革务必坚守“三条底线”，即农民利益不受损、耕地红线不突破和公有制性质不改变。① 2014年中央全面深化改革委员会第七次会议强调，必须坚持农民利益不受损、土地耕地红线不突破、公有制性质不改变三条底线。2020年中央全面深化改革委员会第十四次会议再次强调“要坚决守住三条底线，要‘实现好、维护好、发展好农民权益’”。

坚守农民利益不受损底线，要求保障符合入市条件的集体经营性建设用地的入市权利。要着重培育集体经济组织的发展力量，明确“入市”的主体资格；严格界定征地的公益性质，缩小征地范围；对基础公共设施配套需要征地的，提高征地补偿标准，缩小“征收”与“入市”之间的收益差距；保障农民利益不受损、获得感有所提高。建立合理的收益分配制度，统筹、联动推进两项制度改革，建立以用途管制为中心的城乡统一建设用地市场，实现农民（集体）“征收”与“入市”收益的大体平衡，始终以农民的基本利益为前提，农民的利益始终是必须坚守的改革底线，防范“入市改革”变形走样。② 中国共产党关于农村土地制度的改革，要严守18亿亩耕地红线，严防耕地红线不突破，严格控制农用地征收转用规模，保障地方和国家的粮食安全。另外，还要坚持土地用途管制不松懈。在我国改革发展进入攻坚期和深水区的现代化背景下，土地资源的稀缺性进一步凸显。围绕土地的各种利益冲突越发尖锐，土地用途管制制度的重要性逐渐凸显，土地用途管制是土地管理制度的核心，是为了确保土地利用符合社会需要的基本土地管理制度，必须坚持不松懈。土地公有制是中国共产党带领全国人民在长期实践中形成的财产制度信念，“坚守土地公有性质不改变”是不能迂回的大是大非问题。推进集体经营性建设用地入市应因地制宜，要在保持集体土地的性质不改变的前提下，开展适度规模的土地流转，

---

① 缪德刚．从单一产权到“三权分置”：新中国农村土地产权制度70年沿革［J］．西南民族大学学报（人文社会科学版），2019，40（12）：103-112.

② 王湃，刘梦兰，黄朝明．集体经营性建设用地入市收益分配重构研究：兼与农村土地征收制度改革的对比［J］．海南大学学报（人文社会科学版），2018，36（5）：77-85.

才符合当前改革的主要目标，① 也才能有效规避入市带来的风险。

市场经济的发展历史清楚地告诫世人，完全依靠自由市场实现均衡发展的理论是不可靠的。绝对市场化的主张也并不是提高效率的"万能药"，市场机制失灵的情形时有发生，所以集体经营性建设用地入市制度作为我国的基础性制度，国家必须为集体经营性建设用地入市的农民（集体）主体"兜底"，必须充分发挥"有为政府"的作用，才能保障农村土地资源的合理流转，保证农村乃至整个社会的长治久安。

本章小结

土地是社会财富之母，也是农民财产的最主要构成。集体经营性建设用地入市改革不仅有利于激活集体土地的财产功能，还有利于推进城市要素向农村的集聚，从而有助于统筹推进城乡融合式发展。集体经营性建设用地入市及其增值收益分配改革的主要影响在于赋予农村土地更多的财产功能、促进城乡融合发展和助推乡村振兴。

本章从"行为主体的角度研究市场主体可能带来的风险"和"从行为效果的角度研究市场活动效果产生的风险"两个角度，识别和定位了集体经营性建设用地入市收益分配改革面临的风险。从行为主体的角度来看，集体经营性建设用地入市风险包括地方政府行为风险、农民集体代理人行为风险、用地者和农民自利行为风险；从行为效果的角度来看，市场活动效果产生的风险主要包括土地投机频发，农民失地风险、粮食安全风险、引发社会矛盾、城镇化发展风险、新秩序重建风险、生态环境效应风险、社会保障风险和就业保障风险。这些风险作用于集体经营性建设用地入市涉及四个主体——集体成员（农民）、集体经济组织（农村集体）、用地企业和政府，他们相互作用并相互影响，形成了一个复杂的风险系统。农村自身的局限性是产生风险的内生因素，法律法规体系不完善是外部诱导因素，利益冲突是发生风险的直接原因。

逐步打通"国有土地一级交易市场"和"集体经营性建设用地二级交易市场"两个市场，实现国有土地和集体经营性建设用地这两类属性的建设用地"同地、同权、同价"，是统筹建设集体经营性建设用地二级交易市场的目标定

---

① 吕萍，于璐源，丁富军. 集体经营性建设用地入市模式及其市场定位分析［J］. 农村经济，2018（7）：22–27.

位。改革集体经营性建设用地入市的初衷是要在保持农民集体土地所有权属性不变的前提下，通过改革允许和实现集体经营性建设用地的使用权市场交易。集体经营性建设用地入市与耕地保护、农业发展有关，同时也与农村集体经济发展息息相关，需要根据城乡规划或者乡村规划进行协调和统一。在全面推行农村集体建设用地直接入市流转之前，必须预测此项改革在全国展开之后可能出现或者引发的重大风险，而后比较利弊、衡量得失，适时适地合理地推进改革。在推进集体经营性建设用地入市改革的过程中，我们必须始终坚守公有制的原则，确保不改变土地所有权归属；同时要严格遵守耕地红线政策，切实保护好农业用地资源；还要充分考虑农民利益，确保他们的合法权益不受到任何损害。

第九章

建立健全集体建设用地入市增值收益分配有效调节机制的对策与建议

第一节 集体建设用地入市增值收益分配存在的问题

从现阶段各地的改革试点情况来看，农村集体经营性建设用地入市增值收益分配主要存在以下几方面的问题。

一、存量集体经营性建设用地分布不均衡

不同农村集体之间的集体经营性建设用地存在"价值"和"数量"两方面的失衡。一是从区位的角度看，距离中心城市越近的集体经营性建设用地，其增值空间就越大，快速城市化发展的城市尤其如此。有学者指出："农民群体已经严重分化为95%的非城郊农民和5%的城郊农民。"① 也就是说，集体经营土地入市改革的红利主要集中在5%的城郊农民手中。此外，不同试验区的集体经营性建设用地入市基准价格也差距巨大，即便在相同的改革试验区内部，集体经营性建设用地的入市价格也会相差巨大，农民的土地收益差距十分明显。二是从历史的角度看，当兴办乡镇企业和村办企业的热潮退去，在东南沿海地区完成乡镇企业改制后，出现了大量的农村集体经营性建设用地，而中西部内陆地区却很少；乡镇企业的发展在全国范围内存在不平衡现象，导致东西部存量的集体经营性建设用地的不均衡，并且数量之间存在较大差异。

新土地管理法实施以后允许集体经营性建设用地入市流转，集体经营性建设用地在数量和规模上的差别，将导致不同农民集体在土地入市收益上出现巨

---

① 石小石，白中科．集体经营性建设用地入市收益分配研究［J］．中国土地，2016（1）：28-30.

大差距；即使允许新增集体经营性建设用地，但是由于中西部土地市场发展水平落后，中西部地区可能也是有地而无市，区域间的土地收益不均将进一步突出。可以预见，如果不对现有集体土地入市收益分配机制进行改革，随着集体经营性建设用地二级流转市场逐渐成熟之后，由于集体经营性建设用地存量的差异和位置的差异，农民群体之间的收入差距会因土地收益的差距不断扩大。

因此，需要进一步探索不同农村集体之间的土地收益分配。虽然调节金能调节集体和国家之间的收益，但不能调节不同地区不同农民集体之间的土地收益分配。根据当前土地规划和用途管制的限制，农村公益性建设用地要只有通过征收才能入市、集体经营性建设用地能直接入市，而农用地只能维持现状。在无偿分配土地发展权的模式下，当前的规定容易引发不同农村集体之间的土地利益纠纷，① 如果不能妥善处理用途管制导致的农村集体之间土地收益失衡的问题，可能会直接影响到集体经营性建设用地入市政策的实施效果。

二、村庄规划缺失，不利于入市范围的界定

要能够判断集体经营性建设用地是否符合入市审批的先决条件——"符合土地规划"和"符合土地用途管制"，必须事先制订出可依的"规划"。乡镇的土地利用总体规划是对乡镇辖区内土地开发、利用、保护和整治等方面的统筹计划，涵盖了地理空间、土地用途、数量和时间四要素，涉及的范围广，内容繁复，对乡镇乃至市县级而言仍然是比较模糊的概念。而且农村地区，特别是西部欠发达的农村地区，因受到知识、技术、资金等因素的限制，在编制土地规划方面滞后，因此部分地区缺乏土地利用总体规划，多数农村缺乏村庄规划，导致农村集体经营性建设用地入市没有"规划"可遵循。

在我国广大农村地区通常是公益性建设用地、宅基地、农用地和集体经营性建设用地交叉分布，在缺失村庄规划的情况下无法或者是不能顺利开展农村宅基地、集体经营性建设用地等农村土地的整理，从而不利于实现农村集体经营性建设用地规模化入市。

三、集体收益分配的可持续性差，不同地区调节金征收比例差距大

调节金征收比例直接关系土地增值收益的分配。若是调节金比例过高，政府将从集体经营性建设用地入市中获取更多的收入，而农民（集体）的收益将

---

① 岳永兵，刘向敏. 集体经营性建设用地开发商品住宅试验考察与推进建议：以广西北流、河南长垣、山西泽州的试点改革为例 [J]. 西部论坛，2022，32（3）：98-108.

减少；若调节金比例过低，将减少地方政府财政的收入，影响地方政府推进集体土地入市的动力，不仅难以发挥其调节作用，也无法实现再分配的公平价值。有学者通过对比研究指出：政府收取较低调节金时，农民集体能获得的土地入市增值收益分配比例是 0.70~0.90；而政府收取较高的调节金时，农民集体能获得的土地入市增值收益分配比例是 0.20~0.85；① 也有学者通过土地利用效益评价的实证研究指出：政府提取集体经营性建设用地入市增值收益调节金比例应为 0.31~0.37；② 还有学者通过"贡献—风险"法得出在农地征收转用过程中，中央政府、地方政府、集体、农民的土地增值收益分配的理想比例是0.21：0.32：0.16：0.31。③ 土地增值收益分配比例的量化结论是"百花齐放"，得出的结论缺乏普适性，难以复制和推广。

在集体经营性建设用地入市试点过程中，由于在征收集体土地入市增值收益调节金方面未明确标准、没有统一的上缴比例及其计算方法，有些地区利用政策的疏漏，忽视中央相关文件精神，未执行按时按量上交入市土地增值收益调节金的规定。也有些村集体对"入市收益"的认知不足，长时间沉浸在"土地流转免费"的思想当中，缴纳少许甚至不缴纳调节金。④ 因此，加重了政府财政在"缩小征地范围"背景下的收入危机。

虽然《农村集体经营性建设用地土地增值收益调节金征收使用管理暂行办法》已规定集体经营性建设用地入市增值收益调节金征收比例应控制在增值收益的 0.20~0.50，但有不少试点打破了这个规定的比例，而且各个试点征收调节金的比例差距较大。例如，海南省文昌市的征收比例仅为总成交价的 5%，而贵州省湄潭县的调节金比例为 12%。相比之下，上海市松江区等地区的征收比例最高可达 50%。⑤ 在调节金比例较低的情况下，农民（集体）通过直接将土地投入市场可以获得远高于征收补偿款的收益，这可能会增加未来征收农村集体土地的困难程度。欠缺合理性和公正性的征收，将难以在制度和法理上获得

---

① 谢保鹏，朱道林，陈英，等. 土地增值收益分配对比研究：征收与集体经营性建设用地入市 [J]. 北京师范大学学报（自然科学版），2018，54（3）：334-339.

② 王湃，刘梦兰，黄朝明. 集体经营性建设用地入市收益分配重构研究：兼与农村土地征收制度改革的对比 [J]. 海南大学学报（人文社会科学版），2018，36（5）：77-85.

③ 徐进才，徐艳红，庞欣超，等. 基于"贡献—风险"的农地征收转用土地增值收益分配研究：以内蒙古和林格尔县为例 [J]. 中国土地科学，2017，31（3）：28-35.

④ 陈海素. 农村集体经营性建设用地入市改革困境：以广东省南海区为例 [J]. 广东土地科学，2017（2）：9-11.

⑤ 吴昭军. 集体经营性建设用地土地增值收益分配：试点总结与制度设计 [J]. 法学杂志，2019，40（4）：45-56.

支撑，难以对未来构建普遍适用的正式制度提供有效支撑，也不利于将相关经验和制度转化为法律文本。

四、农民集体增收与地方"土地财政"创收需进一步权衡

农村集体建设用地"使用权"就地入市模式和"发展权与使用权"异地入市模式均需占用现有的集体建设用地指标。存量集体经营性建设用地入市规模越大，要占用的建设用地指标就越多，这将会进一步缩减地方政府可出让建设用地面积的指标总量，不利于地方政府对土地征收一级市场的调控，从而影响城镇化的发展。另外，由于集体土地所有权归属于农民集体，如果政府仅能获取少部分的集体土地出让调节金，集体经营性建设用地入市的大部分收益归农民（集体）所有。相较于单一的地方政府征地模式，允许农村集体建设用地入市后，地方政府土地收益减少。例如，2018 年成都市郫都区"招拍挂"出让国有土地起拍的平均价是 112 万元每亩，而土地征地补偿费是 3.6 万元每亩。[①] 农村集体建设用地入市后，将导致"土地财政"收益减少，而且地方政府还需要提供所在地区的配套公共基础设施建设，这些势必会消减地方政府推动农村集体土地入市改革的动力。

地方政府对集体经营性建设用地入市有抵触的动机。农村集体建设用地入市后，如果能取得远高于地方政府征地补偿的土地增值收益，出于利益的考虑，农民（集体）将不愿集体土地被政府征地，这将给政府征地带来更大的困难，不利于解决"城中村"拆迁和城市近郊土地征收等城市发展问题。[②] 因此，如何化解集体土地入市与政府征地之间的矛盾，有效平衡地方政府和农民（集体）的土地增值收益，是目前我国面临的一大现实困境。

五、市场监督配套制度、农民权益保障制度需进一步健全

目前，集体经济组织在我国农村尚未普及，大部分农村还没有成立集体经济组织，农村集体经济组织的职能仍是由村民委员会代行，没有落实提留金的管理和使用。在我国农村，发展集体经济面临制度不健全、管理不规范和效益较低等问题，农民的成员权残缺，农民的利益诉求、表决权和监督权等权利较

[①] 李怀. 农村集体经营性建设用地入市收益分配改革：模式、困境与突破 [J]. 东岳论丛，2020，41（7）：128-137.

[②] 李太淼. 农村集体经营性建设用地入市的难点问题论析 [J]. 中州学刊，2019（1）：43-49.

难实现。虽然也有不少要求地区将土地流转收益纳入集体经济组织统一管理，但是对流转收益的管理、利用不规范，甚至缺失对流转收益的监管，① 易损害农民利益，农民难以成为真正掌握集体收益的"主人"。②

新修订的《中华人民共和国土地管理法实施条例》没有进一步细化集体经营性建设用地入市后的用途，为下一步如何改革留足了余地和空间，但是这也将会产生政策导向不明的后果和影响，不利于后续配套制度的落地、落实。尽管《中华人民共和国土地增值税法》（征求意见稿）探讨了关于集体经营性建设用地入市增值收益分配的相关问题，但该法案仍处于讨论阶段。从法理角度来看，目前对土地增值收益的调节还没有明确可依、有章可循的规范。

第二节　国外土地开发权转让的实践与启示

土地发展权的概念和制度创始于英国。英国最先对土地所有权进行了分割。1947 年英国通过《城乡规划法》规定土地使用者必须先向国家购买土地发展权才能获得未来土地开发利用带来的增值，③ 即土地发展权需有偿取得，实行土地发展权国有制。20 世纪 60 年代，美国开始引入土地发展权观念，对土地使用管制与土地区划制度进行改革和创新。1968 年纽约在对地标建筑的保护上首次运用了"密度转移机制"。此后，土地发展权在美国得到进一步发展，逐渐形成了土地发展权购买（PDR）和土地发展权转移（TDR）制度模式。④ 不少亚洲国家也采用了土地发展权制度，如 20 世纪 80 年代日本为解决规划限制区域的土地发展权益等问题引进了土地发展权转移的思想和制度。国外土地管理制度对土地开发权设置与流转的经验，为我国土地制度改革提供了宝贵的经验与教训，值得我们学习和思考。

---

① 富新梅. 农村集体建设用地流转收益分配问题分析 [J]. 农业经济，2020（6）：95-97.

② 陈洁斌. 集体经营性建设用地入市收益分配法律机制研究 [D]. 重庆：重庆大学，2021.

③ 刘国臻. 论英国土地发展权制度及其对我国的启示 [J]. 法学评论，2008（4）：141-146.

④ 徐莉萍，张淑霞，李姣. 美国土地发展权转让定价主体、模型、制度的演进及启示 [J]. 华东经济管理，2016，30（1）：171-178.

一、英国土地开发制度演变的经验与启示

英国在建设土地管理制度方面的历史悠久，体系完整。英王在英国法律上是全部土地的所有人，企业机构、团体和个人仅拥有土地使用权。但是在英国持有土地永业权的人才是实际的土地所有人，公共部门和政府仅持有一小部分土地，绝大部分的土地被企业法人或私人占有。因此，可以说英国是一个土地私有制国家。

1662 年英国向伦敦街道拓宽后地产得到"改善"的所有人征收改善金，首次规定对从规划中获益的土地所有人征收改善金，以补偿为此受到损失的土地所有人。[①] 1909 年，英国允许地方规划当局对因规划增值的土地征收 75%的增值额作为改善金。但是这些规定没有成效，因为无法计算有多少的增值是由实施规划所引起的。到 1942 年只有极个别在规划法责令下支付了改善金的案例。

1947 年英国《城乡规划法》设立了土地发展权制度，该法规定："私有土地只能按原用途进行开发利用，一切私有土地将来的发展权移转归国家所有。"任何个人或者企业在改变土地用途前，必须先获取规划当局的许可；如果该改变土地用途的计划获得批准，所有由实施该计划引起的土地增值都需要向土地规划当局缴纳开发捐。[②] 这相当于规定了土地发展权归属于国家，私人需购买土地发展权后方可改变土地用途，从而实现了对发展权及相关利益的国有化。[③] 为弥补业主的损失，英国设立了巨额的基金（3 亿英镑）用于"赔偿"业主。巨额的"赔偿"导致英国政府欠付个人的土地发展权补偿负担过重。

1947 年至 1953 年英国政府将土地增值全部收归国有。[④] 土地发展权国有化完全否定土地使用权人参与分享土地发展增益，实施《城乡规划法》并没有起到积极作用，反而是产生了一些消极效果，造成了地产市场萎缩。1947 年至 1953 年英国的实践表明，使用"涨价归公"并不能解决"涨价归私"的问题，反而"涨价归公"制度在实践中碰壁而归于失败。"涨价归公"制度失败的根本原因在于它彻底否定了土地使用者的开发权，侵犯了失地者的基本权利，它不适应于经济社会发展的需要。

---

① 陈柏峰. 土地发展权的理论基础与制度前景 [J]. 法学研究，2012，34 (4)：99-114.

② 卡林沃思. 英国城乡规划 [M]. 陈闽齐，周剑云，戚冬瑾，等译. 南京：东南大学出版社，2011：214.

③ 程雪阳. 土地发展权与土地增值收益的分配 [J]. 法学研究，2014，36 (5)：76-97.

④ 刘祚祥，黄权国. 公共领域、农地产权与农民的土地发展权分享 [J]. 甘肃行政学院学报，2008 (2)：20-24.

1954 年起英国取消了开发捐，但公共机构可以仅以现有用途的价格向私人"征地"，因此那些被迫出卖土地的人觉得受到了不公正、不公平的待遇。1959 年在社会思潮的压力下英国才修改了《城乡规划法》，将强制收购的补偿标准改成"市场价格"。1964 年设立《土地委员会法》对开发价值增收改善金，改善金的税率最初是 40%，后来涨到 45% 乃至 50%，保证了"由社会创造的开发价值中的相当部分可以物归原主"①。1964 年设立的改善金与 1947 年的开发捐相比，改善金保留了土地使用者应得的部分收益。

1985 年英国保守党彻底废除土地开发权国有制度，废除土地增值税，"地产增值税"只征收了 3 年左右的时间。但这并不意味着涨价完全归私。而是确立了私人与地方政府共享土地增值收益的利益分配模式，② 并逐渐演变成部分土地发展增益归公，部分土地发展权归国家所有的原则。总的来说，英国利用土地用途管制制度控制了土地的开发利用，致使土地所有者不能随意开发土地。英国在实行土地私有制的情况下还将土地发展权定义成一种独立的土地权利，而且它既可以完全归私人所有或者完全归国家所有，也可以定额配置归国家所有，反映出土地发展权的初始配置主体与土地所有权人可以不一定完全相同。③ 英国通过设立土地发展权制度，确立了部分土地自然增值归国有的基本制度。但是英国实施土地发展权国有制度遭遇诸多问题，土地增值收益分配比例和方式也几经调整和改变。因此，从英国的实践经验很难概括出可供中国直接参考和借鉴的"黄金法则"。事实上，英国在 1947 年以后建立的土地管理制度是不成功的，是一种错误的做法，它给了我们的一些启发：要实现土地增值收益返还社会的目标应该借助税收工具，而"土地发展权国有化"是一种教训，是行不通的。

二、美国土地开发权转让的制度设计与启示

美国的土地发展权制度最初是从土地用途管理和土地利用控制制度逐渐演变而成的，它与土地分区管制有着紧密的关联，分区管制对土地开发利用的要求是设立它的依据。美国的所有土地都获得了法律赋予的定额发展权，但土地的开发建设工作被限制在建设规划区内，也称"受让区"内，"出让区"的土

---

① 杨明洪，刘永湘 . 压抑与抗争：一个关于农村土地发展权的理论分析框架 [J]. 财经科学，2004（6）：24-28.

② 李谦 . 中国农村宅基地增值收益分配：归正与重置 [J]. 现代经济探讨，2023（2）：105-115.

③ 魏彬彬 . 土地发展权视野下我国小产权房问题研究 [D]. 重庆：重庆工商大学，2015.

地发展权仅有转让这一种实现方式。① "出让区" 通常根据生态、环境、农业发展和历史文化等因素来划定，属于土地保护区；而 "受让区" 通常根据城市经济空间聚集、基础设施建设和未来发展方向等因素确定，常常是城市的发展区。可以通过增加土地发展权来提高 "受让区" 内土地开发利用的强度和密度。美国的 "受让区" 和 "出让区" 都有明确的地理范围，"出让区" 只能转出土地发展权，不能接受土地发展权；"出让区" 的地块失去土地发展权后将不再被允许开发。"受让区" 是政策引导未来城市的发展方向，它可以接受土地发展权，但不能跨区域出让。美国的这两种制度能实施的前提是任何一块土地都具有开发权，并在严格的土地规划下才能得到实施。

"出让区" 的土地所有人可以与开发商进行土地发展权买卖，但土地开发利用只能在 "受让区" 进行，在这个过程中政府一般不会干预。纽约市柏林顿郡设立土地发展权转让银行——"松林发展权银行"，通过该银行登记的土地发展权可以自由买卖，1993 年新泽西州将发展权证券化，通过证券交易的方式，新泽西州也实现了土地发展权在市场上的自由买卖。也有地方明确规定发展权交易必须通过政府规定的相关部门，如芝加哥政府组建了自己的土地发展权交易市场。芝加哥政府向 "出让区" 原土地所有人支付用于购买土地发展权的价款后，该土地仍旧归原土地所有人所有和使用，但原土地所有人对这块土地的开发利用从此受到了限制。为了保护环境敏感地带、历史古迹和农地，政府按照市场价在特定地区购买土地发展权，以弥补土地所有者损失的机会利益，起到了永久性保护的作用。同时，为补足农民由于农地用途管制而无法获得土地入市的增值收益，美国政府利用农业税收优惠等对农地所有者进行补偿。②

不同的土地规划会导致同等条件的土地产生显著的价值差异。通常农业区、工业区、住宅区和商业区的土地价值依次是上升的，农地价值最低，而商业用地最高。在项目区内，最初面积相同的每一块土地获得的土地发展权配额都相同。公平的土地发展权定额配置和自由的土地发展权转让制度可以纠正政府规划带来的利益分配不公平问题，帮助矫正由土地法规造成的市场扭曲，有利于消除政府规划对土地价值的影响，促进达成利益均衡。③

美国将土地发展权作为一项私权利，定额配发给土地所有权人，允许土地

① 陈柏峰. 土地发展权的理论基础与制度前景 [J]. 法学研究, 2012, 34 (4): 99-114.

② 李谦. 中国农村宅基地增值收益分配: 归正与重置 [J]. 现代经济探讨, 2023 (2): 105-115.

③ 俞静琰. 土地增值收益及其分配问题探讨 [J]. 上海国土资源, 2013, 34 (3): 38-41, 47.

所有权人自由交易土地发展权，并坚持土地发展权增值归私。从现实需要的角度来看，用途管制、土地征收、分区控制和土地规划都是为了限制土地自由开发，美国法律设立土地发展权也是为了实现限制土地无约束地开发。如果土地开发没有任何限制，则无需土地发展权制度。在制定土地发展权等土地管理制度以前，提高土地利用程度或者改变土地原来的用途是完全由土地所有权人决定的，其土地增值收益也是完全归属于土地所有权人。

　基于维护社会公共利益而衍生出的土地发展权的转移是国家的一种征收权，这种征收权并非无偿地占取土地所有人的权利。英美两国的土地发展权制度看起来有很大差异，但这两个国家的制度都有效预防了特定区域的土地所有权人独享土地发展增值收益，也避免了少数人掠取大量土地发展增值收益的情形。在英国，土地发展权（部分）归国家所有，防止了因土地规划或者土地位置而导致的收益分配不公平。在美国，土地发展增值收益由土地所有人享有，限制开发土地的发展增益则通过发展权交易市场来实现。美国的土地管理模式给中国的启发是土地发展权配置应照顾到因城市规划没有入市机会的土地的所有权人。理论上他们也应享有土地发展权，应分享土地发展增益，即使他们是"沉默的大多数"。

　土地发展权完全归公与完全归私是两个极端，都有片面性。实行"土地增值归公"制，最大限度保障了社会的利益，却完全忽略了原土地所有者的开发权，侵害了失地者的基本权利；而实行"土地增值归私"制，其效果将完全相反，因为它只顾及土地所有者的利益，没有兼顾社会发展和其他在耕农民的利益。实践中不论是采取"土地增值归公"还是"土地增值归私"，都将产生不可调和的、严重的矛盾，其根本原因在于对土地的增值收益分配不公。为了修复"土地增值归公"的缺陷，我国少数学者提出实施"土地增值归私"，这无非主张重走 1954 年以后英国的老路而已。汲取"涨价归公"和"涨价归私"两者的优点并摒弃其弱点，便意味着应当实行"私公兼顾"制。美国的发展权转移和发展权购买制度，为我们建立土地增值收益分配"私公兼顾"提供了极其宝贵的启示。① 美国的土地发展权制度确实有很多优点：一是能够缓解来自试图把土地出售给开发商的土地所有人的政治压力；二是补偿因分区政策而开发受限的土地所有人，能够消除非个人努力而导致的土地增值分配不均，从而保证公平；三是能够促进城市的扩张和理性发展；四是能够以更低的费用来保护开

---

① 周诚. 农地征收宜秉持"全面开发权"论：关于农地征收"涨价归公"论、"涨价归私"论与"私公兼顾"论的辨析［J］. 农业经济研究（人大复印），2006（9）：3-4.

敞空间、环境敏感区、历史遗迹以及农地；五是能够促使土地所有人避免利益分裂；六是能够减少因土地分区规划带来的争议和申诉及其相应的成本；七是能够在技术上避免征收土地，减少社会矛盾。① 由此，有一些中国学者主张在中国全面借鉴这一制度。② 然而，成功地实施美国式的土地发展权制度需要相关的控制因素和环境，包括合理高效的土地分区规划政策、对土地权利明确的法律界定、高效的市场监管以及农民对发展权制度的充分认可等。而且目前中国几乎采用的是土地发展权国有模式，中国相关制度与美国的土地发展权制度有着不同的基础，若是硬要转换成美国式的土地发展权定额私有模式，我国需要付出高昂的制度转换成本和巨大的社会管理成本。其中，最主要的原因是全面赋予所有土地发展权后，国家要限制低效率开发土地就必须先买断农民（集体）的土地发展权，这会让中西部地方政府"有心无力"。倘若不能买断农民的土地发展权，社会管理工作就很难理顺，就无法从根本上阻挡低效率地开发土地，造成土地资源浪费，耕地保护政策也将落空。显然，目前中国没有实行美国式土地发展权制度的环境和条件，因此，在当前的情况下，我国并不具备全面借鉴和实施美国土地制度的条件，并且也没有必要这样做。其实在美国一些没有全部具备这些控制因素和环境的地区，实际的土地发展权转让制度运行效果也没有达到预期。③ 当然，具备条件的一些地区可以谨慎尝试以立项的形式进行土地发展权改革试验。

英美两国的土地发展权制度对我国集体经营性建设用地入市增值收益分配机制改革的意义主要在两方面：一是有助于从法理上分析中国"土地发展权"相关制度的改革实践；二是有助于厘清和把握土地发展增值收益的分配机制改革的方向。总之，美英两国的土地发展权制度为我们从法理上厘清土地发展权的本质提供了丰富素材，在收益分配机制设计上也更为中国农村集体经营性建设用地入市增值收益分配机制改革提供了参考。但是由于中国与西方国家在历史文化、生产力水平、城市化进程、政治体制等诸多方面存在明显的差异，在中国大多数情况下农地转为市地是为了城市化，如果城市化也算公共目的的话，则在中国实施上述两种制度至少和其原意不同，因此机械地"照搬照抄"既不可行，也不可取，但其做法值得参考和借鉴。

---

① BUCKLAND J G . The History and Use of Purchase of Development Rights in the United States [J]. Landscape and Urban Planning, 1987, 14：237-252.

② 韩松 . 集体建设用地市场配置的法律问题研究 [J]. 中国法学，2008（3）：65-85.

③ RENARD V . Property Rights and the 'Transfer of Development Rights'：Questions of Efficiency and Equity [J]. Town Planning Review, 2007, 78（1）：41-60.

第三节 国内土地收益分配制度改革的经验

一、国内集体经营性建设用地入市案例

（一）贵州湄潭：拓展集体经营性建设用地范围

贵州省遵义市湄潭县最早实行了农地"增人不增地、减人不减地"，是中国农村土地制度改革的先驱，湄潭县在中西部地区具有代表性，后来又成为首批全国农村改革试验区。2010 年，湄潭县就已经开始了第四轮农村改革试验，自2015 年改革重点就是集体建设用地管理，其中包括宅基地的交易。湄潭县乡镇企业数量规模小，工业化发展程度较低，农村集体土地的使用形式主要表现为住、商混合的综合性用途。通常湄潭县农村的宅基地都具有微商用（小旅馆、小商铺）和居住的功能。出现这些情况，一方面是由于在宅基地分配和使用初期，由于家庭人口数量多，出现私自扩建。随着人口减少，农村宅基地出现了超标面积，而且村集体难以清退出超标的土地面积。[①] 另一方面是城镇化并非彻底的城镇化，不完善的农村宅基地退出机制加重了农村宅基地超标问题。多数搬迁进了城的湄潭县农村人口并没有放弃他们在农村的宅基地和承包地。[②]

在此背景下，在保障农民拥有足够居住面积的前提下，湄潭县开展分割登记宅基地的探索，允许农民将多余的宅基地转为集体经营性建设用地来利用，允许将其出让、租赁（具体操作过程见图 9-1）。其具体的入市流程是"申请→审查→地价评估→缴纳土地收益金→分割登记→入市颁证"。

首先，遵循"村民自愿、村集体同意"的原则，按户籍人口给予 40 平方米/人的基本保障面积，剩余部分的面积可以用作经营性用途进行登记，将宅基地转变为集体经营性建设用地；其次，只需支付一部分资金，就可以在二级市场上将集体经营性建设用地的使用权转让或出租给他人。2017 年，兴隆镇兴隆村居民刘某在原宅基地（220.32 平方米）修建了综合类用房，建筑面积 729.18 平方米，家庭人口 6 人，在保障基本居住用房建筑面积 240 平方米的基础上，刘某本人书面承诺不再申请宅基地建房，并申请将其中 169.50 平方米的经营性

---

① 桂华. 城镇化进程中的宅基地低效利用及其解决：村庄更新的思路 [J]. 云南行政学院
   学报，2017，19（5）：18-24.
② 罗淳. 中国"城市化"的认识重构与实践再思 [J]. 人口研究，2013，37（5）：13.

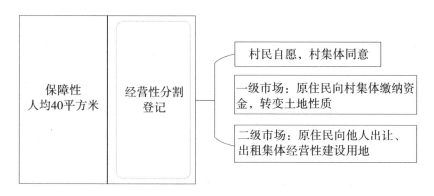

图 9-1 贵州湄潭农村宅基地分割登记做法

用房（含一间门面和一套住房，建筑面积 169.50 平方米、用地分摊面积为 16.62 平方米的门面和住房）分割登记入市交易。经过评估，其中门面土地的评估价为 15756 元，住房土地的评估价为 12814 元。经兴隆股份经济合作社同意，兴隆镇人民政府审查后，根据规划和国土部门的审核结果向县人民政府申请审批。根据审批结果，刘某向村股份经济合作社缴纳了总价款 30%（8571 元）的土地收益金。之后，村股份经济合作社与兴隆镇龙凤村村民陈某签订了协议。在合同中约定住房使用年限为 70 年，商业部分使用年限为 40 年。陈某按照集体土地及房屋转让相关规定缴纳了 32374.53 元不动产交易税（按照政府制定区片价计算得出，商业应缴税率 28.60%，住房应缴税率 9.55%）。湄潭县不动产登记事务中心已颁发给陈某"房地合一"不动产权证书。

湄潭县偏岩塘村有一贫困户，家中仅剩一人，拥有一栋 120 平方米的两层老宅。2016 年，某旅游投资公司与该贫困户签订合约，通过对老宅进行翻新改造，并将其用于发展民宿旅游。以每年 2.4 万元的租金长期租赁该房屋，租期为 15 年。其中一部分租金将转交给村集体，以实现将宅基地转变为集体经营性建设用地的目标。同时，该旅投公司对一间约 40 平方米的老宅附属房屋进行翻修，以保障该贫困户的基本生活。

在湄潭县的分割登记入市框架下，对农村集体经营性建设用地的概念和范围进行扩展，这有助于欠发达地区充分利用农村集体资产。其做法的主要优点在于：一是有效地盘活大量闲置的集体建设用地，特别是闲置的宅基地，更好地集约利用土地；二是有效地对存量宅基地保障性功能与经营性功能进行分割，赋予经营性土地租赁、入股、转让、抵押等权能，释放宅基地更多的潜在价值；三是更好地推动个体经商、乡村旅游、休闲娱乐、家庭旅馆、农产品加工等小微企业和工商业蓬勃发展。

（二）义乌市"集地券"：集中管理分散的用地指标

义乌市位于浙江省中部，2015 年被国务院确定为农村宅基地制度改革试点。义乌市的小商品经济非常繁荣，大量来自外地的务工人员进一步加剧了该市城乡用地之间的紧张关系。作为全国唯一的县级市国家级综合改革试点，义乌市人所拥有的宅基地面积不到 110 平方米，略低于浙江省人均拥有的 125 平方米。义乌市在借鉴城乡建设用地增减挂钩基础上，结合地方实际积极探索农村宅基地退出机制，制定"集地券"制度。根据《义乌市"集地券"管理细则》（试行）规定，"集地券"优先由乡镇或者街道安排用于农民住房建设，可以用于上市交易，允许银行质押，不仅保障了农民建房需求，也显化了农民土地财产权益。除了市政府通过旧村改造、复垦等方式获得的"集地券"按照成本价收购外，其他通过市场交易获取的收益将在扣除土地整治成本后归还给权利人，即村集体或宅基地使用权人。相比于城乡建设用地"增减挂钩"项目，义乌的"集地券"制度主要区别在于对零散、分散的用地指标进行集中管理，并采取台账式登记方式。该制度允许在需要时全市范围内统筹、合并使用，充分利用现有的集体建设用地来推动城乡统筹发展。

（三）深圳土地整备制度：利益统筹模式的土地整备

由于深圳陆地面积有限，实现全面城市化后，充分利用农村集体掌控的土地成为扩展城市发展空间的重要途径。然而，农村集体实际控制用地中大多以私宅用途和工业用途为主，公共设施和基础设施欠账多，土地使用效益低，并且多数用地属于合法外用地。深圳村集体土地历史遗留问题众多、权属复杂，农村集体实际控制与政府名义所有之间存在较大冲突，严重阻碍土地再开发利用。

2009 年对深圳农村集体实际控制用地的调查结果显示，农村超过 75% 的用地为未经政府认可的合法外侵占用地，合法用地仅占其控制总用地的 25% 左右。[①] 政府不认可农村集体和村民占用的 75% 合法外侵占用地，根据征地拆迁政策规定，合法外侵占用地上的建设投资不应该得到补偿。然而，在实际操作中，如果不对这些建设投资进行补偿，就无法顺利完成处置工作。因此，目前存在着政策法规和实际操作之间的错位情况。

自 2015 年开始，深圳陆续发布了《土地整备利益统筹试点项目实施方案编制指引》《土地整备利益统筹项目试点管理办法》《土地整备留用地规划研究审

---

① 许亚萍，吴丹. 基于土地增值收益分配的深圳土地整备制度研究［J］. 规划师，2020，36（9）：91-94.

查技术指引（试行）》以及《深圳市土地整备利益统筹项目管理办法》等文件，从而确立了一种以利益统筹为核心的土地整备计划，开展了以农村集体实际控制的土地为处置对象，以农村集体和政府为主体，重新规划布局，整治低效的土地，将零星的土地调整成有规模的用地，然后按照一定比例保留符合规划要求的部分土地给农村集体，以实现政府和原土地权益人共同分享土地增值收益的目标。深圳市政府依法承认农村集体合法使用的土地，并将其土地权益归属于农村集体所有。根据深圳市土地整备政策，合法用地面积会返还给原农村集体，但需要与城市规划协调进行整合和腾挪。针对非法使用的土地，深圳市建立了一种留用机制，通过分段核算并与现状容积率挂钩来返还给农村集体共享的土地。具体而言，在空闲的非法使用土地中，不超过20%的面积将作为留用地返还给农村集体，剩余部分则由当局收回并纳入储备；如果非法使用土地已经开发建设且现状容积率在1.5以内，则留用比例为（20%×现状容积率+20%）；若现状容积率超过1.5，则留用比例不超过50%。① 除了确保所有的公共设施用地，深圳政府还有权收回一定比例的农村集体经营性建设用地。因为深圳有规划明确要求"一个片区规划公共设施用地的比例一般为30%~35%"。

深圳市的土地整备政策是在农民（集体）与政府共享土地增值收益的基础上进行了创新性改革，其主要创新之处在于：一方面，实现了从政府垄断到土地权益人参与分享的分配方式转变。政府征地拆迁的补偿价格明显低于市场交易价格，传统的集体土地增值收益由政府垄断，导致征地困难、难以对土地的二次开发达成共识。深圳的土地整备政策与农村集体分享土地增值收益，通过制定土地整理规划和建立合法外用地的留存机制，授予集体土地一定的开发规划权和使用管制权，极大地调动了农村（集体）的积极性。另一方面，充分发挥农村集体自治的优势，以农村集体作为实施主体来协调与其存在合约关系或宗族关系的利益相关方，将外部沟通的成本内部化，降低交易成本。自2015年开始实施利益统筹土地整备政策以来，农村集体积极反馈，并推动社区转型发展。实践证明，在高度城市化地区，深圳的土地整备政策为处理集体土地提供了一种可行的途径，使得原村民、农村集体、外来人口和政府都能够从中受益，并在一定程度上实现了"帕累托改进"。

（四）东北安达市：集体土地入市的"冷"与"热"

据相关资料，安达市集体经营性建设用地入市遇冷：一是市场需求量低，

---

① 许亚萍，吴丹. 基于土地增值收益分配的深圳土地整备制度研究［J］. 规划师，2020，36（9）：91-94.

建设用地指标相对宽松。安达市土地市场需求不足既是受经济增速下滑的影响，也是受经济结构不合理的影响。东北三省国有企业一度占到东北地区经济总量的 2/3 以上，高于全国平均水平 30%，民营经济数量偏少、规模偏小。近年来，政府大量投资国企，着力"做大做强"，民营企业萎靡不振。在整体用地市场需求逐年下降的情况下，集体土地市场需求不旺自然在情理之中。二是受东北地区传统的经济所有制结构和产业结构的影响，农村集体经营性建设用地总量较为有限，主要是一些将原公益性用地重新规划调整后形成的经营性建设用地，加之用地不具规模且地理分布零散，没有形成有效供给。同时也受制于入市土地必须是"存量集体经营性建设用地"的规定，尚难形成规模供应，制约了集体土地入市。三是集体经营性建设用地单宗面积较小且零星分散，以就地方式入市不具规模，通过集中入市成本太高，"入不敷出"。

实际上，安达市集体经营性建设用地入市的情况并不是独一无二的。东北地区还有另外两个国家级试点项目，它们也面临着类似的挑战。截至 2016 年年底，辽宁海城仅有 4 宗地入市，长春市九台区仅有 5 宗地成功进入市场。总体而言，东北地区的三个试点都表现出了规模较小、数量较少、收益较低的特点。

2016 年，国家土地督察沈阳局曾对入市试点的三个区域进行了调查，包括安达市、辽宁海城和长春市九台区。该调查涉及镇村代表、159 户农民以及相关企业负责人。结果显示，参加调查的 10 个乡镇政府代表一致认为集体土地入市有助于地方经济发展，都支持农村集体经营性建设用地入市，但在增值收益调节金的征收问题上，部分村集体代表与乡镇政府代表存在不同意见；参加调查的 10 个村代表都表示希望能促成更多符合条件的集体土地入市交易；参加调查的农民方面，有 94.3% 的农民希望能有更多的地块继续入市交易，原因是"比政府征地收益高"，"50 年后土地还是我们的"，同时，有 57.9% 的被调查对象担心"收益分配不公"，有 57.6% 的被调查对象因为"没拿到钱"对试点工作不满意，也有 40.2% 的被调查对象不知晓入市政策。① 参与调查的 5 家企业中，有 4 家认为交易价格合理，1 家则认为成交价格稍高。此外，所有企业都一致认为程序简单且节约了时间成本，并对入市结果整体感到满意。这些数据表明，在东北地区，干部群众普遍支持农村集体经营性建设用地入市改革。农民（集体）强烈希望将集体土地纳入市场流转，并对农村集体经营性建设用地入市表示高度支持。因此可以说，集体土地入市改革在社会上具备坚实的基础。然而

---

① 董祚继. "新东北现象"下的集体土地入市：黑龙江省安达市农村集体经营性建设用地入市改革试点调研 [J]. 国土资源，2017（10）：54-55.

需要注意的是政策宣传力度不足，并且国家、集体和个人收益分配机制尚未完善或执行存在问题。

（五）厦门"金包银"模式：共享发展

在新一轮发展中，厦门规划建设了许多产业集中开发区。为了与产业开发集中区同步规划建设，厦门提出了"金包银"工程。该工程遵循"福利社保化、居住社区化、就地城市化、务工非农化"的原则，旨在帮助失地农民在土地流转后获得新的生产资料，如"商铺"和"租赁房"。"金包银"是指在产业开发集中区周边的村庄，根据每个人15平方米的标准，在村外围预留安置地，并利用征地补偿款进行资金筹集。这些资金将被用于建设商住两用建筑物，供失地农民出租和开店（但不得转卖）。该举措旨在为集中区外来人员提供购物、餐饮和居住等服务，以改善村庄环境、提高村民的住房条件，并为产业集中区提供配套设施。① 在"金包银"工程中，"银"是指商业住宅区内按照城市标准改造建设的村庄，简称"银里"，实现了城中村就地城市化；而"金"指的是村庄周边建设的产业集中区所需的配套用房，实行整体规划、统一政策和统一标准，通过征地拆迁政策保证每户被征地农民拥有一个店面（或一份股份）、一套公寓（可用作出租）和一套居住用房（可自住），采用下店铺上公寓的形式为失地农民提供收入来源（见图9-2）。②

图9-2　"金包银"工程示意图

"金包银"工程运作模式常被应用于厦门城中村规划建设项目，它贯彻于工

---

① 何子张，曹伟．土地发展权视角下的土地征用政策分析：兼论厦门"金包银"政策
[J]．规划师，2009，25（1）：69-74.

② 何子张，曹伟．城市化过程中农村集体土地发展权的划分与运作：兼评厦门"金包银"
工程模式［C］//中国城市规划学会．生态文明视角下的城市规划：2008中国城市规划
年会论文集．厦门：厦门大学规划系，2008：8.

程项目的建设管理、融资管理、分配管理等各个环节，其中关键的"金边"建设模式主要包括四种：一是通过集体投资，实现村民分红；二是通过集资入股，进行股权分红；三是采取统一代建方式，进行产权分配；四是自筹自建并实行自我管理。第一种"集体投资"模式是以村集体的资产和土地进行投资，项目由集体管理，并按照股权比例进行分红。例如，每位村民可以通过拥有15平方米的土地所有权来参与入股，并在年底根据所持股份获得相应的分红收益。第二种"集资入股"模式则是通过村集体和村民共同筹措资金并入股，由统一机构进行管理，并根据所持股份按照利润比例进行分配。第三种"统一代建"模式是聘请专门的代建公司负责整个项目的建设和管理，在项目竣工后以成本价交付给当地村民管理。第四种"自筹自建并实行自我管理"模式则是被征地村民利用征地补偿款自行筹措资金，统一规划并自主承担建设任务，在工程验收合格后将其独立经营和自我管理。① 改造"银里"的项目通常采用"金包金"或者"改建模式"模式。其中，"金包金"模式是指对老旧房屋和建筑数量较多的村庄，必须按照城镇格局进行新村建设。由于整个村庄的内部和外部都被重新构建，其"里"和"边"都是新的，此称为"金包金模式"；"改建模式"是指按照城市社区的标准对较新的房屋和建筑进行统一规划和改造。②

　　"金包银"的分配方式也有两种：一是针对易于分割的实物，如店面、公寓等，采取长期分配的模式，村民申请银行按揭或者一次性付款，自主经营；二是针对无法或不方便分割的实物，采取实物或股份配售等形式，具体由村民进行民主决策。③ 商铺和公寓等资产以股份方式进行配售的，由村集体设立的合作社等组织统一经营，风险共同承担，并按照股份数量分配收益。以实物形式配售的，为避免经营性资产被少数村民操纵，村集体通常规定村民对自己购买的实物享有"所有权"，但并未完全赋予其处置权。例如，规定每个家庭根据人口数量购买，不得超量购买，自动放弃配售权的情况下，其份额只能由村委会享有。村民购买后原则上不允许转让和出售，但可以继承。如果确实存在特殊情况无法避免转让，则需要经过村委会同意，并按照市场价格进行转让，并接受以下约束条件：其一，在转让后不能再申请购买，并且转让者必须保留自住房或公寓中的一种，以确保村民有安身立命之所。其二，为避免经营性资产外流，

---

① 吕翾. 土地发展权研究［D］. 南京：南京大学，2013.

② 中共厦门市委党校课题组，石仑山，牛君. 厦门市"金包银"工程研究［J］. 厦门特区党校学报，2006（5）：1673-5684.

③ 陈金田. 失地农民留地安置的个案研究：对厦门市"金包银"工程的分析［J］. 中国农村观察，2006（4）：56-64，80.

受让者必须是本村村民。

在统一的规划下，"金包银"建设工程针对经济基础较好、规模较大的村庄，采取改造和整理旧村的方式，充分利用旧宅基地进行拆除重建；同时鼓励农民联合建设组团式新村，使具备条件的农民能够集聚到中心村。鉴于产业开发集中区内一般不建设居住区，而仅专注于生产区的建设，与该产业开发集中区同时规划和建设的"金包银"工程，其设计规划和建设立足于农村发展用地的低成本和实用性，服务对象一开始就是认定为进城务工的农民。与城市居住区相比，成本较为经济实惠，从而降低了农民工进入城市化进程的门槛，并减轻了他们的生活负担。"金包银"建设工程改变了以往要么对村庄置之不理、任其发展为"城中村"的状况，要么对村庄整体拆迁采用就地改造的模式。通过创建低成本的农民工生活区，提高产业开发集中区的竞争力，为入驻的企业吸引和提供了低成本劳动力，以提升区内企业的竞争力。

"金包银"之所以取得成功，关键在于为农民建立了可持续的收入来源，从根本上确保农民即使失去土地也不会失去收入；而其核心则是通过合理的土地增值收益分配方式，赋予农民集体和个人发展权利，并通过股权分红、实物分割等手段妥善分配土地性质变更后的发展性收益，既保障了农民集体和失地农民的财产权益，又让他们分享城市化带来的红利机遇。"金包银"是为了解决被征地农民在生活和生产方面面临的问题而提出的一项创新政策，旨在通过运用土地发展权理论来协调农民集体、失地农民、企业和政府等多方利益，以期达到有益的效果。①

为了满足快速城市化发展的需求，"金包银"项目提供了商业和外口公寓配套设施，避免了农民居住在"城中村""违建""脏乱差"的环境中。这一措施对被征地农民、农民工以及政府共同分享城市化成果来说是一次有益的尝试，有效协调了土地征收、农民生存发展与城市化进程之间的矛盾。此举为解决土地征收难题、土地增值收益分配困境提供了具有中国特色的参考模式，并实现多方利益共赢。

（六）重庆"地票交易"模式：协调发展

重庆市发达地区对建设用地的需求十分强烈，而相对落后的农村却出现了大量的闲置土地，城乡发展极不均衡。② 为解决城乡二元体制问题，2008年重

① 王霞萍，赵谦. 土地发展权三十年：功能进路与实践面向［J］. 中国土地科学，2019，33（6）：37-43，52.
② 余欢. 增减挂钩指标市场化政策研究：以重庆地票制度为例［J］. 农村经济与科技，2021，32（5）：56-57，123.

庆市地票交易制度正式实行，即农村土地交易所挂牌成立，"地票"制度被首次引入重庆市农村土地交易。"地票"是指土地权利人自愿将乡镇企业用地、宅基地及其附属设施用地、公益事业建设用地或者农村公共设施等土地进行复垦，经过验收，合格后产生建设用地指标。① 获得"地票"需要经过四个步骤，包括提交申请、按照规定进行土地复垦、验收工作以及确认验收合格。只有在完成申请确认后，才能获得官方机构颁发的"地票"。这些由官方机构核发的"地票"可以在农村土地交易所进行交易，从而实现对全市范围内农地转用指标的调剂，并提升农地价值，将其变现。重庆市实施"地票交易"以后，采用先补后占的用地模式，平衡耕地占补指标，通过市场手段调剂农用地转用指标，成功实现了城乡建设用地指标在不同范围和区域之间的等量置换，从而优化了土地配置并提高了土地利用效率，同时依靠价格形成机制提升了农村土地价值。重庆市农村土地交易所的本质是土地发展权交易的中介机构。通过利用重庆市农村土地交易所，将农村土地资源与城市新增建设用地需求相结合，通过交易新增建设用地指标来实现土地要素从农村流向城市，购买者支付的款项则回流到农村，已成为农民获得财产性收益的一种方式。

重庆市"地票"制度突破了指标只在县域范围内的流转，允许指标在全市范围内进行市场化配置，极大地扩展了交易范围，实现了大范围、远距离的建设用地指标置换，是城乡建设用地增减挂钩机制的进一步延伸。通过将农村地区的土地未来的发展权出售给需求方，为农村经济发展提供了资金，并解决了发达地区指标供应困难的问题，实现了地方政府自身的利益目标。在耕地保护方面，采取了先进行土地复垦再申请的方式来进行地票交易。只有经过复垦土地验收合格后才能获得"地票"，这样有效确保了耕地质量，并有助于真正实现耕地保护目标。这一做法首次打破了传统的先占后补模式。

由于我国城乡土地边际成本和边际收益之间的差异，土地地票有广阔的交易空间，其交易制度存在着制度变迁的动力。② 地票制度具有增加农民收入、保护耕地和新增城镇建设用地指标等三方面的基础功能，③ 通过对比地票交易和重庆市指标周转模式两种模式，得出地票交易模式在农民权益保障和耕地保护方

---

① 2008 年《重庆农村土地交易所管理暂行办法》第十八条：本办法所指建设用地挂钩指标，特指农村宅基地及其附属设施用地、乡镇企业用地、农村公共设施和公益事业建设用地等农村集体建设用地复垦为耕地后，可用于建设的用地指标。

② 张鹏，刘春鑫. 基于土地发展权与制度变迁视角的城乡土地地票交易探索——重庆模式分析 [J]. 经济体制改革，2010 (5)：103-107.

③ 慕卫东. 重庆地票制度的功能研究：制度经济学视角 [D]. 重庆：西南大学，2017.

面表现更好。① 随着对土地资源配置方式的改革和"地票交易"的不断成熟和完善，"地票交易"逐渐成为优化土地资源配置的重要手段。地票制度优化了城市用地和农村用地的空间布局，对促进城乡一体化发展具有重要的意义，为中国农村土地改革提供了新的经验。

（七）河南长垣市、山西泽州县和广西北流市：开发商品住宅

"三块地"改革试点期间，虽然在政策上没有明确禁止集体经营性建设用地入市用于商品住宅开发，但只有河南长垣市、山西泽州县和广西北流市三个试点开展用农村集体经营性建设用地开发商品住房的探索。最初，在河南长垣市、山西泽州县和广西北流市三个试点地区的集体经营性建设用地入市制度中并没有涉及开发商品住宅的安排。② 试点中，上述三个地区的房地产开发企业、村集体和农民等是第一行动集团，是他们首先看到了用集体经营性建设用地开发商品住房存在的潜在外部收益；而当地政府是推动了集体经营性建设用地开发商品住宅项目的第二行动集团。最终，上述三个试点尝试了利用改革试点的机会谋求更多收益。从效果上看，北流市入市 69 宗集体经营性建设用地，开发房地产占地 263.3 公顷；泽州县入市 6 宗集体经营性建设用地，开发房地产占地 6.35 公顷；长垣市入市开发房地产占地 1.65 公顷。

三个试点地区在开发商品住房方面的主要实践包括以下几方面：一是合理确定入市的范围和途径。入市途径以就地入市为主、异地调整入市为辅，以存量集体经营性建设用地为主、增量为辅。二是明确村民委员会代表农民集体，作为农村集体土地所有权人和集体经营性建设用地入市的实施主体依法行使集体经营性建设用地的相关权益。三是建立和完善集体经营性建设用地市场的交易规则、地价体系、服务监管制度和市场管理办法，明确规定农村集体经营性建设用地开发商品住房要参照执行国有土地办理土地用途规划、施工许可、商品住房预售许可等手续。四是入市方式以出让为主，参照国有住宅用地出让年限，集体经营性建设用地出让年限确定为 70 年。五是规范农村集体经营性建设用地入市增值收益在国家、集体和个人之间的分配关系，建立多元化的土地增值收益分配机制。

不同区位的土地入市增值幅度差距较大，且按照《农村集体经营性建设用

① 顾汉龙，冯淑怡，曲福田. 重庆市两类城乡建设用地增减挂钩模式的比较 [J]. 中国土地科学，2014，28（9）：11-16.

② 岳永兵，刘向敏. 集体经营性建设用地开发商品住宅试验考察与推进建议：以广西北流、河南长垣、山西泽州的试点改革为例 [J]. 西部论坛，2022，32（3）：98-108.

地土地增值收益调节金征收使用管理暂行办法》（财政部与原国土资源部印发，财税〔2016〕41号）规定，试点地区可对集体经营性建设用地入市环节（包括首次入市和再转让环节）征收20%~50%土地增值收益作为土地增值收益调节金，征收的比例可浮动范围比较大。泽州县、长垣市、北流市等地区通过采用具有差异的调节方式来兼顾集体、企业和政府利益，实现收益分配在国家和集体间的平衡，积极推动了集体经营性建设用地入市开发商品住宅。一是以差别化赋"权"实现"利"的平衡。集体经营性建设用地的原用途和区位是决定其增值的重要因素。入市土地为闲置土地、耕地的入市成本相对较低，如果是宅基地，则涉及原使用权人的安置，入市成本相对较高；相同用途，城市规划区内的土地价格要明显高于城市规划区外的土地价格。规划为集体经营性建设用地，通过异地调整入市或者就地入市。为减少对地方政府财政的冲击，三个试点地区均选择用位于城市规划区外的存量集体经营性建设用地来开发商品房。二是以多元化、差异化集体土地入市增值收益调节实现"利"的平衡。因市场对土地的需求程度和宗地区位等的不同，集体经营性建设用地入市的增值情况也不尽相同，因此山西泽州县、广西北流市、河南长垣市三个试点结合各自实际，制定了具有差异化特征的土地增值收益调节金标准。例如，长垣市规定征收成交价的20%作为土地增值收益调节金，泽州县征收成交价款的50%作为土地增值收益调节金。长垣市的入市地块位于城中村，拆迁安置的成本较高，政府从中难以获得收益。泽州县的入市地块距离城区较远，入市增值不高。北流市多数地块拆迁成本较低，产生的土地增值较高，因此北流市制定了比其他两地更高的增值收益调节金标准，以征收成交价的40%~50%作为调节金，同时还要额外征收18%的土地增值收益用于再分配和再平衡，并且规定由用地人出资建设商品住房周边的公园、道路等基础设施。根据不完全统计，北流市在集体经营性建设用地入市改革试点中，政府总收益比改革前降低约5%，政府获得收益占净地价款的31%左右。[①] 总之，在泽州县、北流市、长垣市三个试点中，政府追求落实和完成改革任务，节约和缩减行政开支；房地产企业、农民（集体）则主要追求增量的经济收益，通过有效的利益平衡使地方政府与农民（集体）、房地产企业的各自利益得到满足，有效推动了改革进程。

在集体经营性建设用地入市过程中，征收集体土地入市增值收益调节金是调节集体利益和国家利益的有效方法，也是国家参与集体经营性建设用地入市

---

① 岳永兵，刘向敏. 集体经营性建设用地开发商品住宅试验考察与推进建议：以广西北流、河南长垣、山西泽州的试点改革为例 [J]. 西部论坛，2022，32（3）：98-108.

增值分配的保障。根据农村集体经营性建设用地入市所获得增值程度的不同征收不同的土地增值收益调节金，并对集体土地收益高的项目捆绑配套的公共基础设施建设，是平衡集体和政府间利益关系的有益尝试。

二、外部收益分配的典型案例

（一）就地出让"使用权"入市：福建晋江市

就地出让"使用权"直接入市模式以村集体经济组织为主体入市，在维护了集体土地所有权的基础上能够充分尊重产权主体（农民集体）的决策权和监督权，使得村集体能够主导收益分配。该模式通过市场机制显化了土地的经济价值，从而使村集体经济组织获得大部分的级差地租，有利于实现"土地资源"变"土地资本"。该模式多是通过挂牌的方式进行，有效发挥了市场机制在优化土地资源配置中的作用。该模式运行操作简单，适用于产业用地需求旺盛、区位地段等条件好的地区，其典型案例有福建晋江市和四川郫都区。福建省在2018年首次公开挂牌出让一块农村集体经营性建设用地，面积为3495平方米，为商服用地，位于晋江金井镇围头村，出让年限40年，最终成交价是260万元，征收78万元土地入市增值收益调节金（晋江市政府规定，对土地入市增值收益进行调节时，将按照成交总价款的30%征收相应的土地入市增值收益调节金），其余182万元归围头村集体和农民所有。2015年9月，四川省郫都区战旗村出让一宗13.45亩的商业服务集体经营性建设用地，出让年限40年；该村组建唐昌镇战旗资产管理有限公司，并以该公司作为入市主体，最终以总价款705.97万元出让该宗地给四川高迈旅游公司；政府收取105.9万元（占总价款的15%）作为集体经营性建设用地增值收益调节金，其余归村集体所有。①

在土地所有权保持不变的条件下，就地"使用权"直接入市模式，遵循"权能分离"理论转让使用权，土地要素市场会逐渐形成和壮大，将使产权主体得到最大的资源配置收益。② 从福建晋江市和四川郫都区两地的实践来看，通过发挥市场机制的作用，建设用地资源的配置效率得到了大幅度提升，一定程度上满足了农民（集体）对级差地租的收益权。③

----

① 郁静娴. 四川省成都市郫都区深化农村土地制度改革三项试点工作［EB/OL］. 人民网，2018-09-09.

② 罗必良. 产权强度与农民的土地权益：一个引论［J］. 华中农业大学学报（社会科学版），2013（5）：6.

③ 陈明红. 农地"非农化"模式的演进与增值收益分配［J］. 农村经济，2020（8）：37-43.

（二）就地出让"发展权与使用权"入市：四川泸县

就地出让"发展权与使用权"入市模式是一种农民（集体）拿土地的使用权和社会第三方（出资方）合作的模式。合作中，由社会第三方负责土地开发建设，建成之后村民能获得一定面积的房屋居住权，而社会第三方能够获得经营或者商住的权利。村集体通过该模式行使集体土地的使用权和发展权，获得大部分级差地租，能有效发挥集体土地的财产功能，而且社会第三方资本也能获得一定年限的农村集体经营性建设用地的使用权。就地出让"发展权与使用权"入市模式的主导力量主要是村集体与地方政府，采用该模式的案例主要发生在经济相对落后的地区。

四川泸县和贵州湄潭县是集体经营性建设用地入市改革中采用该模式的典型代表。贵州湄潭县全县仅有100余公顷农村集体经营性建设用地。为了唤醒沉睡的农村宅基地资源，创造农村集体经营性建设用地入市交易的条件，湄潭县在土地管理中创设了新的集体建设用地管理类别，在确保农民住有所居的前提下允许农民分割宅基地并改变多出来的空闲的宅基地用途，分别确权，允许将其规划为经营性建设用地，允许农民将变更用途后的宅基地直接入市。① 贵州湄潭县的集体经营性建设用地改革盘活了农民多出来的闲置的宅基地，又满足了农民的财产收益需求。2015年四川泸县被确定为全国农村土地制度改革试点。为了实现大规模集体经营性建设用地入市，泸县在农村宅基地管理制度上实现了多种创新。一是在宅基地登记方式上的创新，允许农民将原宅基地分割为经营性建设用地的使用权和宅基地的使用权，并分别给予确权、颁证。二是在宅基地退出机制上创新，支持农民行使宅基地的土地发展权，允许农民将空闲的宅基地变更为经营性建设用地，在保存宅基地的所有权不变的条件下激活了农民宅基地的财产价值。

采用就地出让"使用权"入市模式的农民（集体）能获得的土地增值收益明显高于采用"发展权与使用权"入市模式所获得的收益。就地出让"使用权"入市模式的主导力量是农村集体，较适合用于经济发达地区，通过这两种模式农村集体土地入市后地方政府均能征收15%~20%的集体土地增值收益，一定程度上满足了地方政府需要获得收益的要求。

（三）调整出让"发展权与所有权"入市：重庆"地票"

在调整出让"发展权与所有权"入市模式中，土地发展权发送区通过市场

---

① 蒲菲.贵州省集体经营性建设用地入市的制度瓶颈与破解：以湄潭县为例［D］.贵阳：贵州财经大学，2022.

价格机制出让集体经营性建设用地地块的发展权指标给接受区，接受区获得建设用地指标后再通过征地（土地所有权从集体所有改变成国家所有）方式完成土地入市交易。该模式是以地方政府为主体进行入市的，是地方政府基于土地利用总体规划的土地制度创新。该模式需开展两个重要步骤：一是农民（集体）首先将空闲的农村集体经营性建设用地复垦为耕地，通过验收后，获得建设用地指标，然后在土地交易市场上出让结余出来的建设用地指标。土地发展权发送区仅通过指标交易方式出让村集体经营性建设用地的发展权，土地发展权发送区农民则保留了集体经营性建设用地的所有权。二是在符合土地规划和用途管制的前提下，根据公共利益的需要，购得土地发展权的政府在土地发展权接受区征收集体土地（土地发展权接受区被征地的农民集体将丧失对集体土地的所有权）。处于偏远地区的大多数集体经营性建设用地，其获得土地入市增值的潜力有限，因此集体经营性建设用地按照该模式入市后，集体经营性建设用地发展权的出让方仅能获得小部分级差地租，一定程度上维护了偏远地区农民的土地财产权利；① 发展权受区由于是被政府征地，农民集体丧失了土地所有权，其被征农民集体获得政府的农业用地征收补偿；主导该模式的力量是地方政府，地方政府通过"招拍挂"等方式出让土地，获得了大部分的级差地租。

重庆"地票"模式是该模式的典型案例。重庆农民将集体经营性建设用地复垦为耕地后，获得"地票"，获得"地票"的农民集体将结余的"地票"指标拿到重庆土地交易所进行登记和交易。各级政府在购得建设指标后才能在所管辖的城市规划区内征农村集体土地。为实现耕地"占补平衡"，重庆市规定政府所获得的85%以上净收益要直接补给农民。②

基于土地利用"占补平衡"的目标，地方政府购买城市建设用地指标的行为，适用于经济发达地区与经济相对落后地区的"占补平衡"。

（四）调整出让"发展权与使用权"入市：浙江德清县

农村集体经济组织复垦零星错落的农村集体经营性建设用地之后，可以获得新增的建设用地指标。村集体可通过入市交易的方式将新增的建设用地指标流转给其他经济组织。之后，购得新指标的经济组织就可将与新指标匹配的具有相同面积的集体经营性建设用地的使用权拿到土地入市市场上交易。农村集体自身是推动"发展权与使用权"入市的主要力量。从入市主体来看，调整出

① 李怀. 农村集体经营性建设用地入市收益分配改革：模式、困境与突破 [J]. 东岳论丛，2020，41（7）：128-137.

② 冉茂盛，黄正莉. 城乡统筹下农村建设用地管理制度创新研究：以重庆为案例 [J]. 重庆大学学报（社会科学版），2013，19（4）：18-23.

让"发展权与使用权"入市模式与异地"发展权与所有权"入市模式的不同之处在于，调整出让"发展权与使用权"入市模式的入市主体是以集体为主，而异地"发展权与所有权"入市模式是以政府为主。从入市方式来看，调整出让"发展权与使用权"入市模式通过规范的市场入市，它的供需双方通过土地交易市场的价格机制完成交易，较好地发挥了市场价格机制的作用，对优化土地资源配置效率和土地入市增值收益公平分配都具有实质性意义，兼顾了效率和公平。从入市权属收益的变化来看，调整出让"发展权与使用权"入市模式与异地"发展权与所有权"入市模式的不同之处在于，采用调整出让"发展权与使用权"入市不仅能最大化显化级差地租，还能使双方均衡分享级差地租，而且交易后双方均保留了集体土地所有权。可以看出，调整出让"发展权与使用权"入市模式是在借鉴异地"发展权与所有权"入市模式优缺点基础上，弥合了经济发达地区用地与现行土地管理模式的矛盾，其实质也是跨区域的土地发展权转让。通过调整出让"发展权与使用权"入市模式入市双方能获得均衡的级差地租，而地方政府能获取15%~20%的集体土地入市增值收益。调整出让"发展权与使用权"入市模式通过市场机制发挥了兼顾区域间的公平作用，适用于经济相对落后地区和经济发达地区公平分配地租。

浙江德清县是使用调整出让"发展权与使用权"入市模式的典型代表。浙江省德清县的经济发展对农村集体建设用地的需求强烈，但是德清县的农村集体建设用地普遍是错落、不规则和零星分布的。为显化农村集体建设用地的经济价值，德清县探索了异地调整入市。浙江德清县探索这一模式的绩效是十分显著的，在浙江省德清县境内的东衡众创园项目就是通过发挥市场机制作用尝试这一模式的初期成果。此外，据不完全统计，截止到2018年年底德清县已经完成1400余亩农村集体经营性建设用地入市，成交总价款达3.45亿元，农民（集体）获得了总价款81.57%的收益（2.8亿元）。①

对上述四种不同类型的外部收益分配的典型案例进行比较（见表9-1），可以得出，就地"使用权"直接入市异地调整"发展权与使用权"入市这两种入市模式能帮助农民集体获得更多的农村集体经营性建设用地的增值收益，通过这两种入市模式农村集体能获得更多的土地增值收益。因此就地"使用权"直接入市异地调整"发展权与使用权"入市这两种入市模式是未来深化农村集体建设用地入市改革更具潜力的发展方向。

---

① 金春华.集体土地入市4年间，德清农村获益2.81亿元［EB/OL］.浙江在线—新闻，2019-04-01.

表9-1　不同入市模式下土地入市增值收益分配的比较

入市范围	权属变化	主导力量	典型地区	收益分配
就地入市	使用权入市	集体	四川郫都区、福建晋江区	集体：级差地租Ⅰ； 地方政府：15%～20%的增值收益调节金
	发展权与使用权入市	地方政府与村集体	贵州湄潭县、四川泸县	集体：级差地租Ⅰ； 地方政府：15%～20%的增值收益调节金
异地入市	发展权与使用权入市	集体	浙江德清县	发展期出让方和发展权接受方：均衡分享级差地租； 地方政府：15%～20%的增值收益调节金
	发展权与使用权入市	集体	重庆"地票"、成都"增减挂钩"	发展期出让方：小部分级差地租Ⅰ； 发展权接受方：绝对地租； 地方政府：15%～20%的增值收益调节金

三、内部收益分配的典型案例

农村集体经营性建设用地入市收益除去相关税费、必要成本和缴纳土地增值收益调节金之后，剩余部分归农民集体所有。这部分剩余的集体土地收益采取何种方式在农民与农民集体之间分配，不仅涉及土地收益分配的公平性，影响农民土地财产现实的获得感，也关系农村集体经济的可持续发展。从试点地区来看，农村集体所得收益在农村集体与集体成员之间有多种分配方式，各地的做法不一样，主要包括下列三种。

（一）直接分配给集体经济组织成员：苏州胥口镇等

集体经营性建设用地改革试验初期，大部分试点地区均是将土地入市增值收益直接分配给了农民（集体）组织内部成员。[①] 例如，在贵州省"第一宗"农村集体经营性建设用地入市交易的土地收益分配过程中，湄潭县茅坪镇将所得土地收益按人口分配，每人分得50.02元，直接分配至农户；[②] 在集体经营性

[①] 王玥，卢新海，贺飞菲. 集体经营性建设用地入市试点政策选择研究：基于14个试点地区的政策文本分析 [J]. 学习与实践，2021（5）：79-87.

[②] 周应恒，刘余. 集体经营性建设用地入市实态：由农村改革试验区例证 [J]. 改革，2018（2）：54-63.

建设用地上，江苏苏州市胥口镇合丰村建设工业厂房并出租，按村集体人口平均分土地收益，每年每个农民可分获得300~400元。

（二）"集体资产管理+公益金+分红"：广西北流市等

随着农村集体经济组织的不断发展，有些试点开始注重留存和提高集体经济组织的公益金和公积金，并采取将集体经营性建设用地入市收益采取将股权分配与现金分配相结合的办法进行分配，[①] 如广东省中山市、成都市郫都区和重庆市大足区等。中山市推行将集体收益的10%用于发展村集体经济，50%的资金用于支持村集体的社会保障，还有收益的10%用于建设基础设施和公益事业，剩余的直接分配给成员个人；[②] 按照郫都区人民政府对集体经营性建设用地入市收益分配的指导精神，要优先发展壮大农村集体经济，要求提取大部分集体土地入市收益作为发展村集体经济的资金，同时也要求提取部分土地入市收益用于新村建设和村集体生产生活设施的改造，而且用于这两部分建设的提留资金不得低于村集体土地入市收益的80%，剩余的土地入市收益才能分配给集体经济组织成员；[③] 按照《重庆市集体资产管理条例》等管理文件的规定，重庆市大足区提取比例原则上不高于土地纯收益的20%，分配剩余的土地入市收益要以老社区为单位，具体分配方案由农村集体经济组织按程序集体讨论确定，要实现在农村集体经济组织成员之间公平分配。

广西北流市也有同样的做法。北流市通过印发《北流市农村集体经营性建设用地入市收益管理指导意见》和《北流市农村集体经营性建设用地入市试点工作方案》等规范文件，规定只有镇集体、村集体和农户有资格参与集体经营性建设用地入市收益分配，可将不高于30%的土地收益直接分给农户，其余土地入市收益要统一列入集体公积公益金，用作发展集体经济的积累。

（三）"集体资产管理+折股量化分配"：佛山南海区等

"集体资产管理+折股量化分配"以折股量化的形式将农村集体经营性建设用地入市收益全部量化为农户股权，用于发展和壮大农村集体经济，农民享受收益分红。将全部土地入市收益留存在村集体经济组织能够"集中力量办大事"，有利于快速累积发展集体经济的资金，更好地保持集体经济的可持续增

---

① 黄文莹. 农村集体经营性建设用地内部收益分配问题研究 [J]. 中国房地产，2018（20）：62-66.

② 张雅婷，张占录，赵茜宇. 集体经营性建设用地入市流转增值收益分配的研究 [J]. 中国农学通报，2017，33（17）：159-164.

③ 陈红霞，赵振宇. 基于利益均衡的集体经营性建设用地入市收益分配机制研究 [J]. 农村经济，2019（10）：55-61.

长。佛山市南海区、浙江省德清县、福建省晋江市等地农村集体对集体经营性建设用地入市所获得的收益不进行现金分红，而将土地上市流转获得的收益全部作为村股份经济合作社经营性资产，进行"折股量化"，以股权增值方式追加量化成员股权，进行收支统一管理。

根据集体经营性建设用地权属的性质，提交收益调节金后，可采用不同的分配办法，属于村集体（包括村民小组）的，可用于村集体投资，也可以用于农户分配；属于乡镇集体经济组织的，应统一将收益纳入乡镇财政管理，用于建设辖区的基础设施和民生工程。

尽管大部分试点对土地入市收益在村集体内部分配都有相关规定，但是相关规定只是做原则性规定。实践中，有些地方存在挪用资产等问题，村集体经济组织内部分配集体土地收益往往缺乏合理性，农民对能分得多少土地收益也没有制度性保障。为切实维护农民利益，应当保证农民参与村集体内部收益分配的权力，可以将土地收益分配交由农民集体通过民主程序来表决，[1] 不能让民主决策仅停留在制度的表面，应当规定土地入市的重大事项须经集体成员代表大会的 2/3 以上成员代表同意；此外，还应充分尊重农民对资金使用的知情权和监督权。

第四节　对策与建议

土地制度应是变化的、动态发展的，它要与发展方式、经济体制等上层建筑的演变相适应。以政府垄断供地为主要特征的土地制度支持走的是低成本征地的城镇化道路，支撑的是高能消耗、高污染的经济增长方式。这种土地制度难以与新的城镇化道路和新的经济增长方式相兼容。因此，对发展方式、经济体制和土地制度进行联动性、配套性、系统性的改革才能有效解决现有问题。[2]

完善集体经营性建设用地入市收益分配机制，应当充分考虑各利益主体的贡献与作用，保障各方利益不受损失。集体经营性建设用地价值的增值大部分源于社会的发展和政府的公共投入，政府因此也可以提取一定比例的集体经营性建设用地入市增值收益。地方政府可以将这部分收益直接或者间接地反哺给

---

① 杨雅婷 . 农村集体经营性建设用地流转收益分配机制的法经济学分析 [J]. 西北农林科技大学学报（社会科学版），2015，15（2）：15-21.

② 石小石，白中科 . 集体经营性建设用地入市收益分配研究 [J]. 中国土地，2016（1）：28-30.

农村，既可以将部分收益返还给乡镇，以调动乡镇工作的积极性；也可以统筹用于当地农村环境综合整治和基础设施建设等。农村集体经济组织是集体资产管理的主体，可以合理提留一定比例的土地入市增值收益用作村集体的公积金和公益金。因其涉及每个村民的切身利益，对提取比例、收益的分配形式和分配办法等事项应召开村民大会讨论通过。公积金、公益金提取后，也应做到有计划地使用，集体内部收益分配应当以集体成员的利益为核心，以村集体的发展规划为导向，确定合理的分配方案并根据发展需求进行动态调整。然而，要完成制度框架的调整并非一朝一夕之功。在现有制度框架下，应从微观、中观和宏观等三个层面设法化解农村集体经营性建设用地入市增值收益分配的矛盾，通过完善股权管理、改革土地税制和建立地票机制等措施完善集体经营性建设用地入市收益分配机制，进一步推动集体经营性建设用地入市改革。

一、盘查现有存量，优化村庄规划与国土空间规划

认定农村集体经营性建设用地存在两个一般的标准：一是指仅限于当前正在利用的集体经营性建设用地和现有空闲的集体经营性建设用地。二是指符合规划和用途管制的，并允许转变为经营性建设用地的其他农村集体土地。搞清楚农村集体经营性建设用地的存量规模及其空间分布是集体经营性建设用地入市改革的必要前提，在盘查农村集体经营性建设用地的实践中兼有两种标准，并没有严格按照某种单一标准来进行。例如，以第一种标准开展盘查统计，江苏武进区得到共7300公顷存量工业用途集体建设用地，浙江义乌市查清全市共有92宗农村集体经营性建设用地，共计57.9公顷，并建立了存量农村集体经营性建设用地管理数据库，登记了宗地分布范围、利用现状（开发密度、绿化率等）、权利主体和规划用途等基本情况；2014年四川郫都区围绕定规模、定图斑、定基数以第二种标准开展盘查统计，提取集体建设用地宗地图形和数据（根据土地利用现状数据库），确定了四川郫都区有7533公顷的存量集体建设用地，并与城乡规划和土地利用总体规划等信息相结合，得到符合土地利用总体规划和城乡规划的集体建设用地面积为1527公顷；贵州湄潭县将符合土地总体规划和土地用途管制的农村集体土地（公益性用地和宅基地除外）都可以作为集体经营性建设用地进行登记，认定标准的变化使得贵州湄潭县集体经营性建设用地增加了1000多公顷，存量增长至1333.3公顷，扩大了湄潭县集体经营性

建设用地改革的空间。①

　　农村集体经营性建设用地存量盘查标准并不是由改革实施方案统一规定的，也不是由所在集体随意决定的；它的制定受到所在区域工业化发展进程的影响。江苏武进区和浙江义乌市同属东部沿海地区，乡镇工业企业起步早、发展快，在获准开展农村集体经营性建设用地入市改革之前就已将符合规划和用途管制的地块利用起来了。2015年以前，江苏武进区企业就可按每平方米5元/年的标准向集体经营性建设用地所在村集体缴纳租金，在江苏武进区的多数农村集体经营性建设用地都处于正常使用。若按照第二种标准进行盘查，则东部沿海地区将面临"无地可增"的状况；四川郫都区、贵州湄潭县等西部地区由于使用状态的集体经营性建设用地数量不多、规模不大，且工业处于加速阶段，必须以第二种标准进行盘查以保证充足的改革空间。

　　在乡镇工业发展较早的东部地区盘查农村集体经营性建设用地存量的过程中，常常会出现不符合土地总体规划、违背土地用途管制的问题。针对这些问题，江苏武进区通常采取先补偿后安置的措施，协助其办理集体经营性建设用地使用权，并进行确权颁证，确保其享有相应土地权能。

　　综上，应合理配置农村集体建设用地资源，以激发农民参与集体经营性建设用地入市的热情和意愿。注重城市、集镇和村庄规划的有机协调，通过各类型规划，建立有理、有节、有效的调控体系，构建城乡一体的建设用地利用格局。② 由于建设用地开发具有较强的不可逆性，因此应当科学、合理地规划集体建设用地，做好土地利用总体规划、产业发展布局规划和城乡规划的统筹协调与对接，也应确立农村整体规划和各项规划子目标，统筹确定农村各项规划编制技术标准，加强多规融合，实现城镇建设用地与集体经营性建设用地的协调使用。③ 土地利用规划一旦制定，必须严格执行，还要不断完善土地规划制度，发挥规划的"龙头"作用。

二、改革和完善农村集体土地税收制度

　　在集体经营性建设用地入市增值收益的初次分配中，经济发展差距将继续

---

①　周应恒，刘余．集体经营性建设用地入市实态：由农村改革试验区例证［J］．改革，2018（2）：54-63.

②　于建嵘．集体经营性建设用地入市的思考［J］．探索与争鸣，2015（4）：55-58.

③　何格，别梦瑶，陈文宽．集体经营性建设用地入市存在问题及其对策：以成都市为例［J］．中州学刊，2016（2）：43-47.

扩大，这在一定程度上是由市场取向的经济改革决定的，① 即以市场为导向的新一轮土地制度改革，经济收益的多与少取决于在生产过程中生产要素发挥的效率，所以不同的地区市场条件必然会导致土地增值收益初次分配产生收入差距。因此，需要调节初次分配导致的收入差距，以缓和不同集体之间起点不同等导致的收入悬殊。

征税是政府正当调节农村集体经营性建设用地入市增值收益的方式。虽然征收土地增值收益调节金和征税都具有调节收入分配、均衡群体之间利益关系的作用，② 但是就征收的合理性和长期持续性而言，税收的方式却更胜一筹。国家依法通过税收无偿地参与国民收入分配是依靠国家的特殊权力，其特别之处是国家参与分配的基础是公共权力，而不是财产所有权。征税具有强制性和无偿性特征，国家不需要对此付出任何的报酬。国家在考虑是否对某类行为征税时，是从公益性、营利性和收益性等因素来确定它是否可以征税的。③ 农村集体经济组织具有营利性特点，通过将集体经营性建设用地进行市场交易获取收益的行为属于营利性目的，因此应纳税。从政策层面看，政府也更倾向于使用征税的方式来提取和调节集体土地增值收益。将收取土地增值收益调节金变更成征税不单是形式上的变更，还是我国贯彻落实全面依法治国理念的重要体现。征税可以合理调节农村土地收益分配，减少改革阻力。

同时，国家通过税收调节集体土地增值收益也符合现实要求。对集体经营性建设用地入市行为进行征税有利于提升政府推动和服务集体经营性建设用地入市的热情。此外，政府通过税收获得部分收益，便于村集体承担集体经营性建设用地入市纳税的社会责任，同时也有利于解决土地总体规划、用途管制、耕地保护和地块位置等导致的利益不平衡问题。

2018 年新修正的《中华人民共和国个人所得税法》规定通过红利获得的收益应缴纳个人所得税，因此农村集体经营性建设用地入市交易后，农民个人从集体所得的收益应缴纳个人所得税。为避免重复征税，计算已缴纳企业所得税的集体经济组织成员的个人所得税，应以集体经济组织所得税抵扣后的净利润为基础。企业所得税为中央与地方共享税，有利于解决不同集体之间收益差距的问题。2019 年《中华人民共和国土地增值税法》（征求意见稿）拟采取"土

①　石小石，白中科 . 集体经营性建设用地入市收益分配研究 [J]. 中国土地，2016（1）：28-30.

②　王珏，马贤磊，石晓平 . 工业化城市化进程中农村集体参与土地增值收益分成规则演变分析：来自土地非农利用的证据 [J]. 公共管理与政策评论，2023，12（3）：70-85.

③　张守文 . 论税法上的"可税性" [J]. 法学家，2000（5）：12-19.

地增值税"的形式对农村集体土地使用权的转移查征课税，取消土地增值收益调节金制度，建议将出让、转让集体和国有土地使用权一并纳入"土地增值税"的征税范围，但并未规定土地初次入市环节的成本扣除项目的标准和类型。2021 年通过的《中华人民共和国印花税法》和 2020 年通过的《中华人民共和国契税法》都统一规定，在中华人民共和国境内，除土地承包经营权和土地经营权转移外，土地使用权出让、转让应当依法缴纳契税和印花税，法律上不再对集体土地和国有土地进行区别对待。对土地增值进行征税具有正当性和合宪性。集体土地和国有土地统一缴纳契税、印花税和"土地增值税"的措施能有效促进集体土地和国有土地"同地、同权、同价、同责"。①

我国强调对土地流转的环节进行征税，导致土地流转环节的税负较重，抑制了土地的流转。我国税收所形成的"土地保有环节的税负较轻，而流转环节的税负较重"的结构不利于重新配置土地要素。而且目前土地税的征税对象一般没有涉及农村集体土地，这与我国社会经济的发展实践相脱节。针对征税环节和税收范围上存在的问题，应在土地入市流转环节深化"土地增值税"改革，在土地保有环节统一开征房地产不动产税，并将农村集体经营性建设用地入市流转纳入征税范围。

土地增值税主要是承担着专项清算土地增值的税制功能，应该是一种共享税，其课税对象应该是土地的增值金额，土地增值税的纳税人主要应该是出让或者转让土地使用权的单位或者个人。② 目前，因我国的土地增值税税基窄、税率高和征管宽，而且制度繁复，所以一直征收难度大，③ 因此应该进一步深化土地增值税制度改革，实现拓宽税基、降低税率、简化税制和严格征管。

此外，可以考虑在农村集体建设用地交易市场初期，给予一级市场税收方面的优惠政策以降低集体土地流转成本。对二级市场征收相对更重的增值税和所得税，以防止出现过度投资和土地投机等不良行为。

三、衔接集体经营性建设用地市场价格与集体土地征收补偿标准

集体非经营性建设用地和集体经营性建设用地都有可能出于"公共目的"

① 程雪阳. 集体经营性建设用地入市背景下土地税制的完善 [J]. 武汉大学学报（哲学社会科学版），2022，75（4）：154-162.

② 班天可. 涉税的重大误解：兼论"包税条款"之效力 [J]. 东方法学，2020（6）：170-183.

③ 石小石，白中科. 集体经营性建设用地入市收益分配研究 [J]. 中国土地，2016（1）：28-30.

被政府征收。2019 年第三次修正的《中华人民共和国土地管理法》将"征收农用地的土地补偿费、安置补助费标准"和"征收农用地以外的其他土地及其地上附着物、青苗等的补偿标准"都交由省级人民政府通过确定公布区片综合地价（农业用地价格）来确定，于是被征收的集体土地以"集体农用地区片综合地价"出让所有权和使用权，而集体经营性建设用地入市出让或者转让使用权所获得的是市场价格。市场经济条件下，农用地带来的价值通常低于建设用地产生的经济价值，市场价格会远高于公布区片综合地价，这将加剧土地征收制度与集体经营性建设用地入市之间的冲突与摩擦。

集体经营性建设用地入市打破了政府对建设用地供给的垄断模式，实现了建设用地市场供给主体从单一主体向多元主体转变，在推动城乡统一建设用地市场、实现"同地、同权、同价"等方面发挥了重要作用。在现行法律法规的框架之下，征收补偿应充分借鉴和发挥土地市场的作用，以"市场价格"标准进行补偿。因此，征收集体经营性建设用地自然应当按照该宗地周边同等条件的建设用地的市场价格进行补偿。"市场价格"强调土地权利交易双方要在公开市场上自由、自愿通过谈判协商的方式来形成价格。①

《关于农村土地征收、集体经营性建设用地入市、宅基地制度改革试点工作的意见》指出：应确保集体经营性建设用地入市和土地征收转用所带来的土地增值收益在集体和国家之间得以相对平衡分配。集体经营性建设用地入市与土地征收之间相互影响，两项改革应具有联动性。今后政府不直接介入初次土地增值收益分配，而以市场为基础形成初次利益分配格局，然后政府通过税收机制调节土地增值收益分配状态，参与土地增值收益的二次分配，即在机制上将集体经营性建设用地入市收益分配与土地征收收益分配进行统一，缩小不同集体之间的土地增值收益差异，促进农民共同富裕。

四、完善集体经营性建设用地入市增值收益分配机制

（一）明确国家征缴基数

由于不同地区经济发展存在着明显的差异，外部性效益对土地入市增值起到的效果也不尽相同，所以各地区土地增值收益调节金的征收基数也并不完全相同。从试点地区的实际做法来看，各试点土地增值收益调节金的征收基数有

---

① WADE W W. Theory and Misuse of Just Compensation for Income-producing Property in Federal Courts: A View from Above the Forest [J]. Texas Environmental Law Journal, 2016, 46: 139.

明显差别。以集体经营性建设用地成交总价款作为征收基数是多数试点地区的做法，其主要原因是集体经营性建设用地入市成本的计算比较复杂，其成本包括建造建筑物和相关配套设施的成本和取得集体经营性建设用地的使用权所支付的总价款等。为最大限度地保障农民集体的收益，政府应制定相关成本的计算方法或者规则，然后以入市土地成交总价款扣减相应成本后的金额为政府参与土地入市增值收益分配的基数。

依据就高不就低原则确定集体经营性建设用地入市交易税费的征缴基数。对入市成交价格低于区域基准地价水平的，以区域基准地价为基数缴纳国家在集体建设用地入市收益分配中应得的部分收益；对入市土地成交价格高于区域基准地价水平的，应以实际成交价格计算缴纳国家在集体建设用地入市收益分配中应得的部分收益。

（二）出台设定国家征缴比例的指导意见

如果设置过高的集体土地入市增值收益调节金比例会损害农民（集体）的利益，降低农民集体入市的主观意愿，背离集体经营性建设用地入市改革之目的。但是，如果集体土地入市增值收益调节金比例设置过低，又会导致政府财政收入骤减，不利于政府推动集体经营性建设用地入市改革；同时，农村集体土地直接入市的收益水平明显高于政府对征收集体土地的补偿，这会进一步加大今后征收集体土地的难度。

根据试点地区的经验和做法，影响各地区设定农村集体经营性建设用地入市增值收益调节金征缴比例的因素主要有四种：一是土地用途。例如，福建省晋江市规定商服用地调节金征缴比例为30%，而工矿仓储用地和其他类型用地的调节金征缴比例为15%。商服和工业用途的集体经营性建设用地的征缴比例不同，商服用地的征缴比例普遍高于工矿仓储用地和其他类型用地的征缴比例。二是入市方式。例如，佛山市南海区规定农村集体土地首次入市时调节金按照土地成交总价款的5%~15%征收，再次入市时调节金按照转让价格的1.5%~3.5%征收。试点地区普遍区分集体经营性建设用地的初次入市（包括租赁、作价出资和出让等交易方式）和再次入市流转（包括出租和转让），针对不同的入市方式，土地入市增值调节金征缴比例有所区别。三是土地级别。例如，成都郫都区将基准地价分成3个级别，对这3个不同级别的土地征收的调节金比例分别为25%、33%和40%。四是区位，确定土地地处规划区外还是规划区内。例如，浙江德清县将集体经营性建设用地区位划分成县城规划区、乡镇规划区或者其他地区，并分别对这三类区位设置了不同的调节金比例。因此，下一步需要在总结各试点的经验做法的基础上出台设定国家征缴比例的指导意见，进一步规范和统一各省、自治区、直辖市政府制定征缴比例。

（三）完善村集体内部土地入市增值收益分配机制

集体土地入市增值在农民集体内部的分配，其本质是农村集体自治的问题。关于农村集体自治，政府部门应加强对农村集体自治的指导，应监管农村集体收益的分配和使用，防止侵害农民利益。① 但实际中，多数地方政府都缺少对农村集体管理土地及其保值增值的指导性政策意见，也未明确村民和村集体经济组织之间的收益分配比例。这些不利于农村集体经济的可持续发展。

从长远来看，使农民获得更多的土地增值收益，不断促进农村经济的发展是农村集体建设用地入市要解决的关键性问题。为促进农村经济的发展，在集体经营性建设用地入市中应探索更多集体经营性建设用地入市收益分配的新模式，以壮大集体经济。随着集体经济的不断发展和壮大，农民将更加注重维护自己的权利，针对集体经营性建设用地入市增值收益分配的博弈势必会变得更加激烈。这就要求减少分配的随意性，落实集体收益分配原则的规范化、制度化建设，通过法律法规或者管理条例的形式形成有利于农村集体经济可持续发展的村集体内部土地增值收益分配机制，以满足各类村民的合理诉求。

建立和健全农村集体收益内部分配制度，不仅需要进一步完善集体经营性建设用地入市增值收益分配的民主决策程序和农民对集体收益使用的监督制约机制，还需要农民具有较强的参与愿望和民主意识。一是在计划集体土地入市时，应充分征求农民意见，保障农民的决策权；要尊重农民的知情权，应公开公示集体经营性建设用地入市方案及其收益分配方案，最大限度地保障大多数农民的利益。二是在集体土地入市后村集体内部增值收益分配上要严格按照集体经营性建设用地入市收益分配方案执行，并保障集体成员的收益。例如，德清县出台了《农村集体经营性建设用地入市收益分配管理规定（试行）》，并规定："农村集体经营性建设用地以出让方式入市的，其入市收益列入村级股份经济合作社的经营性资产，进行统一管理；以股权增值方式追加量化成员股权，充当发展村集体经济的积累。"这样既能使集体土地入市的收益留在村集体内部，又能持续地使村民分享更多的集体资产的增值收益。② 2016 年中共中央、国务院发布《关于稳步推进农村集体产权制度改革的意见》，要求农村集体要实行股份合作制改造，将利益分享机制确权到每个农户。因此，建议地方政府出

---

① 岳永兵，刘向敏．集体经营性建设用地入市增值收益分配探讨：以农村土地制度改革试点为例 [J]．当代经济管理，2018，40（3）：41-45．

② 伏绍宏，洪运，唐欣欣．集体经营性建设用地入市收益分配机制：现实考量与路径选择：以郫都区为例 [J]．农村经济，2017（10）：37-43．

台具体指导性政策，引导农村将一定比例的集体经营性建设用地入市收益作为集体资产进行管理，鼓励和支持农村集体经济组织实行集体资产收益股权化分配机制，将集体土地入市收益以股权量化的方式进行集体内部收益分配，让农户享受更多土地分红。

（四）制定农村集体提留土地增值收益的使用监督办法

集体成员与成员集体在农村集体内部收益分配关系中是对立统一的关系。一是在集体经营性建设用地增值收益分配中，成员集体作为一个组织，其组织者和管理人员可能会"以公谋私"或者为自己谋取不正当的个人利益；[1] 二是村集体提留的集体土地收益一般要用于保障弱势群体生活和村集体的长远发展，这与富裕的农民个体的利益和那些追求短期利益的农民存在潜在冲突。正是基于以上理由，在国家政策允许农村集体经营性建设用地入市的情况下，为调整集体成员与成员集体之间的集体经营性建设用地增值收益分配关系，需要法律法规对集体经营性建设用地增值收益的内部分配规则做出规定，以确保土地入市收益能够真正用于集体成员的生存和发展。

第一，对集体提留的土地增值收益进行用途限制。农村集体肩负着保障其集体成员生存条件的社会责任，集体提留的土地增值收益应为其成员提供福利；同时，农村集体对实现农民共同富裕具有特殊使命，因此集体提留的土地增值收益可用于发展村集体经济。农村集体的收益不能简单地"一分了之"，要加强对集体资产的运营和管理，要做到集中力量办好事、办大事和办实事，促进农村可持续发展。集体组织收益的使用主要有对外投资和对内投资，对外通过购买债券、商业投资等手段发展集体经济；而对内投资用于改造和建设乡村公益设施、购买乡村公共文化服务、发展地方产业、保障低收入村民生活、保护永久基本农田等，其对加强基层组织建设和凝聚村集体有重要意义。[2] 规章制度应明确规定农村集体提留的集体经营性建设用地入市增值收益只能用于安置补偿集体成员、建设公共设施、发展集体经济以及保障集体成员生存等方面，进一步限制村集体提留土地入市增值收益的用途。

第二，建立和完善监管农村集体建设用地入市增值收益提留金使用的机制。为了规范村集体提留土地入市增值收益的程序和进一步防范村集体负责人或者乡镇其他管理人员挪用甚至侵占提留金，一是要制定规范的村集体提留集体建

① 肖新喜. 集体土地社会保障功能的私法实现研究 [D]. 武汉：中南财经政法大学，2018.

② 孙特生，高兴洲，赵梅，等. 基于博弈论 Shapley 值法的集体经营性建设用地入市流转收益分配研究 [J]. 世界农业，2022（8）：90-100.

设用地入市增值收益的程序。二是由集体成员选举产生村级财务监督小组，负责监督村集体对提留金的使用和管理。村级财务监督小组有权查阅有关集体经营性建设用地入市增值收益的使用账簿，了解村集体土地增值收益的使用和管理情况。① 三是制定和完善财务公开制度，健全集体财务公开制度。成员集体的负责人与管理人员应接受村民监督，定期向村集体成员公开集体土地增值收益的分配和使用情况，要防止集体负责人侵害集体土地增值收益。四是建立对集体负责人失职行为的责任追究制度，明确追究集体负责人未经规定程序处分集体土地增值收益的管理程序，对造成集体成员或者成员集体土地收益损失的，应依法追究其法律责任，并要求其赔偿。

五、提高农村集体经济组织的管理能力

提高农村集体经济组织管理能力是实现乡村振兴的重要一环，也是集体经营性建设用地能够顺利入市流转的重要保障。农村集体经济组织既是集体土地的所有者，又是独立的市场经济主体，具有获取较高集体经营性建设用地入市收益的权益。为促进农村集体高效、持续、健康发展，保证科学合理地使用集体资产，应当制定集体资产监管体系，增强集体资产相关信息的公开透明度，不断规范和完善集体经济组织的管理制度。②

贯彻"让农民成为改革的参与者、受益者""把选择权交给农民"的改革理念，建立和完善激发集体成员参与管理集体资产的激励机制。积极利用数字化技术，要保证信息公开透明。在集体经济组织收益分配问题上，提高集体资产管理的透明度，保障农民群众对集体经济组织收益分配的表达权、知情权、参与权和监督权；应遵从集体成员的意愿，发扬"干部经济"好的方面，达成集体内部一致；减少分配方案的随意性，对于特别情况应与集体成员充分沟通，要做到事前有告知、事后有报备，③ 防止或者抑制可能出现的道德风险。

要严格规范管理，确保项目资金使用到位，做到村务透明，建立有效的监督制度，拓宽信息披露渠道，提高农民的集体组织事务参与度。只有如此，才能提高农民对集体经济组织的信任度，农民利益才会得到应有的保障。

---

① 许恒周，焦嫚，郭玉燕. 增量集体经营性建设用地入市增值收益分配研究［J］. 天津商业大学学报，2021，41（6）：8.

② 周滔，卜庆莹. 基于修正的 Shapley 值和 TOPSIS 的集体建设用地入市收益分配研究［J］. 西南师范大学学报（自然科学版），2020，45（11）：129-139.

③ 陆雷，赵黎. 共同富裕视阈下农村集体经济的分配问题［J］. 当代经济管理，2022，44（10）：8.

本章小结

　　首先，本章阐述了目前我国农村集体经营性建设用地入市增值收益分配中存在的一些问题，其中包括"存量集体经营性建设用地分布不均衡，不同集体之间的集体经营性建设用地存在'价值'和'数量'两方面的失衡""村庄规划缺失不利于入市范围的界定""不同地区调节金征收比例差距较大，尚未形成可持续的集体收益分配机制""农民集体增收与地方'土地财政'相冲突"和"市场监督配套制度缺位，农民权益保障制度不健全"等。

　　其次，对英国土地开发制度演变的历程进行简要的介绍，强调1947年之后在英国建立的"有偿国有化"土地制度是不成功的。这种"制度试错"的做法给我们带来的启示应该是不能把"土地发展权国有化"这种教训当做经验来借鉴，而是应该通过征收土地增值税来实现土地增值收益返还社会；接着，本章分析了美国土地开发权转让的实践给我国的启示，指出美国的土地发展权转移制度确实有很多优点。一是能够减缓来自希望出让土地的土地所有人的政治压力；二是补偿因分区政策而开发受限的土地所有人，能够消除非个人努力而导致的土地增值分配不均，从而保证公平；三是能够促进城市的扩张和理性发展；四是能够以低成本实现对开敞空间、环境敏感区、历史遗迹和农地的保护；五是能够减少由土地分区规划引起的争议及其相应的社会公共管理成本；六是能够促使土地所有人联合成统一的群体；七是能够在技术上避免征收土地、减少社会矛盾。同时，本章也强调英美两国的土地发展权制度，对我国集体经营性建设用地入市增值收益分配机制改革具有的意义，主要表现在两方面：一方面有助于从法理上分析中国"土地发展权"相关制度的改革实践，另一方面有助于厘清和把握土地发展增值收益的分配机制改革的方向。英美两国的土地发展权制度为我们从法理上厘清土地发展权的本质提供了丰富素材，在土地收益分配机制设计上更为中国集体土地入市增值收益分配改革提供了参考。但是由于中国与西方国家在历史文化、生产力水平、城市化进程、政治体制等诸多方面存在明显的差异，因此机械地"照搬照抄"既不可行，也不可取，但其做法值得参考和借鉴。

　　再次，分别从拓展集体经营性建设用地范围、管理用地指标、统筹利益分配、集体土地入市态度、共享和协调发展、土地开发利用等角度对湄潭县、义乌市、深圳市、安达市、厦门市、重庆市、长垣市、泽州县和北流市等9个地区的集体经营性建设用地入市案例进行了剖析，总结了他们的经验做法；并从集体经营性建设用地入市模式的角度概括了福建晋江市，四川泸县、重庆市和浙江德清县等地区入市模式的经验，指出"就地使用权直接入市""异地调整发展权与使用权入市"这两种入市模式是未来深化农村集体建设用地入市改革更具潜力的发展方向；接着，介绍了"直接分配给集体经济组织成员""集体资产管理+公益金+分红"和"集体资产管理+折股量化分配"三种试点地区主要采用的内部收益分配的经验。

最后，本章强调要在现有制度框架下，从微观、中观和宏观等三个层面设法化解农村集体经营性建设用地入市增值收益分配的矛盾，通过完善股权管理、改革土地税制和建立地票机制等措施完善集体经营性建设用地入市收益分配机制，进一步推动集体经营性建设用地入市改革，并提出了"盘查现有存量，优化国土空间规划和村庄规划""改革和完善农村土地税收制度""衔接集体土地征收补偿标准与集体经营性建设用地市场价格""完善集体土地入市增值收益分配机制""提高农村集体经济组织的管理能力"等五条具体的对策和建议。

第十章

保障农民权益的路径与土地增值收益分配改革的新方向

通过改革，适应性地调整农村土地制度，使其符合新发展阶段社会生产力发展的需求，进一步释放农村土地资源要素所带来的红利，是优化农村土地资源配置效率的要求，也是城乡融合发展的基本路径。

面对新发展阶段所带来的新问题，需要采用系统思维，进一步明确农村集体经营性建设用地入市改革的路径。

第一节　集体经营性建设用地入市中保障农民权益的路径

一、明确产权主体和入市增值收益分配的参与主体

"明晰土地产权主体、厘清土地入市主体"是农村集体经营性建设用地入市的前提条件。目前，我国农村土地产权设置存在"不明了"之处，具体表现在以下几方面：一是确定产权存在一些不明确的领域。产权界定难免会有模糊之处，我国农村土地产权也存在多方面的不明确之处。二是正式规则的"有意不明了"。在农村集体土地所有权、处置权和收益权等方面，正式规则存在有意不明了。三是我国农村土地制度改革具有渐进性实施特征，"摸着石头过河"，不可能一下子全部清晰明了。

我国法律对农村集体经营性建设用地入市主体在规定上存在"真空"。[①] 当前，新土地管理法和《中华人民共和国土地管理法实施条例》等法律法规中没有明确规定农民集体的权利组织、运行机制和监督组织等内容，关于农村集体

---

① 刘军. 农村集体经营性建设用地使用权流转理论·实践和路径研究 [J]. 安徽农业科学, 2017, 45 (25): 206-208, 211.

土地产权的执行主体和代表更无明确说明，集体土地所有权指代模糊、难以落实到位。以前制定的"三级所有、队为基础"的体制早已有名无实，导致在实践中出现农村集体土地所有权主体被架空或者虚置的状态，引致目前农村地区普遍存在着基层政府或村委会代替农民集体行使土地主体权利的情况，入市试点地区也普遍存在农村集体经营性建设用地产权边界模糊、土地入市主体不明确和土地收益分配方案缺失等问题。[①] 集体经营性建设用地产权主体虚位是引发农村土地产权归属纠纷、集体土地入市增值收益分配不公等问题的重要因素。为了解决农村集体经营性建设用地入市后的土地增值收益分配存在矛盾，需要进一步明确农村集体经营性建设用地所有权和使用权的归属主体。

现实中，一些地方政府职能定位错位，把职能目标定为提高地方财政收入，然后以指导和监督农村集体建设用地入市流转为由，运用行政管理手段过度管控和干涉农村集体土地入市流转行为，将自身变成了农村集体土地入市收益分配的主体，导致农民集体被架空，从而使农民集体丧失了对土地入市收益支配的自主性和灵活性，同时也导致一些地方存在政府参与收益分配的税费混同、方式混杂等现象。应该只有农民、农村集体建设用地使用权人、农民集体和地方政府才能够参与集体经营性建设用地入市增值收益分配，应通过确权登记的方式明确农村集体土地的产权主体，并进一步将农村集体土地入市主体落实到具体的拥有集体经营性建设用地所有权的农民集体，进一步夯实农村集体土地入市的权属基础，确保农民集体拥有对农村集体经营性建设用地入市的话语权，应将集体经营性建设用地入市从政府主导逐渐转变为农民集体主导，为解决土地利益纠纷和权属纠纷提供依据。但是各地都未明确规定具体哪级政府能够参与集体土地入市增值收益分配，各地做法不一，也并未予以明确。农村集体建设用地入市流转多由乡（镇）政府来引导，县、乡（镇）政府因付出行政管理成本理应获得相应的补偿，市级政府和省级政府是否能参与收益分配，值得进一步商讨。

二、建立规范的入市的民主决策程序，保障农民集体的土地所有权人权益

目前，我国农村集体经济收益分配的民主决策程序尚不完善。虽然法律规定集体经营性建设用地入市及其收益分配方案必须经"本集体经济组织成员的村民会议三分之二以上成员或者三分之二以上村民代表同意"，但是在现实中地

---

① 徐美银. 制度模糊性下农村土地产权的变革 [J]. 华南农业大学学报（社会科学版），2017，16（1）：11.

方政府处于强势地位，村集体弱于地方政府，不论是农村集体土地增值收益在村集体内部成员之间的分配，还是收取集体经营性建设用地入市增值收益分配调节金，农村集体和村民仍旧处于被动。由于地方政府在集体土地的用途管制权上具有主导作用，他们成了推动集体土地入市改革的主要力量。农民集体并没有真正成为集体经营性建设用地入市的核心参与者，并且在土地收益分配方面更多表现出顺从的态度。

因此，应该梳理村集体流转交易权、地方政府的用途管制权和企业投资权等权属关系，并分析与之对应的土地增值收益分配类型；提倡建立由集体经济组织管理者（村干部）、村民代表、政府工作人员等多个主体组成的集体土地入市民主决策小组，增强村集体的市场博弈能力；统筹集体经营性建设用地利用、入市程序和土地增值收益分配方案等。为了更好地保护农民的权益，集体土地入市所产生的增值收益应通过村民代表大会或者村民大会来确定分配比例和留用金的用途。这一过程必须确保公开，并且以民主方式做出决策。

三、建立科学的增值收益分配机制，激发集体经营性建设用地入市的内生动力

考虑到现实中集体经营性建设用地进入市场在途径和方式等方面都存在差异，《中华人民共和国土地增值税法》（征求意见稿）提出，要根据房地产转让收入的一定比例来征收增值税，具体实施方法由各省、自治区、直辖市自行决定。政府在农村集体经营性建设用地入市过程中，可以通过征收税款或收取调节金等方式间接参与土地收益分配，这是合理分配集体土地入市增值收益的重要组成部分。还应该将农村集体经营性建设用地入市所获得的一部分收益用于保护生态环境、建设农村基础设施和实施乡村产业项目，以协调集体经营性建设用地直接入市改革与乡村振兴之间的关系。

在农村集体内部，应在土地权属关系或者集体成员资格权的基础上确定具体的分配主体，并结合入股比例来拟定集体土地增值收益的分配方案。农村集体内部土地收益分配要求公平合理地提高集体和农民的财产性收入，其过程应以充分考虑集体意见的民主方式进行，以期减少集体内部收益分配所引发的冲突。

四、优化农村集体经营性建设用地入市的机制，以保障农民权益

优化和完善农村集体经营性建设用地入市机制是农村土地管理制度改革和保障农民权利的必然要求。由于农村的农民宅基地、基础公益用地和产业发展

用地分散在不同集体经济组织之间，应该注重协调各项公共建设需求之间的收益分配，以避免出现分配关系扭曲。因此，应该将多数的农村集体经营性建设用地入市所得用于改善乡村环境和公共基础设施建设。为了优化农村集体经营性建设用地入市机制，需要及时公开资金使用情况和关键的交易信息，确保这一制度科学、有效且可持续。具体而言，可从提升政府作为"守夜人"的职权功效和发挥中介服务机构的聚合作用两方面优化农村集体经营性建设用地入市的机制，以保障农民权益。

提升政府作为"守夜人"的职权功效是农民权益保护的关键。集体土地所有权的虚置弱化了产权功能，同时也就弱化了产权向着制度收益更大化的方向改变自己具体形态的动力，因此，推动土地制度进一步变迁的社会主体，很难在集体土地所有制内部自发地产生出来。为了突破制度供给的不足，政府有义务成为我国土地制度变革的主导者。事实上，政府有效的适时应变能力对制度变迁的成功与否发挥着决定性作用。对于土地流转农民的返贫现象，政府应在重视财政"输血"的基础上，培养土地流转农民自身的"造血"功能，以此巩固脱贫攻坚的不易成果。此外，包括农民适当回流机制与永久性失地农民重点帮扶等涉及农民权益可持续保障的制度安排都是政府主导的结果。在我国人多地少的客观条件下，土地的公平福利目标往往还置于经济目标之前，所以提升政府作为"守夜人"的职权功效是十分关键的。

发挥中介服务机构的聚合作用是农民权益保护的抓手，内生型中介组织是以市场为主导力量形成的中介组织形式，外生型中介组织是以政府为推动核心塑造的中介组织形式。在集体经营性建设用地入市进程中地方政府与农民之间存在着明显的信息不对称，沟通成本较高，而中介服务机构的进入可以减少农村复杂的社会关系对交易结果的影响，进而保障合同执行的连续性、稳定性，有效推进集体经营性建设用地入市的顺利进行。实践中已经有一些互联网技术应用到农村土地流转中，如土流网，它2009年成立，如今已经成为服务全国的土地流转综合服务平台。土流网包含的土地需求登记、土地搜索引擎、土地数据中心、土地评估系统、土地信息展示系统等板块支撑其成为全国最大的土地流转综合服务平台。未来，相信还会有更多的平台运用互联网技术和人工智能技术收集数据、运用数据，并在法治框架下服务于推进集体经营性建设用地入市的需求。

五、健全入市后的监管机制，保障农民集体财产权益

加强对集体土地入市后的监管工作至关重要，政府应建立并完善相应的监管机制，引导发挥群众的监督权利，这样能有效避免农民权益因未按期分红而受到损害，也能减少土地投机行为。土地增值收益共享格局是权益相关各方博弈的结果。为了确保权利救济和权力制衡的有效性，必要时可以引入第三方评估机制和司法介入。要防止强势方侵占弱势方应有的利益，要避免出现政府滥用职权、村委会内部控制人问题等现象，除了前文所述的公众参与协商谈判机制外，还需要建立强有力的司法监督干预机制来保障分配正义格局。当协商谈判无法就具体数量达成一致时，可以寻求专业测量评估机构提供技术支持，并通过组建客观中立的专家委员会等方式来确保权利再造过程的客观公正性。

六、完善税制，实现土地增值收益的二次分配

集体经营性建设用地直接入市涉及土地利益的重新分配，势必会对现行法律制度和社会观念产生影响。当前，农村集体经营性建设用地入市制度已基本建设完成，在收益初次分配阶段初步达到了通过市场来实现土地增值收益分配的改革目标。然而，为了防止加剧社会财富分配不公平、引发社会矛盾，迫切需要进一步对税收制度进行完善和改革，以实现土地增值收益的再次分配。在现行法律框架下，在农村集体土地进行市场化流转时，对农民（集体）征收个人所得税、企业所得税、契税和土地增值税等相关税金的征收率应与国有建设用地使用权有偿出让的税率体系相一致。既要完善由市场评价土地要素贡献和按贡献决定土地价格的市场机制，又要强化税收调节，健全以税收和社会保障等为主要措施的再分配调节机制。中共中央早在 2013 年就已提出了"加快房地产税立法并适时推进改革"的目标。在未来制定房地产税法的过程中，应按照"城乡一体、同地、同权、同价、同责"的原则综合考虑集体土地和国有土地上征收房地产税的问题。

2019 年，财政部和国家税务总局发布的《中华人民共和国土地增值税法》（征求意见稿）第 8 条还提出了一个新的观点，即将土地增值税的征收对象从"转让国有土地使用权、地上的建筑物及其附着物"扩大到"出让集体土地使用权、地上的建筑物及其附着物"①。从现代治理能力和治理体系角度来看，通过调整"土地增值税"的征收对象来改进土地增值收益分配机制是合理且科学的。但是解决农村集体经营性建设用地入市增值收益分配问题并不仅仅依靠单一的"土地增值税"，而是需要对相关税制进行全面审视和完善。在保护集体经营性

---

① 根据《国务院办公厅关于印发国务院 2020 年立法工作计划的通知》，《中华人民共和国土地增值税法》（征求意见稿）并没有纳入 2020 年国务院立法计划工作之中。

建设用地使用权的前提下，应该通过系统思维来合理表达和设计法律，并不能片面地改革税种、税基或者税率。

第二节　集体土地入市增值收益分配改革的新方向

为了提升农村集体和农民的地位和收入水平，党的十八届三中全会提出了一系列改革措施，旨在使土地发展权权能回归集体土地权利束。这进一步加强了市场化条件下土地增益分配改革的制度基础。目前，农村集体经营性建设用地入市增值收益分配改革正向着如下几方面发展。

一、土地增值收益分配向农民和集体倾斜

集体经营性建设用地入市也可以看作土地产权剩余控制权和土地价值剩余索取权向农民（集体）的转移。积极推进农村集体经营性建设用地入市，应确保农民（集体）在集体建设用地入市增值收益分配中的核心地位，赋予农村集体经济组织及农民更多财产权利，提升土地增值收益中农民的分配比例，提高整个农村集体经济组织及其成员的总体经济实力和收入水平，使更多的农民从中获得利益。

当前，对于农村集体资产和土地增值收益的管理仍然缺乏科学规范的监管，保障发展农村集体经济的制度也尚未成熟，导致挪用或侵吞集体土地资产的现象时有发生。因此，在集体建设用地入市增值收益分配中，应充分考虑各种实际情况的影响因素，以确保参与利益分配的各方主体的权益得到保障，并且要高度重视农民的权益，使土地增值收益向农民（集体）倾斜。只有这样，才能达到农村集体经营性建设用地入市改革的目标。

二、存量与增量土地共同进入市场

2023 年 3 月，自然资源部印发《深化农村集体经营性建设用地入市试点工作方案》（自然资办函〔2023〕364 号），将农村集体经营性建设用地入市交易的土地仅限于存量土地。为更好地激发农村集体土地持续发展的活力，大力推进农村集体经营性建设用地市场化改革，应当允许各地方政府根据实际情况适度放宽或调整农村集体经营性建设用地的入市范围，将农村集体土地的入市范围从存量土地适度扩大到新增土地，适度放宽农村集体土地进入市场的限制，

重新利用零散、闲置的集体建设用地。这不仅有助于激发农村土地的活力，促进其有效利用，还能增加各方参与集体土地入市的积极性，并形成多方共同推动农村集体土地有效入市和分享增值收益的良好局面。

新增集体经营性建设用地应当符合国家土地利用相关规定的规划，如实施经济政策或开发改造计划等。这些规划将农村非经营性建设用地或农用地重新规划为经营性建设用地，并允许其与现有土地一同进入市场。然而，在允许新增集体经营性建设用地进入市场时需要考虑各种因素。一是地方政府应该注意避免因专注于"增量土地"的出现而忽视"存量土地"的发展，要权衡和评估扩大集体经营性建设用地入市范围对原本"存量土地"的影响。二是新增的市场进入土地必须符合土地总体规划和用途管制，以防止因利益驱动而将农田转化为建设用地，严禁并杜绝非法占用耕地，以确保粮食安全。三是在土地市场化进程中，应该防止出现农民土地被侵占、违背农民集体意愿和削弱农民收益等情况，必须切实维护好农民集体的权益。

三、不同地区农村集体内部收益实行差别化分配

为了解决农村内部收益分配问题，要制定差别化的收益分配机制。根据农村集体经济组织的差异，入市的建设用地权利主体可以是村内村级集体经济组织，或者乡（镇）级集体经济组织。根据土地权属进行差异化分配时，需要制定相应的分配方案。村内的集体经济组织需在向村级集体上交一定比例的土地收益后再进行内部分配；村级集体经济组织可以优先使用入市收益发展壮大集体经济，集体成员并按照一定方式参与土地收益分配；乡镇集体经济组织所得土地收益应该用于辖区基础设施建设，而不是直接进行内部分配。

四、平衡集体经营性建设用地入市与集体土地征收的利益分配

国家长期以来对土地市场实行垄断并进行行政性干预，导致我国在土地征收过程中普遍存在补偿标准偏低的问题。农民集体无法获得公正的农业用地转为建设用地的增值收益。经过入市改革后，通过市场机制调节的集体经营性建设用地入市交易价格，通常要高于同等条件的土地征收补偿标准。在将试点地区农民所获得的集体经营性建设用地入市收益和征地补偿标准进行量化和比较后，有研究者指出，在土地征收中，农民集体能获得土地出让价格（一级土地市场的土地价格）的23%的收益，而在集体经营性建设用地入市中，农民集体

能够分到的收益可高达集体经营性建设用地入市价格的 64%～84%，① 农民集体所得的土地入市收益远超过征收所得，两者之间存在明显差异。政府在集体土地入市中所获得的收益远不及土地征收获得的收益，这可能导致地方政府无法承担农村基础设施建设等财政支出，从而缺乏推动集体经营性建设用地入市的动力。而农村内部利益不平衡可能触发农民集体抵制政府征收土地，进而形成了关于土地增值收益分配的博弈模式。

集体经营性建设用地进入市场，促进了建设用地的市场由国家单一主体供应向市场多元主体供应转变，对推动形成城乡统一的建设用地市场和实现农村集体土地与国有土地"同地、同权、同价"起到了关键作用，打破了政府对建设用地供应的垄断。国家应以自由市场的价格形成机制，采用谈判的方式公平合理地对土地征收进行补偿，② 并通过征税的方式来调节这种收益，构建"市场价格补偿+合理征税"的模式。③《关于农村土地征收、集体经营性建设用地入市、宅基地制度改革试点工作的意见》指出：在土地征收转用和集体经营性建设用地入市中政府所获得的土地增值收益要保持平衡。④ 已有研究对土地征收和农村集体经营性建设用地直接入市这两项改革之间的作用机制进行了对比、分析，普遍认为这两项改革相互影响，并且具备一定的联动性。⑤

促进农民集体在"土地征收"和"土地入市"选择中的无差异化，实现两项改革联动运行，具有三个好处：一是为农民致富提供组织层面的条件保证。调整两种方案并提高农民集体在征地中获得的收益，从发展、壮大农村集体经济的角度保障农村集体发展的经济基础，提高农村集体经济组织的运作效率，推动完善农村集体经济组织的治理结构。二是从农民生活质量的角度来看，通过联动运行两项改革并提高政府参与分配的比例，可以将部分农民在原有收益分配格局中获得的利益转化为用于提升农村基础建设的成本支出。这样做有助于改善农村生活环境，体现了一定程度上的公平合理性。此外，虽然实施调整后的方案可能使农民集体从土地入市中获得的收益有所降低，但尚未低于农民

---

① 谢保鹏，朱道林，陈英，等．土地增值收益分配对比研究：征收与集体经营性建设用地入市［J］．北京师范大学学报（自然科学版），2018，54（3）：334-339.
② 廖鑫彬．土地征收的公平市场价值补偿：一种基于土地增值税框架的征地补偿模式［J］．农村经济，2013（7）：47-51.
③ 程雪阳．土地发展权与土地增值收益的分配［J］．法学研究，2014，36（5）：76-97.
④ 岳永兵，刘向敏．集体经营性建设用地入市增值收益分配探讨：以农村土地制度改革试点为例［J］．当代经济管理，2018，40（3）：41-45.
⑤ 李亚风．集体经营性建设用地入市对土地征收制度的影响及联动改革［D］．杭州：浙江大学，2015.

的期望，也确保了农民原有生活水平的提高，而且能够实现集体土地直接入市与土地征收的收益大体平衡。三是从财政收入的角度来看，平衡由地方政府承担的公共基础设施建设和后期监管维护的成本，这样可以减轻地方政府参与"入市"改革时面临的财政压力，并且有助于推动农村土地改革实现可持续发展。

未来，国家应将集体经营性建设用地入市的收益分配和土地征收的收益分配机制进行统一。国家不直接介入土地增值收益的初次分配，而是以市场调节为基础，初次分配"土地入市"与"土地征收"的土地增值收益，以市场价格形成初次的利益分配格局；然后，国家通过税收提取和分享土地增值收益，参与二次分配，以此作为财政支持。

第三节　新发展阶段深入推进农村集体经营性建设用地制度改革的展望

新民主主义革命时期的土地制度改革经历了初步探索和抗日战争时期的调整，最终在全中国建立起了农民土地所有制；社会主义革命和建设时期，经历了农业合作社到人民公社化发展的历程；改革开放和社会主义现代化建设时期，形成了家庭联产承包责任制，为"三权分置"制度的形成发展埋下种子；习近平新时代中国特色社会主义时期，推动了"三权分置"制度的形成和发展。已有研究表明，农村土地流转存在交易收益效应，可有效提升土地配置效率，其增值收益主要体现在土地全能转移过程中"土地租金剩余"的资本化。从所有权的角度来划分，中国农村土地制度改革经历了封建土地所有制、农民土地所有制、集体土地所有制。在农村土地集体所有制基础上，经历了农业合作社、人民公社化、家庭联产承包责任制和"三权分置"制度，其发展趋势是从规模到分散再到规模经营。

国内学者通常使用实物期权模型和成本收益法等工具来计算土地流转的增值收益，以便为土地增值收益的分配提供科学依据。在这些理论的影响下，涌现出了"涨价归公""涨价归私"和"私公共享"等不同的分配理论。随着对这些理论和实践的深度探索，建立"私公共享"的收益分配机制已经得到了广泛的认可。中国农村集体土地增值收益分配不公问题的根源在于土地产权制度存在缺陷，农地所有权权益主体的多元性剥夺了农民集体土地权益。集体土地的土地发展权缺位，导致农民（集体）在分配土地收益中被边缘化。"依据私法自治原则，按要素贡献参与分配"的思路为构建兼顾国家、集体与个人的收益分配机制起到了积极作用。集体经营性建设用地入市改革是一个复杂的系统工程，它既要妥善处理由于土地增值收益分配带来的复杂的社会问题，协调和处理好与征地制度的关系，又要发挥市场的作用，还要遵守土地制度改革的"三条底线"。一是要统筹好城乡的用地关系，处理好与城乡产业争地问题；二是要处理好与地方土地出让的利益关系，解决好地方财政收入的问题；三是要处理好存量与增量用地关系，妥善解决由于集体建设用地分布不均引起的新矛盾；四是要处理好土地增值收益分配关系。集体经营性建设用地入市增值收益分配机制改革要求构建兼顾国家、集体和农民利益且适合我国国情的土地增值收益分配体系，建立健全农村集体土地增值收益在国家与农民集体之间分配的制度和集体经济组织内部的分配办法。探索农村集体经济组织的分配机制，要保证集体经济健康发展、实现"富裕"，要保证收入分配的平等性和合理性、实现"共同"；完善集体经济组织收益分配制度发展生产，要保证财富的共享，要推动农民农村逐步实现共同富裕。

中华人民共和国成立以来，我国土地增值收益分配改革表现出一个基本特点：中国共产党的土地政策调整为新一轮土地制度改革奠定了基础，而每个土地管理制度改革阶段性目标都能成功吸引学术界的关注。在研究农村集体土地问题时，需要充分把握政治共识，并重视学术共识。从既有的研究文献来看，我国目前对土地增值收益分配的研究重点已经从合法规范征收和公平补偿等方面转向了土地资源利用和生态环境影响等方面。尽管学术界广泛研究了党的十八大提出的"改革征地制度，提高农民在土地增值收益中的分配比例"，并取得了丰富的学术成果，但关于"土地发展权性质与归属""土地增值收益分配归属和机制"以及"公共利益"等问题仍然没有形成一致意见，因此还需要进一步深入探讨。

集体经营性建设用地入市增值收益分配机制改革是一个具有中国特色的重要议题，不能在对峙的"权力—权利"关系中去挖掘集体土地改革的动力，也不能寄希望于从外国获得直接的经验，更不能直接搬用或者套用别国的模式，而是应该切实领会党中央关于土地制度改革政策的精神和目的，立足我国实际和基本国情，充分认识集体经营性建设用地直接入市的必要性并研究其可行方案。集体经营性建设用地问题繁杂，集体经营性建设用地入市增值收益分配机制改革任务艰巨，社会各界应积极参与，尤其是学术界应对农村集体经营性建设用地入市做好理论准备，要把各地区试点的积极探索加以理论总结，将已有经验升华为普适性的规则，把共通的底线规则升华为科学的顶层设计，在几十年试验探索的基础上对集体经营性建设用地使用权进行法律制度顶层设计，如此方能保证国家从改革中谋得经济发展的动力与农民从中获得"红利"，从而进一步促进农村社会和谐与稳定。

本章小结

城乡融合发展要求提高农村土地资源配置效率，使土地资源要素的配置关系符合我国新时代农村社会生产力发展的要求，进一步释放农村集体土地制度改革的红利。面对新发展阶段所带来的新问题，需要采用系统思维，进一步明确农村集体经营性建设用地入市改革的路径。

本章首先指出要"健全入市的民主决策程序，保障农民集体的土地所有权人权益""建立科学的增值收益分配机制，提高集体经营性建设用地入市的内生动力""优化农村集体经营性建设用地入市的机制，以保障农民权益"和"健全入市后的监管机制，保障农民集体财产权益"是新发展阶段农村集体土地管理制度改造保障农民权益的四条进路；其次，在分析保障农民权益的进路的基础上，进一步探讨了集体土地入市收益分配改革的新方向。党的十八届三中全会提出一系列针对农村集体土地的改革举措，土地发展权权能回归集体土地权利束的趋势越发明显。本书凝练和强调目前农村集体经营性建设用地入市增值收益分配改革正向着"明确产权主体和入市收益分配的参与主体""土地增值收益分配向农民（集体）倾斜""完善税制，实现土地增值收益的二次分配""农村集体内部收益实行差别化分配""平衡集体经营性建设用地入市与集体土地征收的利益分配"等新的方向发展，这将进一步有利于改善村集体和农民的分配地位和收入水平、推进市场化条件下土地增益分配制度改革。

参考文献

著作类：

[1] 杜能. 孤立国同农业和国民经济的关系 [M]. 北京：商务印书馆，1986.

[2] 高飞. 集体土地征收法制改革研究：法理反思与制度重构 [M]. 北京：中国政法大学出版社，2019.

[3] 贺雪峰. 地权的逻辑：中国农村土地制度向何处去 [M]. 北京：中国政法大学出版社，2010.

[4] 卡林沃思，纳丁. 英国城乡规划 [M]. 陈闽齐，周剑云，戚冬瑾，等译. 南京：东南大学出版社，2011.

[5] 刘守英. 土地制度与中国发展 [M]. 北京：中国人民大学出版社，2018.

[6] 马歇尔. 经济学原理 [M]. 朱志泰，陈良璧，译. 北京：商务印书馆，2019.

[7] 万国鼎. 中国田制史 [M]. 北京：商务印书馆，2011.

[8] 杨庆媛. 土地经济学 [M]. 北京：科学出版社，2018.

[9] 张远超，董长瑞. 微观经济学 [M]. 济南：山东人民出版社，2001.

[10] 中共中央关于推进农村改革发展若干重大问题的决定 [M]. 北京：人民出版社，2008.

[11] 中共中央马克思恩格斯列宁斯大林著作编译局. 资本论：第 3 卷 [M]. 北京：人民出版社，2004.

[12] 中共中央马克思恩格斯列宁斯大林著作编译局. 资本论：第 1 卷 [M]. 北京：人民出版社，2004.

[13] 中共中央马克思恩格斯列宁斯大林著作编译局. 马克思恩格斯选集：第 1 卷 [M]. 北京：人民出版社，2012.

［14］中共中央文献研究室．毛泽东文集：第一卷［M］．北京：人民出版社，1999．

［15］中央档案馆．中共中央文件选集：第二册［M］．北京：中共中央党校出版社，1989．

［16］中央档案馆．中共中央文件选集：第三册［M］．北京：中共中央党校出版社，1989．

［17］中央档案馆．中共中央文件选集：第十六册［M］．北京：中共中央党校出版社，1992．

［18］中央档案馆．中共中央文件选集：第一册［M］．北京：中共中央党校出版社，1982．

［19］周诚．土地经济学原理［M］．北京：商务印书馆，2003．

期刊类：

［1］陈明．农村集体经营性建设用地入市改革的评估与展望［J］．农业经济问题，2018（4）．

［2］程雪阳．论集体土地征收与入市增值收益分配的协调［J］．中国土地科学，2020，34（10）．

［3］程雪阳．土地发展权与土地增值收益的分配［J］．法学研究，2014，36（5）．

［4］程雪阳．重建财产权：我国土地制度改革的基本经验与方向［J］．学术月刊，2020，52（4）．

［5］程遥，赵民．国土空间规划用地分类标准体系建构探讨：分区分类结构与应用逻辑［J］．城市规划学刊，2021（4）．

［6］崔文星．权力抑或权利：中国土地开发权性质辨析［J］．广东社会科学，2020（4）．

［7］崔文星．权力抑或权利：中国土地开发权性质辨析［J］．广东社会科学，2020（4）．

［8］邓宏乾．土地增值收益分配机制：创新与改革［J］．华中师范大学学报（人文社会科学版），2008，47（5）．

［9］高圣平．论集体建设用地使用权的法律构造［J］．法学杂志，2019，40（4）．

［10］官卫华，江璇，杨梦丽．国土空间规划视角下农用地用途管制方法：以南京市为例［J］．城市规划学刊，2023（1）．

[11] 韩长赋，郭绪雷，王建威，等.坚持农业农村优先发展大力实施乡村振兴战略 [J].求是，2019（7）.

[12] 韩国梁，陈朋.市场经济下集体经营性建设用地流转特征及管控策略 [J].经济研究导刊，2023（16）.

[13] 韩书成，汤新明.基于帕累托改进理论的农村集体经营性建设用地入市研究 [J].中国农业资源与区划，2020，41（5）.

[14] 韩松.农民集体土地所有权的权能 [J].法学研究，2014，36（6）.

[15] 何芳，龙国举，范华，等.国家集体农民利益均衡分配：集体经营性建设用地入市调节金设定研究 [J].农业经济问题，2019（6）.

[16] 何明俊.城市规划、土地发展权与社会公平 [J].城市规划，2018，42（8）.

[17] 何思萌.公有制下土地财产权的形成与发展："八二宪法"土地制度条款的四十年 [J].中国政法大学学报，2022（6）.

[18] 贺林波，汪诗荣.共同富裕背景下集体经营性建设用地入市收益分配：方式、冲突与路径 [J].地方财政研究，2023（2）.

[19] 胡伟，吴访非.农村集体经营性建设用地流转问题研究 [J].学理论，2018（3）.

[20] 黄敏，丁娟，吴晓伟.百年来中国共产党领导下的农村土地改革历程与展望 [J].四川师范大学学报（社会科学版），2021，48（5）.

[21] 姜楠.集体建设用地使用权制度的困局与突破 [J].法治研究，2021（5）.

[22] 靳相木，陈阳.土地增值收益分配研究路线及其比较 [J].经济问题探索，2017（10）.

[23] 李萍，田世野.论马克思产权思想与我国农村产权改革的深化 [J].马克思主义研究，2020（6）.

[24] 李谦.中国农村宅基地增值收益分配：归正与重置 [J].现代经济探讨，2023（2）.

[25] 梁流涛，李俊岭，陈常优，等.农地非农化中土地增值收益及合理分配比例测算：理论方法与实证——基于土地发展权和要素贡献理论的视角 [J].干旱区资源与环境，2018，32（3）.

[26] 刘民培，杨灵玉，颜洪平.集体经营性建设用地入市增值收益分配方式的影响因素分析：基于文昌农民的问卷调查 [J].海南大学学报（人文社会科学版），2023，41（1）.

[27] 刘守英. 中共十八届三中全会后的土地制度改革及其实施 [J]. 法商研究, 2014, 31 (2).

[28] 卢艳霞, 王柏源. 耕地保护制度与政策的演进及其逻辑 [J]. 中国土地, 2022 (2).

[29] 陆红, 陈利根, 李思玟. 集体经营性建设用地的政府优先购买权: 障碍及实现路径 [J]. 南京农业大学学报 (社会科学版), 2023, 23 (1).

[30] 陆剑, 陈振涛. 集体经营性建设用地入市改革试点的困境与出路 [J]. 南京农业大学学报 (社会科学版), 2019, 19 (2).

[31] 陆剑. 集体经营性建设用地入市的实证解析与立法回应 [J]. 法商研究, 2015, 32 (3).

[32] 陆雷, 赵黎. 共同富裕视阈下农村集体经济的分配问题 [J]. 当代经济管理, 2022, 44 (10).

[33] 罗必良. 农地保障和退出条件下的制度变革: 福利功能让渡财产功能 [J]. 改革, 2013 (1).

[34] 马翠萍. 农村集体经营性建设用地入市收益分配的实践探索与制度优化 [J]. 改革, 2022 (10).

[35] 马俊驹. 中国城市化与农村土地财产权结构的变革 [J]. 私法研究, 2014, 15 (1).

[36] 缪德刚. 从单一产权到 "三权分置": 新中国农村土地产权制度70年沿革 [J]. 西南民族大学学报 (人文社会科学版), 2019, 40 (12).

[37] 欧阳君君. 集体经营性建设用地入市范围的政策逻辑与法制因应 [J]. 法商研究, 2021, 38 (4).

[38] 乔榛. 共同富裕的理论、历史和现实逻辑 [J]. 天津社会科学, 2023 (2).

[39] 曲承乐, 任大鹏. 论集体经营性建设用地入市对农村发展的影响 [J]. 中国土地科学, 2018, 32 (7).

[40] 曲卫东, 闫珍. 集体经营性建设用地入市税费征收现状及体系建设研究 [J]. 公共管理与政策评论, 2020, 9 (1).

[41] 史宏波. 推动物质富足与精神富有良性互动 [J]. 人民论坛, 2023 (13).

[42] 舒帮荣, 李永乐, 陈利洪, 等. 农村集体经营性建设用地流转模式再审视: 基于产权让渡与市场化的视角 [J]. 中国土地科学, 2018, 32 (7).

[43] 宋志红, 姚丽, 王柏源. 集体经营性建设用地权能实现研究: 基于33

个试点地区入市探索的分析 ［J］. 土地经济研究，2019（1）.

［44］孙乐强. 农民土地问题与中国道路选择的历史逻辑：透视中国共产党百年奋斗历程的一个重要维度 ［J］. 中国社会科学，2021（6）.

［45］谭育芳. 农村集体经营性建设用地入市问题及规范：以常州市武进区为例 ［J］. 吉林农业，2018（19）.

［46］唐健，谭荣. 农村集体建设用地入市路径：基于几个试点地区的观察 ［J］. 中国人民大学学报，2019，33（1）.

［47］陶源. 二元公有制下土地发展权与土地增值收益分配的研究 ［J］. 云南财经大学学报，2021，37（4）.

［48］田世野，李萍. 新型农村集体经济发展的新规律：一个三维分析框架 ［J］. 社会科学研究，2021（3）.

［49］王本礼，吴丹，王也，等. 村庄规划统筹集体经营性建设用地路径研究 ［J］. 中国土地，2023（1）.

［50］王海英，屈宝香. 基于定性比较分析（QCA）方法的村级集经济发展影响因素分析 ［J］. 中国农业资源与区划，2018，39（9）.

［51］王珏，马贤磊，石晓平. 工业化城市化进程中农村集体参与土地增值收益分成规则演变分析：来自土地非农利用的证据 ［J］. 公共管理与政策评论，2023，12（3）.

［52］王量量，王珺，刘佳欣. 集体经营性建设用地入市的利益格局研究：以北京大兴区试点为例 ［J］. 城市发展研究，2021，28（5）.

［53］王洴，刘梦兰，黄朝明. 集体经营性建设用地入市收益分配重构研究：兼与农村土地征收制度改革的对比 ［J］. 海南大学学报（人文社会科学版），2018，36（5）.

［54］王霞萍，赵谦. 土地发展权三十年：功能进路与实践面向 ［J］. 中国土地科学，2019，33（6）.

［55］王玉波. "后土地财政时代"地方政府角色转变与公共财政体系重构 ［J］. 改革，2013（2）.

［56］王玥，卢新海，贺飞菲. 集体经营性建设用地入市试点政策选择研究：基于14个试点地区的政策文本分析 ［J］. 学习与实践，2021（5）.

［57］吴昭军. 集体经营性建设用地土地增值收益分配：试点总结与制度设计 ［J］. 法学杂志，2019，40（4）.

［58］夏方舟，严金明. 农村集体建设用地直接入市流转：作用、风险与建议 ［J］. 经济体制改革，2014（3）.

[59] 夏沁. 论农村集体经营性建设用地入市的规范体系：以《土地管理法》（修正）和《民法典》为基本法 [J]. 华中农业大学学报（社会科学版），2022（3）.

[60] 谢保鹏，朱道林，陈英，等. 土地增值收益分配对比研究：征收与集体经营性建设用地入市 [J]. 北京师范大学学报（自然科学版），2018，54（3）.

[61] 徐进才，徐艳红，庞欣超，等. 基于"贡献—风险"的农地征收转用土地增值收益分配研究：以内蒙古和林格尔县为例 [J]. 中国土地科学，2017，31（3）.

[62] 严金明，李储，夏方舟. 深化土地要素市场化改革的战略思考 [J]. 改革，2020（10）.

[63] 伊恩·亨特，许斗斗，江旭云. 马克思和罗尔斯论资本主义及其市场的正义 [J]. 东南学术，2008（1）.

[64] 于定明. 集体建设用地入市基本问题探析 [J]. 思想战线，2019，45（3）.

[65] 岳文泽，夏皓轩，钟鹏宇，等. 自然资源治理助力共同富裕：政策演进、关键挑战与应对策略 [J]. 中国土地科学，2022，36（9）.

[66] 岳文泽，钟鹏宇，王田雨，等. 国土空间规划视域下土地发展权配置的理论思考 [J]. 中国土地科学，2021，35（4）.

[67] 岳永兵，刘向敏. 集体经营性建设用地入市增值收益分配探讨：以农村土地制度改革试点为例 [J]. 当代经济管理，2018，40（3）.

[68] 张承，彭新万. 利益共享模式下的农地发展权价值形成与分配：基于政府公共服务视角 [J]. 经济问题探索，2020（11）.

[69] 张承，彭新万. 利益共享模式下的农地发展权价值形成与分配：基于政府公共服务视角 [J]. 经济问题探索，2020（11）.

[70] 张建，邹先明，李鑫. 基于发展权的集体经营性建设用地入市增值收益分配研究：以江苏省赣榆区为例 [J]. 湖南农业大学学报（社会科学版），2022，23（6）.

[71] 张世飞. 坚持党的领导的历史逻辑与基本规律 [J]. 学术研究，2019（8）.

[72] 张先贵. 集体经济组织享有集体财产所有权的谬误与补正 [J]. 安徽师范大学学报（人文社会科学版），2021，49（3）.

[73] 张先贵. 中国语境下土地发展权内容之法理释明：立足于"新型权

利"背景下的深思 [J]. 法律科学（西北政法大学学报），2019，37（1）.

[74] 张占斌. 中国式现代化的共同富裕：内涵、理论与路径 [J]. 当代世界与社会主义，2021（6）.

[75] 赵伟，诸培新，余杰. 集体经营性建设用地入市对城乡融合发展影响研究：基于浙江省德清县改革试点的经验证据 [J]. 中国土地科学，2023，37（7）.

[76] 赵燕菁. 为什么说"土地财政"是"伟大的制度创新"？[J]. 城市发展研究，2019，26（4）.

[77] 郑和园，黄金龙. 集体经营性建设用地入市中地方政府的角色定位：以农民权益保护为视角 [J]. 河南科技大学学报（社会科学版），2016，34（4）.

[78] 郑雄飞. 地租的时空解构与权利再生产：农村土地"非农化"增值收益分配机制探索 [J]. 社会学研究，2017，32（4）.

[79] 钟晓萍. 全面的土地开发权观：争论、权利归属与政策启示——基于产权经济学的视角 [J]. 现代经济探讨，2020（4）.

[80] 周应恒，刘余. 集体经营性建设用地入市实态：由农村改革试验区例证 [J]. 改革，2018（2）.

[81] 朱冬亮. 农民与土地渐行渐远：土地流转与"三权分置"制度实践 [J]. 中国社会科学，2020（7）.